U0128119

# 粵港澳大灣區融合發展規劃研究

秦玉才、姜曉軍　等著

# 課題組成員

組　　　　長：秦玉才　國家發展和改革委員會西部司原司長、國
　　　　　　　　　家發展和改革委員會國際合作中心一帶一
　　　　　　　　　路研究院院長

常務副組長：王　儒　國家發展和改革委員會國際合作中心一帶
　　　　　　　　　一路研究院書記、副院長

副　組　長：楊　益　香港中聯辦經濟部副部長
　　　　　　　陳　星　澳門中聯辦經濟部副部長
　　　　　　　李　青　廣東國際戰略研究院秘書長

專家組成員：陸大道　中國科學院院士
　　　　　　　孫九林　中國科學院院士

（以下按姓氏筆劃排序）

　　　　王國良　原太平洋保險集團董事長
　　　　方　林　香港富通保險集團董事長
　　　　丘健明　深圳發展和改革委員會副主任
　　　　呂曉甯　國信香港原總裁
　　　　李　其　北京大學光華管理學院副院長
　　　　張占海　國家海洋局戰略規劃與合作司司長

陳　昊　中國保華集團總裁

范勇宏　原華夏基金總裁

林家禮　香港數碼港主席法學博士

胡長生　中國中投證券總裁

梁仕榮　偉確投資集團董事局主席

曾澤瑤　澳門經濟學會副理事長、特區政府政策研究室顧問

## 課題起草組成員：

（以下按姓氏筆劃排序）

丁玉龍　深圳保監局調研統計處處長

馬吉恩　浙江大學中國西部院副教授

尤　飛　中國農業科學研究院

石廣義　中國科學院地理所高級工程師

田　青　國家發展和改革委員會國際合作中心研究員、國家發展和改革委員會國際合作　中心一帶一路研究院副院長

朱西湖　浙江大學中國西部院博士

劉　岩　國家海洋局海洋戰略研究所研究員

李　宇　中國科學院地理所研究室副主任

李　言　西安郵電大學助理研究員

李　鵬　國家發展和改革委員會國際合作中心一帶一路研究院科員

李澤紅　中國科學院地理所副研究員

張元芳　西安郵電大學助理研究員

耿竹峰　深圳市發展和改革委員會區域經濟處副處長

郭建峰　西安郵電大學計算金融與風險管理研究中心主任

董雪兵　浙江大學中國西部院常務副院長、「一帶一路」戰略研究中心執行主任

董鎖成　中國科學院地理所研究員、區域生態經濟研究與規劃中心主任

## 課題起草分工

（一）世界著名灣區發展經驗模式分析研究（李言）

（二）粵港澳大灣區發展趨勢判斷（李言）

（三）粵港澳大灣區融合發展的基礎（李言）

（四）粵港澳大灣區融合發展的重要作用和意義（李言）

（五）粵港澳大灣區融合發展總體思路（田青）

（六）粵港澳大灣區間布局（董鎖成）

（七）粵港澳大灣區融合發展的重點領域（董鎖成）

　　　　創新驅動發展研究（李澤紅）

　　　　金融創新發展研究（郭建峰、張元芳）

　　　　交通航運發展研究（董雪兵）

　　　　深化投資貿易交流合作研究（丁玉龍）

　　　　加強粵港澳產業布局研究（李宇）

　　　　海洋經濟合作開發研究（劉岩）

　　　　推進農業現代化研究（尤飛）

　　　　協同推進生態文明建設研究（石廣義）

深化社會事業合作研究（馬吉恩）

增強大灣區環境支撐功能研究 （丁玉龍）

（八）融入「一帶一路」建設研究（董雪冰）

（九）粵港澳融合發展重要路徑研究（李澤紅）

（十）區域協同發展研究（董鎖成）

（十一）創新和完善合作機制研究（郭建峰、張元芳）

（十二）政策措施研究（郭建峰）

## 一、任務來源

　　《國務院關於深化泛珠三角區域合作的指導意見》（國發〔2016〕18 號）和國家發展和改革委員會（簡稱國家發展改革委）、外交部、商務部聯合發布的《推動共建絲綢之路經濟帶和 21 世紀海上絲綢之路的願景與行動》等文件，明確提出「打造粵港澳大灣區」，「構建以粵港澳大灣區為龍頭，以珠江—西江經濟帶為腹地，帶動中南、西南地區發展，輻射東南亞、南亞的重要經濟支撐帶」。這是黨中央又一重大決策，對實現「兩個百年」奮鬥目標具有重大意義。為推進粵港澳大灣區（以下簡稱為大灣區）建設，國務院推進「一帶一路」領導小組辦公室委託國家發展和改革委員會國際合作中心一帶一路研究院承擔「粵港澳大灣區融合發展規劃研究」課題，研究如何在充分發揮廣東、香港、澳門各自優勢的基礎上，依託粵港澳大灣區地處西太平洋—印度洋航線要衝，擁有世界級海港群、機場群和「一國兩制」有利條件，促進粵港澳大灣區融合發展。

## 二、設立課題的背景及重大意義

　　啟動粵港澳大灣區融合發展規劃研究，從國際看，是在國際秩序

和國際體系進入深度調整關鍵時期，世界經濟增長格局出現此消彼長新的變化，國際投資貿易領域出現競爭加劇新的趨勢，全球能源版圖出現重心轉移新的調整，「一帶一路」沿線國家大多處於轉型發展的關鍵階段的國際背景下進行的；從國內看，是在我國改革發展進入關鍵時期，是在全面建成小康社會進入決勝階段，貫徹落實黨中央治國理政新理念、新思想、新戰略，統籌推進「五位一體」總體布局和協調推進「四個全面」戰略布局的大背景下進行的；是在落實習近平總書記對廣東提出的「四個堅持、三個支撐、兩個走在前列」新的戰略定位，扎實推進「一帶一路」建設，建設世界級城市群的新形勢下進行的。適應新形勢新任務新要求，啟動粵港澳大灣區融合發展規劃研究，推動內地與港澳更緊密合作，必將推動粵港澳融合向更高層次、更深領域、更廣範圍發展，對於推進「一帶一路」建設，打造陸海統籌、東西互濟的全方位對外開放新格局，對於統籌東中西協調聯動發展，提高全方位開放合作水平，促進香港、澳門長期繁榮穩定，優化全國區域發展格局，是一次重要實踐。

按照中央要求，用十年左右的時間，「一帶一路」建設實現重點突破、實質推進。「面向歐亞大市場的高標準自由貿易區網絡初步形成，更大範圍、更寬領域、更深層次的區域經濟一體化深入推進」，「海上戰略支點建設取得突破性進展」，「向西開放、海洋強國建設邁上一個大台階」。實現中央的目標要求，一要繼續發揮珠三角等沿海地區龍頭的引領作用，實行更加積極主動的開發戰略，同世界深度互動、向世界深度開放，全面提升開放型經濟水平。二要在經濟新常態下，特別是在「十三五」規劃時期和今後更長一段時期，區域發展格局上有新突破，促進粵港澳大灣區融合發展，帶動全國實現新的開

放，形成東中西聯動發展局面。三要打造區域新的增長極，締造中國新的歷史起點領跑人，釋放更強經濟社會發展新活力。

粵港澳大灣區融合發展對實現「兩個一百年」奮鬥目標，具有特別重大的意義。

第一，促進粵港澳大灣區融合發展，有助於形成區域經濟增長新引擎，為國民經濟增長注入新動力。在過去的三十多年中，長三角、珠三角和京津冀是帶動中國高速發展的三大增長極。在未來，保持經濟中高速增長，仍然需要發揮這些增長極的帶動作用。綜合分析長三角、珠三角和京津冀地區，珠三角發展仍處於可以大有作為的機遇期，具有獨特的區位優勢和綜合經濟要素融合優勢，經濟實力極強、極具活力等優勢，完全有條件建成世界一流灣區，在引領中國經濟社會發展上發揮越來越重要的作用。這也是優化區域發展格局的主要目的之一，即打造更高層次的區域發展新引擎。

第二，促進粵港澳大灣區融合發展，有助於優化資源空間配置，提高國民經濟運行效率。我國經過三十多年的快速發展，創造了經濟奇蹟，但同時也面臨兩大約束，一個是資源約束，另一個是環境約束。特別是珠三角也率先遇到了空間資源約束問題，土地供需矛盾突出，給經濟可持續發展帶來新的挑戰。當前，是堅持「五大發展」理念，加快轉變經濟發展方式的關鍵時期，進一步創新資源利用方式，挖掘資源潛力，優化空間資源配置，保障經濟發展的空間需求，是深化改革，創新驅動的內在要求；是加快產業轉型升級，構建現代產業體系的迫切需要；是增強經濟發展後勁，加快建設世界級城市圈的必然選擇。打造粵港澳大灣區，培育一批具有國際競爭力的創新型企業

和產業集群，讓各類發展資源在空間上的配置更加合理。

第三，促進粵港澳大灣區融合發展，有助於實施海洋強國戰略、經略南海，建設海上絲綢之路戰略基地。推進「一帶一路」建設，「一帶」主要著眼於加快向西開放，打破以美國為首的圍堵；「一路」主要著眼於建設海上戰略支點，建設海洋強國。「21 世紀海上絲綢之路」也主要為兩條線路，分別為從我國沿海港口過南海，經馬六甲海峽到印度洋，延伸至歐洲；從我國沿海港口過南海，經印尼抵達南太平洋。這樣的一種考慮，也契合了習近平總書記提出的「暢通從波羅的海到太平洋、從中亞到印度洋和波斯灣的交通運輸走廊」和「共同建設 21 世紀『海上絲綢之路』」的倡議精神。粵港澳大灣區，背靠大陸面向南海，地處海上絲綢之路戰略要衝，是建設「21 世紀海上絲綢之路」的橋頭堡。大灣區在建設海上絲綢之路中將發揮決定興衰成敗的關鍵作用。南海連接太平洋與印度洋，是眾多國際航運線必經之地。特別是東南亞扼守兩大洋、連接三大洲，既是我國走出去的必經之地和對外貿易的重要通道，也是美國及其盟友對我國海上圍堵的重點區域。南海的戰略地位十分重要，是我國的咽喉和海上生命通道。要在中央統一部署下，建設海上絲綢之路和實施南海戰略的戰略基地。

第四，促進粵港澳大灣區融合發展，有助於推動粵港澳融合發展，促進港澳長期穩定繁榮。在「一國兩制」框架下，以共建粵港澳大灣區為理念，創新區域發展新機制，促進粵港澳緊密合作，豐富「一國兩制」的偉大實踐。

總之，打造粵港澳大灣區，共建「一帶一路」，促進粵港澳融合

發展，統籌內外發展，優化區域發展格局，為我國參與國際分工、分享全球化「紅利」開闢更廣闊的空間，引領全國擴大對外開放，創造中國新型的經濟發展之路。將粵港澳打造成為下一屆政府新的亮點、中國未來經濟社會發展新的重點區域、又一個新的國家戰略。

## 三、項目研究總體要求和基本原則的把握

二〇一七年八月十二日，課題組在北京召開了「粵港澳大灣區融合發展規劃研究」（簡稱「規劃研究」）課題啟動會，討論了「規劃研究」課題大綱、課題起草組分工方案和各階段時間安排，課題專家組陸大道、孫九林、李其、范勇宏、呂曉寧、方林、陳昊等出席了會議，各位專家和課題組成員對課題研究的必要性、前瞻性、可行性和規劃研究大綱提出了重要意見。

根據專家組意見，我們對規劃研究大綱進行了修改完善。課題組認為，「十三五」時期是全面建成小康社會的決勝階段，是粵港澳大灣區大有作為的戰略機遇期，粵港澳大灣區站在一個新的發展起點上，進入一個新的發展階段。科學做好「規劃研究」，對繼續抓住和用好戰略機遇期、經濟轉型升級期，保持經濟平穩較快發展，繼續當好領頭羊、火車頭，具有十分的重要意義。研究編制一個具有前瞻性、戰略性、可操作性的「規劃」，課題組認為要把握好以下幾點：

一是關於「規劃研究」的範圍。規劃範圍覆蓋廣東全域，還包括香港、澳門。之所以這樣考慮，主要是粵東、粵西、粵北經濟社會發展上與珠三角存在較大的落差，區域發展很不均衡。近年來，區域差距呈不斷縮窄的趨勢，但廣東各市地區發展差異係數仍居高不下，不

協調問題十分突出。地區發展不平衡，既是廣東發展必須破解的難題，也是廣東加快發展的潛力所在。促進城鄉區域協調發展是廣東最重要、最艱巨的任務之一。要加強對粵東西北地區的扶持，促進粵東西北地區的振興發展，這不僅關係到粵東西北地區自身的發展，也是珠三角地區加快經濟轉型升級、推進一體化，乃至全國發展的迫切需要。要發揮珠三角引擎帶動作用，實現粵東西北跨越發展，培育粵東西北區域增長點。

二是關於「規劃研究」的總體要求。總的考慮是，要認真深入貫徹落實黨的十八大，十八屆三中全會、四中全會、五中全會精神和習近平總書記系列重要講話精神，按照「五位一體」總體布局和「四個全面」戰略布局，堅持「五大發展」理念，突出發展、突出融合，統籌海陸資源，擴大開放合作，強化創新驅動，加快海上絲綢之路戰略基地和橋頭堡建設，打造更高層次的區域發展新引擎。

三是關於「規劃研究」的基本原則。落實好國家發展改革委、外交部、商務部聯合發布的《推動共建絲綢之路經濟帶和 21 世紀海上絲綢之路的願景與行動》（以下簡稱為《願景與行動》）和《國務院關於深化泛珠三角區域合作的指導意見》（國發〔2016〕18 號）。《願景與行動》提出了「一帶一路」建設的指導思想、戰略目標和重點任務，特別提出打造粵港澳大灣區戰略任務。18 號文件明確提出「充分發揮廣州、深圳在管理創新、科技進步、產業升級、綠色發展等方面的輻射帶動和示範作用，攜手港澳共同打造粵港澳大灣區，建設世界級城市群」。為「規劃研究」指明了方向，需要我們在「規劃研究」工作中，進一步深化一些重大問題、重大工程、重大項目、重大措施

的研究。

四是與黨的十九大提出的奮鬥目標、與「一帶一路」中期目標和未來發展目標相銜接。「規劃」目標的確定既要著眼於「十三五」期間的發展，又要綜合考慮未來發展的趨勢和條件。粵港澳大灣區未來的目標，必須要與「一帶一路」的中遠期目標，與我們黨確定的「兩個一百年」奮鬥總目標相銜接，「規劃」要緊緊圍繞實現這個總目標來制定。

五是體現「五大發展理念」的要求。「五大發展理念」既是「十三五」時期鮮明的時代特徵，也是貫穿「規劃研究」的思想主線。無論是在規劃研究整體指標體系設計上，還是在具體任務研究建議上，都要圍繞創新發展、協調發展、綠色發展、開放發展、共享發展來展開，體現時代發展的新要求。

## 四、研究方法和創新之處

### （一）研究方法

以黨的十八大、十九大精神和習近平新時代中國特色社會主義思想為指導，統籌推進「五位一體」總體布局，協調推進「四個全面」戰略布局，全力推進全面建成小康社會進程，不斷把實現「兩個一百年」奮鬥目標推向前進。堅持「五大發展理念」這一條思想主線，統領經濟社會發展全局，把「五大發展理念」的內涵和要求全面貫徹到發展目標、發展重點、政策措施和重大工程等各方面。突出融合、突出區域一體化，全面準確貫徹落實「一國兩制」、「港人治港」、「澳

人治澳」、高度自治的方針，發揮港澳獨特優勢，合作發展，互利共贏。綜合考慮今後五至十年粵港澳大灣區所處的發展階段、發展趨勢、發展條件以及面臨的矛盾與挑戰，與習近平總書記提出的「三個定位、兩個率先」「四個堅持、三個支撐、兩個走在前列」要求相銜接，指標體系還要體現大灣區協調發展、協同發展、共同發展的本質要求。

「規劃研究」採取實地調研、科學定量分析相結合，本文研究與現實問題研究相結合的方法，主要研究分析國際著名灣區發展歷程、發展基礎、顯著特徵和基本經驗。灣區經濟對全球具有重要影響的經濟形態，包括：灣區經濟的基本內涵、基本特徵、發展演變；國際一流灣區如何引領全球產業調整升級、主導全球要素配置、帶動全球創新發展等。分析研究粵港澳大灣區發展趨勢判斷，粵港澳區域經濟發展面臨的新形勢，粵港澳大灣區的合作現狀，機遇與挑戰，粵港澳大灣區融合發展的基礎，明確了編制粵港澳大灣區融合發展規劃的必要性。並在此基礎上從總體思路、空間布局、重點領域、融合發展路徑和政策建議等方面提出相應建議，為粵港澳大灣區未來發展提供了借鑑，是一項開創性的實際工作。

## （二）創新之處

以全新的視角，分析了粵港澳大灣區的獨特優勢，在「規劃」中充分體現黨的十九大會議精神和習近平總書記提出的「三個定位、兩個率先」和「四個堅持、三個支撐、兩個走在前列」總體目標要求；體現「五大發展理念」這一思想主線；體現「一帶一路」建設規劃和

未來發展目標要求；體現深化廣東、深圳和港澳融合發展的要求；體現促進區域協調發展的戰略要求，在融合發展、區域一體化上下功夫，攜手打造世界一流的大灣區，建設世界級城市群，引領全國實現新一輪改革開放，探索中國新型經濟發展之路的又一個新的國家戰略。

粵港澳大灣區融合發展規劃研究啟動會

# 目錄
C O N T E N T S

前言

## 第三章　粵港澳大灣區融合發展總體思路

## 第四章　粵港澳大灣區空間格局思考

# 第五章　粵港澳大灣區空間布局

# 第六章　粵港澳大灣區融合發展的重點領域

# 第七章　促進粵港澳深度融合發展

# 第八章　促進區域創新驅動發展

# 第九章　政策和重大項目建議

參考文獻

灣區經濟是指依託世界級港口群，發揮地理和生態環境優勢，背靠廣闊腹地，沿海灣開放創新，集聚發展，具有世界影響力的區域經濟形態。總結世界著名灣區的基本特徵、發展歷程、基礎條件和成功經驗，對比梳理粵港澳大灣區經濟形態、基礎條件、戰略作用等發展要素，充分發揮廣東、香港、澳門獨特優勢，依託粵港澳大灣區地處西太平洋—印度洋航線要衝的地理優勢、擁有世界級港口群、機場群、陸路交通樞紐的基礎設施優勢和「一國兩制」的政治優勢，攜手打造世界一流的粵港澳大灣區，建設世界級城市群，促進粵港澳大灣區融合發展，引領全國實現新一輪改革開放，探索中國新型經濟發展之路的又一個新的國家戰略。

第一章

世界著名灣區
基本情況及發展經驗

# 灣區及灣區經濟的基本內涵

　　灣區是一種自然狀態，指由一個海灣或多個相連海灣、港灣、鄰近島嶼共同組成的區域。灣區或是濱海大都市成為城市化的城市主體空間，由眾多海港和城鎮所構成的港口群和城鎮群，同時也是海岸帶的重要組成部分，蘊含著豐富的海洋、生物、環境資源，具有獨特的生態、人文和經濟價值。灣區所衍生出的經濟效應稱之為灣區經濟。灣區經濟是以海港為依託、以灣區自然地理條件為基礎發展形成的一種區域經濟形態。世界頂級城市群大多集中在灣區，全球百分之六十的經濟總量集中在入海口，世界上百分之七十五的大城市、百分之七十的工業資本和人口集中在距海岸一百千米以內的海岸帶地區。隨著經濟全球化不斷推進，經濟活動和城市人口逐步向沿海地區聚集，形成了若干個以灣區為核心的經濟集群。紐約、東京、舊金山等灣區，依託世界級海港群、空港群，抓住國家發展和轉型的機遇發展成為具有國際影響力的世界一流灣區，成為城市化與工業化的象徵與重要載體。

　　灣區經濟是由若干海灣、海港共同形成的區域經濟形態，灣區經濟因港而生，依海而興。世界一流灣區具有開放的經濟結構、現代綜合交通運輸網絡、高效的資源配置能力、強大的集聚外溢功能、發達的國際交往系統和世界一流城市的顯著特徵，相比內陸經濟和三角洲經濟具有更強的開放性、創新性、區域協同性，宜居宜業，在新的區域競爭合作格局中具有獨特的價值和優勢。作為連接國內外市場的前

沿門戶，灣區通常是新技術、新產業、新商業模式的策源地，是國際經濟文化交流的前沿，是全球創新發展要素集聚的核心。灣區內部產業發展深度融合，發展要素高效便捷流動，集聚輻射能力強大，引領著區域經濟結構的調整和優化升級，成為區域發展的重要增長極，在世界範圍區域經濟競爭格局中具有重要的引領優勢。國際灣區現狀分布圖如圖 1-1 所示。

在世界經濟版圖中，紐約灣區、東京灣區、舊金山灣區等三大灣區已成為世界範圍重要的經濟中心，是灣區經濟形態的最佳代表。

审图号：GS(2016)1562号
国家测绘地理信息局 监制

**圖 1-1　國際灣區現狀分布圖**

# 世界著名灣區基本情況

## 一、紐約灣區

　　紐約灣區亦稱紐約大都會區，地處美國東北部、大西洋西岸，與歐洲大陸隔海相望。灣區圍繞著哈德遜灣，以紐約市為中心，包括紐約州、新澤西州、康涅狄格州以及賓夕法尼亞州的三十五個縣，主要有紐約、澤西、紐瓦克等大城市。該地區總面積為 3.35 萬平方千米（海灣面積約 3100 平方千米）二〇一五年人口約二百三十萬人，國內生產總值（GDP）約 1.52 萬億美元。紐約灣區（見圖 1-2）是世界金融中心、國際航運中心和美國的經濟中心，城市化水平達到 90%以上，製造業產值占全美的 30%以上，成為國際灣區之首。形成以金融保險、裝備製造業、房地產業、科技服務業、醫療保健業、批發零售業為主的現代服務業產業體系，且分布高科技製造和專業服務等產業集群，美國的 500 強企業，三分之一的總部集聚於此。紐約是美國第一大港口城市和全球金融中心、國際貿易中心。擁有紐約證券交易所和納斯達克證券交易所，金融服務業占灣區 GDP 的比重為15.4%。灣區內共有五十八所大學，包括耶魯大學和普林斯頓大學等世界著名大學。著名旅遊景點有中央公園、自由女神像等。灣區高度開放經濟體系薈萃了世界多民族文化，形成不同於一般內陸地區、開放包容的灣區特有文化，並進一步促進灣區城市的開放，反哺城市的創新發展。在紐約灣區，外籍居民來自全世界一百五十多個國家和地區，約占紐約總人口的 40%，形成了世界不同文化、不同文明相互

圖 1-2　紐約灣區——世界級金融和貿易中心

融合發展和人才集聚。

## 二、東京灣區

　　東京灣區亦稱東京都市圈，位於日本本州島關東平原南端，太平洋西岸，包括東京都、神奈川縣、千葉縣和埼玉縣。東京灣沿岸形成又橫濱港、東京港、千葉港、川崎港、木更津港、橫須賀港等港口群。該地區總面積 9760 萬平方千米，總人口約 4300 萬，GDP 約 2.48 萬億美元。該區形成了京濱、京葉兩大工業地帶，地區經濟總量占日本 GDP 的 30%，工業產值占 40%。東京灣區（見圖 1-3）是日本最大的工業城市群，是亞太金融中心、製造業基地和航運中心和信息中心，精密機床、電子產品、鋼鐵、石油化工、現代物流、裝備製

圖 1-3　東京灣區——世界製造中心、金融和貿易中心

圖 1-4　日本東京

造和高新技術等產業十分發達，形成了以東京（見圖 1-4）為核心的首都城市圈。

## 三、舊金山灣區

舊金山灣區簡稱灣區（Bay Area）位於美國西部沿海，地處加利福尼亞州（加州）北部、太平洋東岸，包括加州的十二個縣，主要城市有舊金山、奧克蘭、聖荷西、聖塔克拉拉等。灣區可以分成五個區域，依次是北灣、東灣、南灣、舊金山和半島。北灣包括索諾馬縣、納帕縣、索拉諾縣、馬林縣，是美國比較富有的行政區。東灣包括康曲科士達縣和阿拉米達縣。南灣是聖塔克拉拉縣，位於舊金山灣南端，分布斯坦福大學、加利福尼亞大學伯克利校區、加利福尼亞大學戴維斯校區和加利福尼亞大學舊金山校區等，以及航空航天局艾姆斯研究中心、農業部西部地區研究中心、斯坦福直線加速器中心、能源部勞倫斯‧利弗莫爾國家實驗室和能源部勞倫斯‧伯克利國家實驗室等。舊金山灣區包括舊金山市與縣，當地經常簡稱為「市區（The City）。舊金山與它的鄰居在北方、東方和西方被水隔開，在南方則以行政區線分開。舊金山是舊金山灣區長久以來的文化、財經和都市中心，也是灣區的主要人口聚集地。半島介於舊金山和南灣的地區是舊金山半島，當地常簡稱為「半島（The Peninsula）」。這地區由數個中小型城市、近郊社區和聖塔克拉拉縣西北部分所組成，也包含太平洋岸邊的數個城鎮。半島內商業資源豐富。美國 500 強企業中，總部設在舊金山灣區的有二十八個，如惠普、英特爾、IBM、思科、甲骨文科技等世界聞名的企業；半島內科技資源富集，以硅谷為中心，聚集了包括計算機、信息技術、電子產品、通信、多媒體、生物科

技、環境技術等高技術企業。

　舊金山灣區總面積 1.79 萬平方千米（海灣面積 900 平方千米），
2015 年總人口 715 萬 GDP 總量 6500 億美元。該地區（見圖 1-5）以
高科技為主，是全球性的科技產業創新中心，美國人均收入最高的地
區之一。灣區擁有 4 所世界級研究型大學、36 所多層次高校、5 個國
家級實驗室和眾多世界 500 強企業研發機構，集聚惠普、谷歌、英特
爾、IBM、思科、蘋果、甲骨文科技等在內的世界頂級科技企業集
群，譽稱「世界硅谷」。灣區金融與科技高度融合，吸納美國 40% 以
上的風險資本，80% 以上的風險投資基金，形成了風險投資的銀行
保障體系。

圖 1-5　舊金山灣區——全球創新中心

第三節·
# 世界主要灣區對比分析

對全球灣區經濟發展水平進行綜合評價，對紐約灣、舊金山灣、東京灣和粵港澳灣區進行比較，粵港澳灣區與紐約灣、舊金山灣、東京灣仍有較大差距，粵港澳加快融合發展，打造世界一流灣區仍然任重道遠。

## 一、經濟總量

從表 1-1 可以看出，紐約灣區、舊金山灣區和東京灣區是當今最具代表性的世界一流灣區，在世界經濟發展中發揮了重要引擎作用。

### （一）引領全球產業調整升級

紐約灣區率先抓住全球貿易大發展的機遇，成為世界級金融和貿易中心；東京灣區率先抓住全球製造業升級變革的機遇，成為世界製造中心，繼而成為金融和貿易中心；舊金山灣區率先抓住全球高科技迅猛發展的機遇，成為全球創新中心。灣區內部產業深度融合，金融、物流、倉儲、會展、商業等服務功能高度發達，擁有極具活力的產業集群，引領全球經濟結構優化升級。

### （二）主導全球要素配置

紐約等一流灣區擁有完善的市場體系和靈活的市場機制，交易市

場品種齊全，交易機制高度市場化。紐約是全球最重要的金融信息樞紐之一，引導和影響全球範圍內的生產要素配置。灣區跨國公司總部密集，擁有一批世界 500 強全球總部，其中東京灣區四十四家、紐約灣區二十三家、舊金山灣區十四家，這些跨國公司龐大的全球生產和營銷網絡對全球資源的配置生產重大影響。

## （三）帶動全球創新發展

紐約灣區擁有哥倫比亞大學等若干世界一流的大學，集聚了眾多的世界級科研機構和跨國公司研發中心。舊金山灣區是世界級科技創新中心，擁有英特爾、雅虎、谷歌等一大批引領全球產業技術創新的高科技公司，東京灣區是世界重要的創新發源地之一，在機械、汽車、電子產品等領域科技創新水平全球領先。

### 表 1-1 │ 世界主要灣區對比分析表

| 灣區 | GDP（億美元） | 面積（平方千米） | 城市群 | 航運中心地位 | 金融中心地位 | 創新中心地位 |
|---|---|---|---|---|---|---|
| 紐約灣區 | 15200 | 33484 | 跨紐約州、新澤西州和康涅狄格州，含 31 個縣 | 國際航運中心 | 全球第一大國際金融中心 | 全球金融創新中心 |
| 舊金山灣區 | 6500 | 17955 | 包括 9 個縣 101 個城市，主要城市有舊金山、聖何塞和奧克蘭 | 美國西海岸航運中心 | 美國西海岸金融中心 | 全球科技創新中心 |
| 東京灣區 | 24800 | 9760 | 包括東京、橫濱、川崎、船橋、千葉等 5 個大城市 | 亞太地區航運樞紐 | 全球第四大國際金融中心 | 亞太製造業創新中心 |

| | | | | | 區域航運中心 | 區域金融中心 | 國家創新型城市 |
|---|---|---|---|---|---|---|---|
| 粵港澳灣區 | 深圳 | 2822 | 1992 | 深圳 | 區域航運中心 | 區域金融中心 | 國家創新型城市 |
| | 深港 | 5700 | 3095 | 深圳、香港 | 亞太地區航運樞紐 | 全球第三大國際金融中心 | |
| | 環珠江口區域 | 13000 | 42865 | 香港、澳門和珠江三角洲9市 | 亞太地區航運樞紐 | 全球重要金融中心 | |
| | 粵港澳大灣區 | 15000 | 180863 | 香港、澳門和廣東全境 | 亞太地區航運中心 | 全球重要金融中心 | 東南亞創新中心 |

註：表中數據根據 2015 年統計資料整理。

世界灣區經濟發展歷程表明，依託現代化的國際海運、航空及高速路網和強大的集疏運體系，世界一流灣區充分發揮了高效的資源配置和輻射帶動作用，突破了行政壁壘和體制束縛，推動了一國一域經濟發展的轉型升級，在國家戰略格局具有舉足輕重的地位。

## 二、金融與科技創新實力

國際灣區的金融與科技創新實力全球領先。紐約灣區和東京灣區都是世界上最重要的國際金融中心。其中紐約灣區是全球規模最大、最為發達的金融中心，擁有全球市值最大的紐約交易所和全球市值第三的納斯達克交易所，金融服務業占灣區 GDP 比重高達 15.39%，全球規模排名前 100 的銀行有 90%以上在紐約設有分支機構。東京灣區是世界上重要的國際金融中心之一，是日本最主要的銀行集中地，也是世界上三大證券交易中心之一，擁有日本最大的東京證券交

易所，占日本全國證券交易量的 80%。舊金山灣區則是以風險投資著稱的專業性科技金融中心，科技銀行業務尤為發達。二〇一五年世界主要灣區 GDP 對比見圖 1-6。二〇一五年國際灣區中心城市金融中心排名見表 1-2。

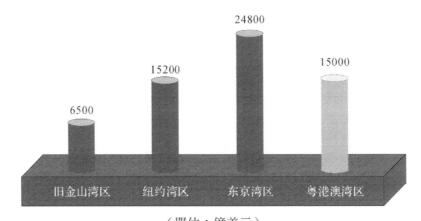

（單位：億美元）

圖 1-6　2015 年世界主要灣區 GDP 對比

表 1-2 | 2015 年國際灣區中心城市金融中心排名

| 城市 | 排名 | 分數 | 2014 年排名 | 分數 | 變化 |
|------|------|------|------------|------|------|
| 紐約 | 1 | 785 | 1 | 786 | 0 |
| 東京 | 5 | 722 | 6 | 722 | 1 |
| 舊金山 | 8 | 708 | 10 | 711 | 2 |

資料來源：GFCI — Global Financial Centres Index. http：//www. longfinancc. nct/imagc/GFCI17_23March2015.

舊金山灣區是引領全球科技創新的核心力量，集中了美國 40% 以上的風險投資，灣區內的硅谷則是全球電腦和互聯網企業的集聚區，湧現了谷歌、蘋果、英特爾、惠普等一批知名企業，專利授權數量占全美國所有專利數量的 15.2%。東京灣區是世界重要的創新發源地，創新企業主要集中在機械、汽車、電子產品，其中以日本三菱重工公司、日本豐田汽車公司、日本索尼公司和日本佳能公司為代表。紐約灣區是美國僅次於舊金山灣區的科技創新中心。從專利數量及其占全國的比重來看，紐約灣區的科技創新實力在美國都處於非常領先的地位，是美國強大科技創新力的重要組成部分。

## 三、港口運輸

紐約灣區是世界上最大的航運交通區域之一，集聚了三個世界重要港口。舊金山灣區是美國西海灣的交通樞紐，是連接美國和亞洲地區的重要節點，其中舊金山港是美國太平洋沿岸第二大港，奧克蘭港是太平洋沿岸第一大港，是世界上最大的兩個經濟體——中國和美國——貨物貿易海上集裝箱運輸的重要港口。東京灣區是日本最大的交通樞紐，主要的港口包括東京港口、橫濱港口和川崎港口。二〇一至二〇一三年國際灣區集裝箱吞吐量見表 1-3。粵港澳海洋經濟總規模 1.23 萬億元，連續二十年位居全國首位。亞洲各港口吞吐量對比圖如圖 1-7 所示。

### 表 1-3 │ 2001-2012 年國際灣區集裝箱吞吐量

| 年份 | 紐約灣區/萬 TEU | 舊金山灣區/萬 TEU | 東京灣區/萬 TEU |
|------|----------------|------------------|----------------|
| 2001 | 195 | 168 | 505 |
| 2002 | 220 | 173 | 538 |
| 2003 | 238 | 194 | 581 |
| 2004 | 262 | 208 | 594 |
| 2005 | 280 | 227 | 630 |
| 2006 | 299 | 239 | 690 |
| 2007 | 310 | 239 | 714 |
| 2008 | 307 | 223 | 764 |
| 2009 | 265 | — | 654 |
| 2010 | 308 | — | 748 |
| 2011 | 320 | — | 763 |
| 2012 | 321 | — | 729 |

註:1.東京灣區統計了排在灣區前兩位的東京港口和橫濱港口的數量;
　　2.紐約灣區統計了紐約/新澤西港口集裝箱吞吐量。
資料來源:東京都統計局、紐約一新澤西港務管理局(Port Authority of
　　New York & New Jersey)。

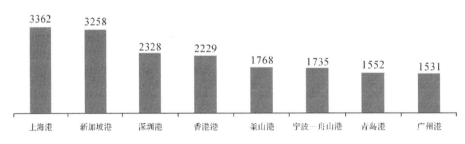

（單位：萬 TEU）

### 圖 1-7　2013 年亞洲各港口吞吐量對比

# 四、產業結構

　　紐約灣區、舊金山灣區和東京灣區依次通過產業轉移和產業結構升級，已經走完了以製造業為主要增長動力的工業發展階段，產業結構日趨成熟。如表 1-4 所示，經濟發展以房地產業、金融保險業、高科技產業和批發零售業等產業為主要驅動力。三大灣區第三產業高度發達，金融保險業規模較大。由表 1-5 可知，二〇一〇至二〇一三年，國際灣區第三產業增加值比重均在 80%以上，紐約灣區最高，二〇一三年約為 89.39%；紐約灣區和東京灣區金融保險業規模均在千億美元以上，二〇一二年，紐約灣區金融保險業增加值達到 2090 億美元。

表 1-4 | 三大灣區的主要產業

| 灣區 | 主要產業 |
|---|---|
| 紐約灣區 | 房地產業、金融保險業、專業和科技服務業、醫療保健業、批發零售業 |
| 舊金山灣區 | 房地產業、專業和科技服務業、製造業、金融保險業、批發零售業、信息產業和醫療保健業 |
| 東京灣區 | 服務業、批發零售業、不動產業、製造業、金融保險業和通信傳媒業 |

資料來源：U. S. Bureau of Labor Statistics、US Department of Commerce、ABAG (association of Bay area)、BAY area census、日本內閣府。

表 1-5 │ 2010-2013 年三大灣區產業結構比較

| 灣區 | | 2010 年 | 2011 年 | 2012 年 | 2013 年 |
|---|---|---|---|---|---|
| 紐約灣區 | 三產增加值比例(%) | 0.70：1.11：88.18 | 0.68：10.80：88.52 | 0.65：10：89.35 | 0.63：98：89.39 |
| | 金融保險產業增加值（億美元） | 1964 | 2005 | 2090 | - |
| 東京灣區 | 三產增加值比例(%) | 0.30：17.84：81.88 | 0.29：17.54：82.17 | 0.27：17.46：82.27 | 0.26：17.4：82.34 |
| | 金融保險產業增加值（億美元） | 1319.9 | - | - | - |
| 舊金山灣區 | 三產增加值比例（%） | 0.32：17.05：82.63 | 030：17：827 | 0.28：16.95：82.77 | 0.25：16.91：82.84 |
| | 金融保險產業增加值（億美元） | 422.58 | 445.12 | 518.08 | - |

## 五、經濟集聚

　　三大灣區經濟集聚能力在全球舉足輕重。紐約灣區 GDP 占美國經濟總量的 8.36%，共有世界 500 強企業 21 家，以銀行保險業為主，利潤總額 1000 億美元，資產總額達到 87415 億美元；舊金山灣區 GDP 占美國經濟總量的 3.43%，共有世界 500 強企業 8 家，以通信設備、計算機和電子元件等行業為主，利潤總額 618 億美元，資產總額達到 6284 億美元；東京灣區的 GDP 占日本經濟總量的 1/3，共有世界 500 強企業 58 家，以電子電氣設備、銀行保險、車輛與零部件以及化工行業為主，利潤總額 1041 億美元，資產總額達到 137774

億美元。表 1-6 比較了二〇一三年三大灣區人均 GDP、人口密度及地均 GDP 數值。

表 1-6 | 2013 年三大灣區人均 GDP、人口密度及地均 GDP 比較

| 灣區 | 人均 GDP（美元） | 人口密度（人/平方千米） | 地均 GDP（億美元/平方千米） |
|---|---|---|---|
| 紐約灣區 | 69576 | 927 | 0. 41 |
| 東京灣區 | 67196 | 2647 | 2. 46 |
| 舊金山灣區 | 85245 | 398 | 0. 34 |

資料來源：U. S. Bureau of Labor Statistics、US Department of Commerce、A BAG（association of Bay area.）、BAY area census、日本內閣府。

## 六、科技教育

教育水平和科技創新對經濟發展具有重要的影響。根據《泰晤士高等教育》發布的「2012-2013 年世界大學 100 強排行榜」顯示，世界大學 100 強有二所位於紐約灣區，三所位於舊金山灣區，一所位於東京灣區。東京灣區集聚東京大學、東京工業大學、電氣通訊大學、中央大學等近百所大學。東京灣區的大學、研究生院占到日本全國比重的四分之一。東京灣區是世界重要的創新發源地，科技創新主要出自於企業。創新企業主要集中在機械、汽車、電子產品，其中以日本三菱重工公司、日本豐田汽車公司、日本索尼公司和日本佳能公司為代表。二〇一二全球創新力企業百強，其中東京灣區有二十家企業上榜，由此可見灣區科技創新實力在全球的巨大影響力。國際灣區集聚了眾多高水平的研究機構，為灣區科技創新提供持續的動力。其中除了高水平的研究型大學，還包括高技術公司、國家級實驗室和研究中

心等研究機構。紐約有三百多所高等院校,學生人數占全美的百分之十左右。紐約有高技術公司一萬三千家,僱傭高技術人才三十二點八萬人。據美國電子協會評估,紐約的高技術企業數量在全美列第二位;在擁有高技術領域僱員和吸引風險投資方面,紐約均居全美第三位。舊金山灣區集聚了眾多世界一流的研究性大學,其中不僅僅有像加州大學這樣的公共教育機構,還有以普林斯頓大學、斯坦福大學(見圖 1-8)為代表的優秀民辦高校。根據二〇一四年世界大學學術研究能力排名,舊金山灣區有五所大學排名前一百名,其中加州大學在灣區的四個分校全部進入前一百名,普林斯頓大學則排名世界第二位,排在灣區所有大學的第一位。除了高水平的科研型大學,舊金山灣區擁有完備的科研研究機構,它們包括國家級實驗室和研究中心、合作研究設施、公司設在灣區的實驗室、獨立的實驗室和研究機構。

圖 1-8　美國斯坦福大學

## 七、多元文化

　　灣區經濟興盛得益於率先接軌世界經濟，港口城市作為對外開放的門戶，最先吸納外商直接投資，引進國外先進技術和生產方式。同時，吸納大量外來人口，成為世界不同民族文化薈萃的窗口，形成了開放包容的移民文化。紐約外籍居民來自全世界一百五十多個國家和地區，約占總人口的 40%，形成了世界不同文明相互融合的集合體。舊金山灣區近三分之一的人口出生於海外，生活在舊金山灣區的各種族中，52.5%是白種人，6.7%是非洲裔美國人，0.7%是美國土著人，23.3%是亞洲裔美國人，0.6%是太平洋島民，還有 10.8%來自其他種族，以及 5.4%的人口來自兩個以上的種族。多樣化的種族結構為舊金山灣區帶來了不同的民族文化。各文化的交流融合，創造了舊金山灣區包容的創新文化。開放多元的文化，促進了優秀人才集聚，為灣區創新發展提供了充足的人力資本。國際灣區集聚了大量的大學生、科學家和工程師等研究人才。這些優秀人才不僅來自於當地學校的培養，外來優秀移民也占到很大的比例。

## 八、城市環境

　　宜居宜業的城市環境是灣區經濟崛起的決定性因素之一。優良的自然生態環境是灣區的天賦優勢，氣候條件優越，溫度濕度適宜，物產豐富，植被茂盛，甚至對污染的自然淨化能力也強於內陸地區。國際灣區皆以自然風景優美、人居環境優良著稱。港口城市作為新興城市，城市規劃設計具有後發優勢，注重吸收各地之長，突出以人為本，依山臨海的城市規劃創造了更加優美宜人的環境（見圖 1-9）。

圖 1-9　美國舊金山

# 世界著名灣區主要特徵

　　灣區經濟是以沿海大都市城市群為主體，發揮沿海灣區優越地理區位優勢，是國際競爭力和創新能力代表、全球創新發展要素集聚中心、國際經濟文化交流的窗口，也是推動國際經濟發展和科學技術變革的先鋒。

# 一、灣區經濟顯著特徵

## （一）經濟總量大

紐約灣區、東京灣區和舊金山灣區平均面積約二萬平方千米，總人口約二千萬人，港口年吞吐量約為一千萬 TEU，GDP 產出約一萬五千億至二萬五千億美元。三大灣區作為對外開放的門戶，成為連接本國市場與國際市場的重要樞紐，具有強大的吸附效應，吸引全球資源向灣區集聚，形成世界級城市群和國際航運中心、金融中心，是全球範圍內高聚集、超產出、強帶動的發達地區（見圖 1-10）。

## （二）科技創新強

科技創新驅動成為灣區持續發展的強大引擎，創新要素集聚，催

圖 1-10　美國紐約

生出眾多創新機構。紐約灣區率先抓住全球貿易大發展的機遇，成為世界金融和貿易中心。東京灣區率先抓住全球製造業優化升級的機遇，成為世界製造中心，繼而成為金融和貿易中心。舊金山灣區率先抓住全球高科技迅猛發展的機遇，成為全球創新中心。硅谷位於美國加利福尼亞州北部、舊金山灣區南部，是高科技事業雲集的美國加州聖塔克拉拉谷（Santa Clara Valley）的別稱（見圖 1-11）創新成為灣區經濟發展的不竭動力，在不同發展階段引領全球產業發展方向。表 1-7 顯示了二〇一二年全球創新力企業百強在三大灣區的分布情況。

## （三）大城市帶動

灣區以若幹個大城市核心，大城市的龍頭作用及大都市區交通走

圖 1-11　美國舊金山硅谷

廊，是發展灣區經濟的基礎和關鍵。在紐約灣區中，紐約市人口總量和 GDP 分別占 85% 和 89%；在東京灣區中，東京都市圈人口總量和 GDP 分別占 37% 和 57%；在舊金山灣區中，舊金山市和聖何塞市占據了人口總數和 GDP 的 82% 和 88%。促進人口向沿海區域集聚，沿海城市向大都市集聚，以大都市為核心的區域發展模式是灣區經濟發展的必要條件。宜居宜業的城市環境成為全球的投資熱土和創業天堂。

表 1-7｜2012 年全球創新力企業百強在三大灣區的分布

| 灣區 | 企業數量/家 | 企業名稱 |
|---|---|---|
| 東京灣區 | 20 | 日本富士膠卷公司、日本富士通公司、日本兄弟工業株式會社、日本理光公司、日本佳能公司、日本發那科株式會社（FANUC）、日本奧林巴斯、日本日立公司、日本本田汽車公司、日本捷特科株式會社（JATCO）、日本三菱電機公司、日本三菱重工公司、日本信越化學工業株式會社、日本索尼公司、日本 TDK 公司、日本東芝公司、日本 NEC 公司、日本豐田汽車公司、日本新日鐵和住友金屬、日本電話電報公司（NTT） |
| 舊金山灣區 | 8 | 美國超微公司、美國阿爾特拉公司、美國蘋果公司、美國谷歌公司、美國英特爾公司、美國美滿公司、美國閃迪公司、美國賽靈思公司 |
| 紐約灣區 | 1 | 美國亞美亞公司 |

## （四）產業群支撐

灣區依託得天獨厚的區位優勢，隨著經濟全球化深入推進，灣區強大的集聚功能形成了若干產業集群，產業集聚促進了生產要素高效流動和人才高度集聚，培育了世界領先的現代產業體系和金融服務業聚集區（見圖1-12），具有巨大的競爭力和產品升級換代能力，搶先占領國際市場。

## （五）交通網完備

功能完善、互聯互通的一體化交通綜合運輸體系是灣區建設的堅

圖 1-12　美國紐約華爾街

實基礎。大城市核心及大都市區沿高效交通走廊發展，依託發達的港口、機場、鐵路、公路、管道和通信等基礎設施和多式聯運物流中心、信息樞紐等配套基礎設施，構成大都市帶空間結構骨架（見圖1-13）。灣區核心城市成為全球重要交通樞紐、物流中心和信息中心，為灣區經濟發展提供了強大的支撐能力，產生了強烈的放大效應。

## （六）協同與合作

大都市區、中心城市與周邊地區之間協同發展，區域協調和合理的產業分工體系是灣區發展的關鍵，廣大的陸路經濟腹地為灣區經濟提供了發展的空間、廣闊的市場和豐富的資源，同時也促進了陸路經濟腹地要素自由流動、資源高效配置和市場深度融合，提升了發展內生動力。灣區核心城市對腹地形成極大的輻射帶動作用，促進了腹地

圖1-13　城市交通

經濟與灣區經濟分工協作、錯位發展、緊密依存、共同發展，增強了灣區的綜合競爭力與影響力。

## 二、大城市群的基本特徵

### （一）多核心

若干個人口密度高的大城市群，核心與其周邊地區之間，以鐵路、高速公路等高效交通系統連接，大城市區內部、中小城市與周邊地區之間交互作用，形成緊密的社會經濟連繫。

### （二）開放性

灣區經濟靠港而生、依灣而盛，具有天然的地理開放屬性。開放性也成為灣區經濟發展的先決條件和內在優勢。歷史上在航海技術的發展推動下，海運逐步成為對外輸出中最主要的交通運輸方式之一，推動港口地區成為連接本國市場和國際市場的重要節點。灣區經濟依賴國際港口發展而蓬勃，在不斷擴大的對外貿易中，港口城市逐漸成為對外開放門戶，促進了國際貿易，吸引了外來投資，提升了自身發展。

### （三）創新性

灣區城市在對外交流中，率先匯集新信息和新資源，激發創新活力，催生創新思維，鍛造創新成果，灣區城市逐步成為有全球影響力的創新中心。同時，創新又增強城市發展動力，使城市在不同階段均保持領先地位。在工業 4.0 時代，灣區城市率先發展高新技術產業，

推動信息服務業的湧現和新型商業模式的崛起，依靠創新引導全球產業發展。

## （四）宜居性

灣區經濟崛起的前導性因素之一，就是灣區城市具備宜居宜業的環境優勢。港口城市往往是新興城市，城市規劃中更加突出以人為本的居住理念，形成優美宜居的城市環境。優美的環境對人才具有強大的吸引力。人才又是灣區經濟發展壯大的先決性因素。

## （五）國際化

任何一個大灣區在自身的發展定位中必然離不開國際化，灣區也是極具現代化、國際化特徵的城市形態。國際化的概念可以引領灣區內核心城市建設，不僅使自身受益，還會對周邊產生巨大的外溢影響，並通過加快區域核心點的建設，以點輻射並帶動面，產生集聚效應，進一步提升整個灣區的建設發展水平。

第五節 ·
# 世界灣區經濟的發展演變

縱觀世界發達灣區經濟發展，大致經歷了港口經濟、工業經濟、服務經濟、創新經濟四個發展階段。

## 一、港口經濟發展階段

受當時經濟社會和生產力發展水平限制，初期的港口經濟相對單一，主要是連接各種運輸方式，進行貨物中轉運輸。經濟活動僅包括直接服務於港口轉運的裝卸、倉儲、運輸以及提供設備和船舶修理等，範圍也侷限於碼頭及相關水陸域內，對城市經濟發展的推動作用並不顯著。

## 二、工業經濟發展階段

隨著大量的人流、物流等在港口周邊區域集聚，灣區城市依靠臨港優勢和豐富的港口資源，加快發展臨港產業，初步形成了鋼鐵工業、石油煉化、化學製品、機械製造等重化工業集群，港口經濟活動範圍也逐步向港區外拓展。例如，第二次世界大戰後，東京灣區集聚了汽車、化工、電子等臨港工業，成為全球重要的先進製造業基地。

## 三、服務經濟發展階段

受益於港口腹地經濟的快速發展，灣區城市躋身區域或世界級航運樞紐，日益增長的資金及物流需求，給港口物流、貨運代理、保稅倉儲、金融保險等中介服務帶來了重大發展機遇，以物流、金融、保險等為主要內容的服務業開始集聚發展，從而推動灣區經濟由臨港產業向服務業轉變，成為區域或全球資源配置的重要節點。東京灣區由此成為當時重要的國際金融中心。

# 四、創新經濟發展階段

依託國際一流的大學、研究機構和優美宜居的灣區生態環境，灣區城市抓住互聯網等新興產業發展的歷史機遇，大力發展先進科技生產力，在協調推進城市經濟、社會、文化、生態發展的同時，為各國提供了大量高新技術和高科技產品，成為推動全球科技進步的動力源。舊金山灣區新興產業發展迅猛，電子、通信、軟件、互聯網和多媒體產業紛紛興起，以蘋果公司為代表的一批企業迅速崛起，舊金山灣區逐步成為全球創新中心。紐約灣區在金融、文化時尚、媒體、出版業等方面都占據全球產業價值鏈最高端，並已成為全球金融創新中心，幾乎所有的金融衍生品均源自紐約灣區金融機構。

國際灣區經濟規模和實力位居地區乃至世界前列，經濟集聚能力在全球舉足輕重，具有最先進的產業體系和以金融服務業、高科技產業為主的高端產業特色。國際灣區 GDP 規模、總人口、陸地面積總量在全球舉足輕重；國際灣區的金融與科技創新實力全球領先，紐約灣區和東京灣區都是世界上重要的國際金融中心，舊金山灣區科技創新實力全球領先；國際灣區均是全球主要的交通樞紐，紐約灣區是世界上最大的航運交通區域之一，舊金山灣區是美國西海灣的交通樞紐，東京灣區是日本最大的交通樞紐；世界一流灣區是全球經濟集約發展效益最為突出的區域。三大灣區人口密度之大在全球屈指可數，地均 GDP、人均 GDP 也位於全球前列。

第六節 ·
# 世界著名灣區經驗與啟示

## 一、法律法規制度先行與規劃引導相結合

　　東京灣具有環太平洋的區位優勢，區位優勢有效發揮，首要問題是規劃整治，強調政府的宏觀調控作用，科學引導與干預國土資源開發利用和規劃整治。日本國會先後出台制定了《首都圈整備法》《首都圈市街地開發區域整備法》《首都圈建成區限制工業等的相關法律》《多極分散型國土形成促進法》等多部法律法規，規範土地開發利用，防治掠奪式開發，優化了東京灣經濟帶的產業空間布局。國際灣區通過構建完善的商業運行規則和法律法規制度體系，營造了一流的營商環境。東京政府為加強與企業的交流互信，一九四六年政府牽頭，組建了關西經濟聯合會，主要為區域內企業和經濟的發展提供相關服務。在組織結構中，下設二十三個委員會，由關西地區約八百五十家核心公司和團體組織組成，不但能夠及時反映企業的真實需求，而且能夠提高政府制定政策的準確性和工作效率，為企業與政府搭建溝通橋梁，對灣區經濟的發展起到了至關重要的作用。一九二一年，紐約和新澤西州成立港務局，不僅僅是對基礎設施進行投資建設，還在設施的改革方面起了關鍵作用，並對其長期發展進行資本支持。港務局在許多關鍵的基礎設施建設上起到難以替代的作用。舊金山灣區建立了舊金山灣區委員會以及綜合性區域規劃機構和政府委員會。一方面，灣區內部各區域大量商業領袖本身作為會員直接參與，應對其

公司各項問題，採取有所兼顧的綜合性行動，在一定範圍內避免了無序競爭與過度競爭。另一方面，在該地區有影響力的商界和民間領袖之間，建立有價值的關係網，及時將商業供給與公民訴求匯集一處，為區域經濟發展找準前進方向。

## 二、地緣區位優勢與特色產業得到發揮

　　世界著名灣區發展歷程表明，灣區建設既要遵循其一般規律，又要突出自身特色和優勢。如美國的紐約灣區和舊金山灣區。世界三大知名灣區之所以最具國際影響力，主要是因為大多數灣區工業發展不足，在其工業化關鍵時期不能形成有影響力的產業集聚；一些灣區雖然有一定的工業化，但產業轉型與產業創新發展未能實現。世界著名灣區成功的因素之一是因地制宜，突出自身發展特色。最典型的例子就是位於舊金山灣區南部的硅谷，硅谷集聚了眾多世界一流大學，並擁有思科、英特爾、惠普、蘋果等一大批引領全球產業技術創新的高科技公司，成為世界科技創新的發源地之一，帶動全球創新發展。從國際一流灣區經濟發展來看，灣區擁有得天獨厚的地緣優勢，交通發達，運輸成本較低，使灣區具有產業發展的先發優勢。在三大灣區發展的早期，灣區作為地區交流樞紐，能首先接觸並引進先進技術和生產方式，率先實現工業化發展階段。灣區發展到工業化成熟階段後，灣區經濟發展轉型為由創新引領高科技發展。結合內生經濟增長理論可知，人力資本、研發投入和風險資本與產業分散傾向成反比，即這三個要素是地區產業集聚的重要作用力，是推動區域經濟發展的關鍵因素。各港口群密切的產業分工協作是東京灣區經濟帶發展的重要特徵。東京灣沿岸形成由東京港、千葉港、川崎港、橫濱港、橫須賀

港、木更津港、船橋港共七個港口整合為首尾相連港口群，年吞吐量超過五億噸，職能分工體系鮮明。在港口群帶動下，形成了京濱、京葉兩大工業帶，鋼鐵、石油、化工、現代物流、裝備製造和高新技術等產業十分發達。產業集中和人口集聚，促進了以東京為核心的首都城市圈發展，使之成為日本的國際金融中心、交通中心和商貿中心。各港口群雖然保持各自獨立經營，但在對外競爭中則形成一個整體，各港口都有自身的特殊職能，都有占優勢的產業部門，而且彼此間又緊緊相連，各種生產要素在灣區內自由流動，促使人口和經濟活動更大規模地集聚，從而提升東京灣區港口群的整體競爭力。這一構想的實施，很好地解決了東京灣區內的港口競爭問題，將各港口的內部競爭轉換為整體合力，從而減少港口間內耗。

## 三、科技創新與要素集聚相互促進

世界著名灣區在對外開放中不斷吸收先進的文化理念，形成了有利於科技創新的生態環境，催生出眾多科技創新機構，湧現出大批科技創新成果，逐步發展成為具有國際影響力的世界創新中心。同時科技創新促進了產業發展，在紐約灣區、東京灣區、舊金山灣區集聚了一大批現代化企業，引領世界產業發展新潮流。要素集聚是國際一流灣區得以成功的主要原因，其中極為重要的兩大要素是科技創新資源和金融創新資源。結合中心外圍模型和內生增長理論，可以解釋科技創新要素集聚和金融要素集聚對灣區經濟發展的推動作用。其中特大城市的形成和發展，工業發展的先發優勢、運輸成本和規模報酬是影響城市經濟發展的主要因素。世界一流灣區在其內生增長路徑中形成了各自特徵鮮明的創新要素集聚，如紐約灣區以創新金融集聚著稱，

東京灣區則是「製造科技+金融中心」，舊金山灣區是全球創新科技策源地和創投風投集聚中心。灣區工業化在發展過程中能率先接觸並引進先進生產技術，擁有工業化的先發優勢；同時交通便利、運輸成本低，能促進灣區集聚經濟發展。工業化發展到成熟階段後，規模報酬成為灣區產業集聚發展的決定性因素。內生增長理論的分析表明：創新是實現規模報酬從而遞增使國際灣區得以持續發展的主要動力。

## 四、交通網絡與公共基礎設施配套建設

發達的交通網絡設施是東京灣區經濟帶快速發展的重要支撐。交通網絡的發展對灣區的產業空間演化具有重大影響。一方面促進灣區空間拓展並改變著灣區拓展形態，對灣區空間發展具有指向性作用；另一方面規劃灣區經濟帶的區域條件和作用範圍，產生新型的交通區位優勢，進而改變原有灣區經濟帶的產業空間結構。目前，東京都市圈是全球城市交通基礎設施建設最為發達的地區之一。城市地下軌道交通線和各類過境軌道交通線，構成了東京城市軌道交通網，為東京灣區經濟帶的空間拓展打下堅實基礎；再一方面各港口群密切的產業分工協作是灣區經濟帶發展的重要特徵。如日本的東京灣港口群，日本把港口群發展項目提高到國家和地區的發展戰略高度加以規劃和實施，並將東京港、千葉港、川崎港、橫濱港、橫須賀港、木更津港、船橋港共七個港口整合為一個職能不同、分工明確的有機群體。千葉港為原料輸入港，橫濱港專攻對外貿易領域，東京港主營內貿，川崎港為企業輸送原材料和製成品。各港口群雖然保持各自獨立經營，但在對外競爭中則形成一個整體，各港口都有自身的特殊職能，都有占優勢的產業部門，而且彼此間又緊緊相連，各種生產要素在灣區內自

由流動，促使人口和經濟活動更大規模地集聚，從而提升東京灣區港口群的整體競爭力。

## 五、大都市帶動與內陸腹地協同發展

　　世界著名灣區發展歷程表明，灣區經濟必須以世界級城市群為龍頭，引領中小城市形成區域經濟增長極。以東京都市圈為例，東京大都市圈帶動周邊城市形成東京灣區經濟帶，形成一種高度開放、高聚集、高能級的經濟形態，輻射帶動腹地經濟發展，形成相互促進、優勢互補、相輔相成的產業協作體系和區域協同發展支撐。如東京灣在發展演變的過程中，資源聚集外溢是東京灣區形成產業優勢分布的重要抓手。東京實施「工業分散」戰略後，機械電器等工業逐漸從東京中心地區遷移至橫濱市、川崎市等城市，進而形成和發展為京濱、京葉兩大產業聚集帶和聚集區。並通過資源整合和效益溢出等方式，為東京內部的服務性行業和出版印刷業等高附加值、高成長性的產業提供有力支撐。東京都產業布局逐漸轉變為以對外貿易、金融服務、精密機械、高新技術等提供高端服務的產業為主。這種「工業分散」戰略既解決了東京大都市的過度膨脹及地區內惡性競爭問題，又促進了外圍地區工業的錯位發展。

# 第二章

# 粵港澳大灣區現狀、
# 發展優勢及重大意義

## 第一節 ·
# 基本情況

　　改革開放特別是黨的十八大以來，在黨中央和國務院的正確領導下，按照黨中央和國務院統一部署，粵港澳充分發揮大灣區優勢，積極探索、主動作為、開拓創新，全力推動大灣區發展，全力開創經濟社會發展新局面。

　　粵港澳積極應對國際金融危機持續影響等一系列重大風險挑戰，適應經濟發展新常態，不斷深化改革創新，推動形成了經濟結構優化、發展動力轉換、發展方式轉變加快的良好態勢。經濟實力不斷提高，經濟增速多年保持百分之八以上，經濟總量連續二十七年保持全國第一。產業結構不斷優化，形成了以戰略性新興產業為先導、先進製造業和現代服務業為主體的現代產業體系。開放型經濟水平穩步提升，推動設立中國（廣東）自由貿易試驗區，探索建立與國際接軌的投資貿易規則體系，積極參與「一帶一路」建設，區域城鄉發展協調性增強，實施粵東西北地區振興發展戰略，區域經濟一體化發展格局基本形成。基礎設施建設實現大跨越，高速公路通車總里程躍居全國首位，高快速鐵路運營里程居全國前列。沿海港口群、機場群初步形成。公共服務體系基本建立、實現全覆蓋，新增就業持續增加，人民生活水平和質量加快提高。廣大幹部開拓創新意識顯著增強，人民群眾精神風貌昂揚向上。香港、澳門發揮獨特優勢，鞏固了香港國際金融、航運、貿易中心和澳門世界旅遊休閒度假中心地位。粵港澳大灣區站在一個新的發展起點上，進入了一個新的發展階段。

# 發展優勢

## 一、粵港澳大灣區經濟總量大

二〇一五年，粵港澳大灣區 GDP 增加到一點五萬億美元，占全球經濟總量的比重為百分之一點八，是舊金山灣區的兩倍，與紐約灣區接近。進出口貿易總額超過一點五萬億美元，是東京灣區的三倍以上。粵港澳大灣區擁有世界最大的海港群、空港群和信息港群，在世界主要灣區中的地位不斷提升。

如圖 2-1 所示，二〇一五年珠三角主要城市中已有四個城市人均 GDP 突破一百萬元。

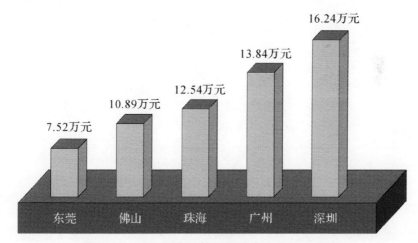

圖 2-1　2015 年珠三角主要城市人均 GDP 對比

粵港澳大灣區擁有廣佛東莞、深港澳兩大龍頭，約占粵港澳大灣區人口的 63%、經濟總量的 82%。香港和深圳證券市場總市值之和達 5.06 萬億美元，股票交易量達 4.77 萬億美元，超過了東京；地區 GDP 集中度（即占全國 GDP 的比重）也達到 12.5%，超過紐約和舊金山；用有 10 家世界 500 強企業和 18 家全球市值 500 強企業，與其他三大灣區基本處於同一水平線；港口年吞吐量達 6100 萬 TEU，高於其他三大灣區總和的一倍以上。粵港澳大灣區經濟規模龐大，行業、產業體系完備，創新驅動能力突出，區域之間大量的人流和其他商業要素的緊密互動，產生了巨大的經濟體量和市場需求。圖 2-2 反映了廣州的城市建設水平。

圖 2-2　廣州

## 二、粵港澳大灣區產業體系發達

　　粵港澳大灣區現代產業體系完備，是全球重要的製造業基地（見圖 2-3），被譽為「世界工廠」，已經形成以戰略新興產業、先進製造業、現代服務業為主體的產業體系，工業化和信息化融合度提高，產業逐步邁向中高端水平，新產業、新業態不斷成長，是「海上絲綢之路」沿線國家工業製成品的重要供應地。粵港澳大灣區已形成具有國際競爭力的現代產業體系，如戰略性新興產業，新一代信息技術、生物技術、高端裝備制造、新材料、文化創意等新興產業發展壯大，經濟發展新動力不斷增強。製造業核心競爭力增強，製造業轉型升級和優化發展不斷推進。通過創新驅動和城市轉型發展，粵港澳大灣區有望建造成中國的硅谷和全國性區域經濟增長極，「互聯網+」、人工智能、雲計算等「未來產業」將蓬勃發展，規模有望達到萬億元級別。

圖 2-3　深圳製造業

粵港澳大灣區具備了高端先進製造業的深厚基礎，應全面深化粵港澳地區開放合作，加快服務貿易自由化，增強大灣區金融、貿易、產業等資源配置能力，同時加強粵港澳科技、教育、人才資源合作，推進科技、產業、金融跨境跨界融合，促進海上絲綢之路國際科技合作，打造大灣區國際總部基地，使之成為具有全球影響力的先進製造中心、國際科技創新中心和國際經濟中心。

以廣東省為例，二〇一六年共有高新技術企業一九八五七家，規模居全國第一，全省區域創新能力綜合排名連續七年位居全國第二，技術自給率達百分之七十，有效發明專利量和 PCT 國際專利申請量保持全國第一。其中，PCT 國際專利申請量占全國的百分之五十六。另外，粵港澳地區擁有一個國家級自主創新示範區、三個國家創新型城市、超過二百所普通高校和二百萬在校大學生，擁有三十名中國科學院院士、工程院院士，十二個國家重點實驗室，以及華為、比亞迪、騰訊等一大批全球知名的創新型企業。

## 三、粵港澳大灣區服務業完善

粵港澳大灣區擁有香港、深圳等重要金融中心城市，有七十多家世界排名前一百位的銀行，港交所、深交所 IPO 總數和交易總額均居全球前列。香港作為發達經濟體，服務業種類多、水平高，是重要的國際金融、航運和貿易中心，擁有全球最大的離岸人民幣市場。在會計、法律、諮詢、旅遊、基建工程與建設等領域提供的全方位服務享有世界聲譽。

廣州是華南的政治、文化教育、商貿服務中心和交通樞紐；深圳

的科技創新能力名列前茅，又是區域金融中心；香港是國際金融、貿易和航運中心和自由港，法律制度和營銷商務環境與國際接軌，不乏擁有大批熟悉國際經貿規則的人才；澳門是世界旅遊休閒中心和中葡經貿合作的平臺，可以成為內地「走出去」的重要窗口；將香港的專業服務和國際化的營商環境的優勢與珠三角的人才、產業和科技相配合，形成體制和生產要素的協同組合。國際投資者可以在香港進行企業註冊，依靠珠三角地區的科技實力和人力資源進行經濟活動。依託香港、澳門的專業服務和珠三角的製造業，內地的企業可以通過港澳為平臺走出去，與粵港澳聯手到「一帶一路」國家建設產業園區，帶動泛珠三角地區，包括中國—東盟自由貿易區的發展。

## 四、粵港澳大灣區科技創新力強

　　粵港澳大灣區擁有兩所世界百強大學和眾多一流研發機構，有華為、騰訊、比亞迪（見圖 2-4）等一批知名科技創新企業，PCT 國際專利申請量占全國的百分之五十六，在國家排名中居全球第六位，湧現出一大批創新成果，科技創新技術、創新產業、創新業態蓬勃發展。粵港澳大灣區已基本形成國際科技創新引領性策源地、科技體制改革先行試驗區、高新技術產業集聚區、「一帶一路」創新合作重要樞紐、戰略科技人才集聚地和戰略科技力量重要承載地。例如，以深圳為代表的創新型城市瞄準有質量的穩定增長和可持續的全面發展，為粵港澳大灣區的發展起到了很好的示範引領和輻射帶動作用。目前深圳已超前布局梯次型現代產業體系，已開始著力布局生命健康、海洋經濟、航空航天、智能裝備、機器人、可穿戴設備等未來產業，戰略性新興產業總規模達二點三萬億元以上，已成為國內戰略性新興產業規模最大、集聚性最強的城市。

圖 2-4　深圳知名科技創新企業標誌

## 五、粵港澳大灣區區位優越

粵港澳大灣區面向太平洋，靠近東南亞，是海上絲綢之路的橋頭堡和出海大通道，擁有世界海港群、機場群和信息港群，香港、深圳、廣州三大港口年集裝箱吞吐量均居世界前八位，綜合交通運輸網絡健全，是連接海陸、合縱聯橫的交通樞紐。電力、天然氣等能源通道保證能力強，水利基礎設施完備，基礎設施支撐能力堅實。粵港澳大灣區擁有三面環陸的內灣和直面大海的外灣，適於建設港口，灣區海岸線長、腹地廣，有利於在較小空間孕育多個港口城市，依託的腹地珠三角地區是中國經濟增長的重要引擎，是中國改革開放的發源地，也是創新發展的示範區。大灣區通過西江甚至可以直達廣西、雲貴乃至大西南，輻射力度空前。廣東省港口與國外港口結為友好港口五十一對，共開通國際集裝箱班輪航線二百八十六條，粵港澳大灣區主要涉及環大亞灣、環珠江口灣、大廣海灣、汕頭、湛江等灣區，深圳、珠海、惠州、江門、汕頭、湛江、台山、陽江、惠州等沿海城市直面海洋，有較長的海岸線，由若干大城市群體組成。

陸運方面，粵港澳大灣區是廣東乃至全國高速路網最密的地區，以「九縱五橫兩環」為主骨架，以加密線和聯絡線為補充，形成以粵港澳大灣區為核心，以沿海為扇面，以沿海港口（城市）為龍頭向山

區和內陸省區輻射的路網。港珠澳大橋主體橋梁工程全線貫通，有利於香港、珠海、澳門形成「一小時都市圈」，實現大珠三角發展 3.0 時代。

海運方面，灣區擁有深圳港（見圖 2-5）、香港港、廣州港三個全球十大集裝箱港口，且在大亞灣、大廣海灣沿岸也有眾多優質深水港，為灣區航運帶來了極大的便利，國際航線基本覆蓋全球大部分國家。

鐵路和空港方面，黎湛、京廣、京九、沿海等橫穿東西、縱貫南北的鐵路大通道，為灣區發展提供了便利的鐵運條件。粵港澳大灣區擁有全國三大樞紐機場之一的廣州白雲機場和大型骨幹機場之一的深

圖 2-5　深圳港口

圳機場。包括香港、澳門在內，珠三角也已經擁有世界上客貨吞吐能力最大的空港群。

多式聯運方面，隨著廣東到湛江、南寧鐵路建設，珠三角核心地區與東盟直接的鐵路運輸能力得到增強，並通過國家鐵路網，經中部地區、西南地區與西北地區和歐亞大陸橋的鐵路相連接。

## 六、粵港澳大灣區開放度高

大灣區是中國改革開放的發源地和先行區，改革開放起步早、程度高、成效大，始終站在改革開放的前沿，擔當改革開放的排頭兵。開放型經濟水平穩步提升，中國（廣東）自由貿易試驗區穩步推進，建立了與國際接軌的投資貿易體系，率先實現粵港澳服務貿易自由化，外貿進出口總額連續三十年居全國首位，是我國高水平參與國際合作的重要區域。

粵港澳大灣區地處兩種制度交會的最前沿，在體制機制創新方面扮演領頭羊角色。港澳在體制資源和社會管理模式上具備領先優勢，具有與國際接軌的法律體系和市場規則。廣東是改革開放的先行地，是全國市場化程度最高、市場體系最完備的地區，率先形成一套與國際接軌的體制機制和營商環境。粵港澳大灣區在促進區域合作方面，探索創新了粵港澳合作機制，突出了「兩制」的互補性，促進了區域合作共贏。通過大灣區融合發展，加強環境的共治共建共享，形成了珠三角的世界級城市群，形成了更大範圍的優質生活工作圈。圖 2-6 反映了香港城市風貌。

圖 2-6　香港

# 七、粵港澳大灣區文化厚重

　　粵港澳大灣區歷史悠久，文化積澱深厚，廣府文化、潮汕文化、客家文化融合發展，源遠流長，人文遺產星羅棋布，形成了獨特的大灣區文化品牌，已成為中西文化交會地，多種文化思潮交錯，為中國革命、改革發展做出了重要貢獻。具有僑鄉、英語、葡語三大文化紐帶，是東西文化的薈萃地，是弘揚和傳承海上絲綢之路友好合作精神的文化橋梁。大灣區已成為東西方文化交流的重要窗口，多種文明在此交會，人文積澱特色鮮明。這些都奠定了大灣區發展的人文基礎。

　　粵港澳大灣區是嶺南文化（見圖 2-7）的核心區域，也是中國最大的僑鄉，具有開放包容的優良傳統。廣東歷史文化資源豐富，現實主義題材眾多。特別是有大量具國際影響的文藝素材，為文藝創作提供了深厚的土壤和優越的條件。文化產業快速崛起，平面媒體、廣播電視、數字出版、印刷複製、動漫網遊、遊藝遊戲設備生產等優勢產業集群全國領先，整體實力不斷提升 ，逐漸向支柱性產業邁進。新

圖 2-7　嶺南文化

興業態迅速增長，跨界融合日益加劇，數字出版產值占全國百分之二十，遊戲產業產值規模超千億，占全國總產值的百分之七十和全球產值的百分之二十。粵港澳文化合作會議的成功舉辦，為實現內地與港澳的文化交流合作打下了較好的基礎深圳已成為中國文化貿易和推動中華文化走出去的橋頭堡。隨著文化交會融合的步伐不斷加快，文化的優勢也使得粵港澳的交流更加緊密為深入推動「一帶一路」倡議奠定了良好的民心基礎。

## 八、「一國兩制」優勢突出

　　大灣區涵蓋兩種制度，連接兩個市場，利用兩種資源，具有與國際接軌的市場規則和法律體系，體制優勢和制度優勢十分突出。香港

和澳門作為特別行政區，司法體制獨立，擁有自由港和獨立關稅區地位，香港被譽為全球最開放、最具活力、最具競爭力的經濟體之一。澳門被譽為「世界旅遊休閒中心」和「中國與葡語系國家商貿合作服務平臺」，是拓展延伸與歐盟和拉丁語系國家合作的重要載體。「一國兩制」的突出優勢為大灣區建設提供了可持續發展的多元保障。

廣東、香港、澳門為毗鄰關係。港澳同胞祖籍大部分在廣東省，港澳同胞的親屬大部分也在廣東省。粵港澳關係儘管在不同時期有不同表現，歷經波折，但它們之間始終保持密切連繫。相似的地緣條件、血濃於水的親情人緣、獨特的嶺南文化和海洋文化的薰陶與中西文化的交流碰撞，形成一股永不消減的巨大力量，支撐著粵港澳關係的發展。繼一九九七年香港回歸祖國、一九九九年澳門回歸祖國後，內地與港澳的連繫更加密切，隨著粵港澳經濟社會的發展，區域一體化的趨勢日益明顯，「一國兩制」的強大生命力在廣東與港澳的合作中得到了充分展現，成為粵港澳構建大灣區的政策基石。

在「一國兩制」制度優勢的基礎上，粵港澳關係得到全面、深入發展。粵港澳區域充分利用「一國兩制」制度優勢，就經貿合作、社會管理、民生服務、區域規劃等事務進行溝通、交流，謀劃制定推進區域經濟社會發展的重要措施，協調推動相關跨境重點合作項目，著力搞好重大合作平臺建設，指導推動粵港澳合作持續健康發展。隨著《關於建立更緊密經貿關係的安排》（英文簡稱 CEPA）的深入實施，廣東的前海、南沙、橫琴等三大平臺建設全面加速，有力促進了粵港澳更緊密合作。

# 未來大灣區面臨的宏觀環境變化前瞻

## 一、世界經濟增長態勢與中國經濟增長潛力

從全球結構上看，國際秩序和國際體系進入深度調整關鍵時期，世界經濟增長格局出現新變化。所謂世界經濟格局，就是世界各國或國家集團相互作用而形成的世界經濟內在結構的外在表現。國際金融危機改變了世界經濟格局，經濟呈全球化、多極化趨勢不可逆轉；新興經濟體保持快速增長趨勢，在全球經濟治理中發揮重要的作用。以中國為代表的新興經濟體成為世界經濟增長新引擎，中國正在走向世界舞台的中心，在重塑全球經濟治理結構中有了更大的話語權。

二〇一三年以來，主要的發達國家因美國經濟逐漸走上正常軌道而逐步出現總體回暖跡象，發展中國家包括非洲國家、東亞國家和南亞國家將會保持較快增長，而拉美國家以及獨聯體國家可能出現相對低速的增長態勢。總體而言，世界經濟將會保持較為平穩的恢復性增長勢頭，從而出現有利於新興市場國家穩步發展的積極變化。世界經濟總體趨好的態勢為中國經濟發展提供了良好的外部發展環境。經過幾十年高速發展的中國經濟，在改革紅利與城市化紅利的進一步釋放助推下，依然存在較大的增長空間和發展潛力，在可預見的未來仍將保持一個較快的經濟增長速度。但由於傳統比較優勢的弱化，原有增長模式的衰弱，中國經濟增長也面臨著潛在的挑戰與風險。金融危機以來，以美國、歐盟為代表的發達國家，實行製造業回歸或再工業

化，注重發展實體經濟，加大雙邊、多邊貿易投資談判力度，不斷擴大對外貿易，對我國出口帶來壓力；同時，我國勞動力、融資、土地等成本不斷提高，也降低了我國貿易競爭力。國際經濟和競爭環境的變化，使得我國以中低端為主的出口競爭力地位面臨巨大壓力。最近幾年我國貿易甚至出現了負增長，灣區情況也不例外，深圳、廣州、汕頭港口的吞吐量在下降，香港自身的出口在明顯下降。更重要的是，以中低端為主的產品出口價格低廉，難以賣出高價和高附加價值，靠規模取勝獲得地位的難度加大，這將大大制約本地經濟的國際地位，中國企業的價格競爭以及區域重複建設，也不利於未來我國貿易地位的提高。灣區繼續按照目前的產品、貿易結構生產和出口，經濟增長速度和出口增長速度都將趨下降，必須創造出新的增長、出口動力。未來灣區要在經濟發展重點、出口產品重點、出口區域重點進行新的規劃布局，而且要在城市、港口建設、發展特色上具有超前思考。這需要實行轉型升級，提質增效，增加品種，從中低端邁向中高端，出口從低附加值走向高附加值，從出口產品、設備走向出口技術、專利和知識產權，加大服務貿易比重，以此引領全國貿易發展，這樣才能在未來發展中獲得國際地位。

總體來看，中國經濟將從超高速增長進入到一個中高速發展的新常態；但由於國內經濟發展的非均衡性和增長異質性，就局部而言，不少行業、區域仍然存在持續快速發展的潛力。

## 二、全球新一輪科技革命與產業變革正處於關鍵時期

二○○八年起的國際金融危機，倒逼了全球新一輪科技革命與產

業變革的孕育提速，世界各主要發達國家已經呈現新產業、新技術發展節奏不斷加快的新態勢。美國正在大力促進創新成果產業化，加速建設以分布能源系統、物聯網等為代表的全新的工業基礎設施體系；德國提出工業 4.0 戰略，推動以智能製造為主導的第四次工業革命，增強德國工業的競爭力；日本則通過加大開發 3D 打印機、智能機器人等尖端技術，快速更新製造技術以提高其產業的國際競爭力，搶占未來產業全球制高點。

新一輪科技革命為中國提供了追趕與跨越、實現「中國夢」的歷史性窗口。中國在二○○九年提出大力發展「戰略性新興產業」的重大戰略，確立了以節能環保、新一代信息技術、生物、高端裝備製造、新能源、新材料、新能源汽車七大產業為核心的中國新興產業發展方向，並已在新能源汽車、光伏產業等領域取得了較大進展，但在關鍵技術領域仍與發達國家存在較大差距。為抓住新一輪科技與產業革命的歷史機遇，實現追趕與跨越，產業轉型升級成為中國經濟發展的內生要求與必然選擇。

## 三、國際貿易投資領域出現競爭加劇新趨勢

全球開放格局特別是亞太地區的貿易投資自由化態勢面臨重大轉折。未來五到十年，國際開放格局將會發生重大轉折性變化，即區域的雙邊或諸邊自由貿易協定將對世界貿易組織（英文簡稱 WTO）構成重大挑戰，並逐漸成為更為重要的國際經濟制度安排，而亞太地區將成為影響新國際經濟秩序安排水平的核心區域。美國前總統奧巴馬的「兩洋」戰略協議，很大程度上將改變世界貿易規則、產業行業標

準，挑戰新興國家尤其是金磚國家間的准貿易聯盟，以貿易和跨國投資自由化、金融便利化為特徵的自貿區正在改變著世界貿易版圖，目的是阻滯中國的東亞、東南亞區域合作步伐，壓制中國在東亞、東南亞經濟合作中的影響力，削弱中國在全球經濟治理中的地位和作用。特朗普上台後，退出跨太平洋夥伴關係協定（英文簡稱 TPP）美國將會開啟新一輪與各貿易夥伴國的自由貿易協定（英文簡稱 FTA）談判過程，在這一過程中，由於是雙邊協定，藉助於美國強大的經濟、政治、金融、軍事力量，相比於 TPP 等多邊形式自由貿易區，美國將會獲得更多的主動權，會獲得更多的有利於美國的利益。

國際貿易規則的改變和開放格局的重構倒逼著中國改革開放的深入。中國必須著眼於國際規則和全球治理的最新發展趨勢，在深化國內改革的基礎上，加快完成更高標準的自由貿易區戰略布局，在世界經濟規則的重構中提出新的戰略議程，增強中國在國際經濟治理中的話語權。上海、廣東、天津等自由貿易區的設立以及黨的十九大報告提出建設自由貿易港，正是中國適應自身發展新階段和融入國際貿易新格局的重大戰略舉措，並以此為契機推動中國下一階段的全球化發展由低層次的商品流動向高層次的要素流動邁進。以「絲綢之路經濟帶」和「21 世紀海上絲綢之路」建設為內涵的「一帶一路」倡議則進一步構繪了中國深化開放、參與全球競爭的宏偉藍圖。

## 四、當前和今後一個時期，我國已經從以「引進來」為主，進入「引進來」與「走出去」並重的階段

從國際經驗看，我國正處在從吸引外商直接投資（英文簡稱

FDI）轉向擴大對外直接投資（英文簡稱 ODI）的窗口期。二○○八年以來，我國對外直接投資呈快速增長之勢，年均增速達百分之十二，二○一六年呈爆發式增長，正在從資本輸入國轉變為資本輸出國，從吸引外資轉向擴大對外直接投資國，標誌著我國正從商品出口國轉向資本出口國，這對長期將吸引外資放在重要地位的我國來說，是個巨大的轉變，預計未來十年，我國對外直接投資總額累計將超過一點五萬億美元，有望成為世界第一大對外投資國，這標誌著我國將在更大範圍、更寬領域、更深層次上融入全球經濟體系。

## 第四節 ·
# 重大挑戰

　　總體來看，中國特色社會主義進入新時代，粵港澳大灣區「十三五」時期處於率先全面建成小康社會階段向開啟全面建設社會主義現代化國家新征程進軍的階段，就經濟發展水平而言，將處於由上中等收入經濟區向高收入經濟區邁進的決定性階段。該階段的經濟社會發展將會出現四大相互制約又相互交織的重大轉折性變革，即經濟增長將由高速非穩態降落至中高速新常態，發展動力由要素投入逐漸轉向創新驅動，城市化發展逐漸由粗放式擴張轉向規模、綠色、內涵同步提升，產業結構由傳統製造業為主向新興產業及服務業為主體的經濟新圖景轉型。粵港澳大灣區面臨一些亟須解決的困難與問題，尤其

是在受國際金融危機深層次影響，全球經濟貿易增長乏力，保護主義抬頭，外部環境不確定因素增多的背景下，國內經下行壓力仍然很大，經濟增速換擋、結構調整陣痛、動能轉換困難相互交織，經濟運行困難加大，深層次矛盾和問題進一步顯現。

具體來看，存在的主要困難和問題主要有以下幾點：

一是處於由高速增長向中高速增長新常態轉換的非穩態階段，區域和經濟社會發展不平衡、不協調矛盾依然突出，大灣區迫切需要發展模式、經濟結構、增長動力的大調整。

二是處於要素驅動型增長動力漸趨衰減的階段，大灣區面臨原有動力弱化新興動力不足的動力斷層風險，社會主義市場經濟體制仍不夠完善，對外開放合作格局仍不夠開闊，迫切需要重構增長動力格局。

三是處於城市化粗放型發展模式轉變的關鍵階段，大灣區面臨因多重制度約束導致陷入低水平城市化陷阱的風險，經濟發展方式仍比較粗放，資源環境約束依然趨緊，迫切需要推進城市化內涵同步提升和生產力布局調整。

四是區域經濟處於工業化後期向後工業化時期邁進的交織階段，大灣區部分地區面臨傳統製造業升級緩慢而新興產業及服務業發展滯後導致的產業空心化風險，迫切需要現代產業體系再造。

五是粵港澳深化融合發展仍存在一些障礙，CEPA「大門敞開、小門虛蓋」，重點合作領域難以取得新突破，港澳面臨失去發展優勢

無法單獨應對的困境。

改革開放以來，大灣區經濟賴以快速發展的具有比較優勢或相對成熟的產業，部分因產業趨近生命週期的衰退期或因陷入產業低端鎖定或因處於產業外部轉移而出現不斷衰退，而且從低技術含量低附加值向高技術含量高附加值的產業內價值鏈升級不快，從勞動密集型向資本密集型及技術密集型產業的產業間升級太慢，新興產業培育發展的力度不強，從而導致灣區產業結構趨同和產業發展的斷層，這成為大灣區在經濟發展與國際競爭中面臨的最大風險與挑戰，實現「三個定位」「兩個率先」的目標任務仍然繁重。

第五節 ·
# 戰略機遇

改革開放特別是黨的十八大以來，建設粵港澳大灣區，事關實現海洋強國戰略，建設海上絲綢之路戰略基地；事關社會主義現代化建設全局，打造國民經濟持續增長新引擎；事關向世界深度開放，全面提升開放型經濟水平；事關國家長治久安，實現中華民族偉大復興。必須從全局戰略高度，充分認識粵港澳大灣區特殊的重要戰略地位和承擔的重大特殊使命，締造中國新的歷史起點領跑者，這對實現「兩個一百年」奮鬥目標具有極其重大的歷史意義和現實意義。

「十三五」和今後一段時期，是粵港澳大灣區加快發展、大有作為的重要戰略機遇期，前景十分光明。從國際看，世界經濟格局正在發生深刻變化，國際秩序和國際體系進入深度調整，全球區域經濟一體化深入推進，生產要素在全球範圍內加快流動和重組，有利於大灣區積極參與國際分工，分享全球化紅利，提升我國經濟世界競爭力；我國積極參與全球治理，推進新一輪全球化進程，為大灣區提升國際競爭力提供了良好的外部環境；新一輪科技革命和產業變革蓄勢待發，為大灣區成為國際產業創新策源地提供了機遇。從國內看，打造粵港澳大灣區，是在貫徹落實黨的十九大會議精神，開啟新時代社會主義的新征程，我國改革發展進入關鍵時期、全面建成小康社會進入決勝階段，牢固樹立「五大發展理念」、統籌推進「五位一體」總體布局和協調推進「四個全面」戰略布局的大背景下進行的，有利於大灣區向更高層次、更深領域、更廣範圍融合發展，加快形成新的區域增長極，帶動全國邁入發達國家行列。

　　一是黨的十九大會議做出的一系列重大政治判斷，在新的歷史方位推進中國特色社會主義建設給大灣區帶來重大機遇。從社會主要矛盾的變化，更深層次研究發展規律，從技術變革的特徵去把握發展趨勢，抓住時代性需求變化的機遇，贏得先機、走在前列，在時代洪流、歷史進程中思考大灣區發展的方向和定位、目標和任務，譜寫好實現中華民族偉大復興中國夢的大灣區新篇章。要根據「兩個十五年」的戰略安排，緊密結合大灣區實際拿出前瞻性的規劃，努力探索符合客觀規律、具有中國特色、體現大灣區特點的區域現代化之路，在新時代不斷增創灣區發展的新優勢。大灣區將成為一個新思想的發源地、全國新動能的發動機。

二是「一帶一路」建設為大灣區帶來了重大機遇。大灣區特殊的地理位置並被賦予作為「一帶一路」的重要區域，樞紐地位凸顯，被視為在國家新一輪對外開放格局中的重要角色，大灣區戰略地位與樞紐地位可謂無可取代 ，「一帶一路」已經成為大灣區新一輪戰略部署的核心關鍵詞。國家層面搭建的「東盟 10+1」「中東歐 16+1」「中國－海合會」等一系列日益常態化的合作平臺，為大灣區企業走出去提供了有力保障。南海是海上絲綢之路的必經之地，環南海大扇形的空間骨架中，已經形成了華南（粵港澳大灣區－粵桂瓊閩）海洋經濟合作區、新柔廖成長三角區、台越菲經濟三角區、東盟東部三角區、東盟北部三角區等若干次區域的經濟合作區，為構建環南海經濟合作圈打下了合作基礎。廣東是我國第一僑鄉，而東盟是粵籍華僑的主要聚居地之一，且華僑華人在東盟國家經濟發展中普遍發揮著重要作用，具有龐大的商貿網絡資源和雄厚的資金實力。大灣區應充分發揮華商「融通中外」的獨特優勢，搭建「21 世紀海上絲綢之路」「廣東－華商經濟合作平臺」，打造粵港澳大灣區城市群，成為「一帶一路」的創新樞紐和開啟新征程的新引擎。

三是國內全面改革深化，為大灣區創新體制機制領先優勢帶來重大機遇。黨的十八屆三中全會指出，必須加快形成企業自主經營、公平競爭，消費者自由選擇、自主消費，商品和要素自由流動、平等交換的現代市場體系，著力清除市場壁壘，提高資源配置效率和公平性。黨的十九大報告提出，堅持全面深化改革，不斷推進國家治理體系和治理能力現代化，構建系統完備、科學規範、運行有效的制度體系，充分發揮我國社會主義制度優越性。大灣區是全國民營經濟最發達的地區，隨著市場對資源分配的決定性作用體系的完善，民營企業

優勢必將進一步發揮。同時,隨著政府職能轉變,深化行政體制改革,創新行政管理方式,建設法治政府和服務型政府不斷深入,為新時期法治政府和服務型政府的建設打下了堅實基礎。

四是以貿易投資自由化為特徵的新一輪開放為大灣區經濟全球化提供了有利機遇。中國(廣東)自由貿易區的設立,貿易投資自由化、金融便利化為大灣區企業在全球範圍內進行資源優化配置、汲取高級要素開放紅利打開了更為廣闊的窗口和渠道。作為開放先行區的廣東自由貿易區的實踐為大灣區開放型經濟發展帶來了示範效應和溢出效應 ,在培養市場主體、發展市場中介組織、完善市場結構和體系等方面探索新的做法,為吸引國際型人才提供了便利,為大灣區企業提供高效的出口平臺。

五是新一輪科技與產業革命為大灣區利用資本優勢實現跨越升級帶來了機遇。新一輪科技與產業革命將使全球要素配置方式、生產方式、組織模式與人們生活方式發生革命性的轉變。這是一個難得的機遇。準確判斷市場趨勢、引導技術創新、落實產業化、拓展市場,使其成為主導因素,成為大灣區經濟社會發展的動力。大灣區信息產業、網絡市場將為經濟實現新突破提供重要基礎。現代網絡市場有利於交易方式、生產方式、企業組織方式的轉型,為大灣區經濟在新工業革命背景下實現新突破奠定了重要的基礎。

六是工業化後期經濟發展逐漸轉向消費拉動模式,大灣區居民收入水平位於全國前列,為消費驅動型發展帶來了機遇。隨著科技與產業革命的發展,企業開始進入客戶定製化時代,需求成為產業升級的重要動力。一方面,大灣區以消費品生產為主體的輕工業發達,這些

行業直接面向消費者，使得終端消費者的需求能與產業結構更有效地
結合。而另一方面，大灣區居民收入水平位於全國前列，城鎮居民人
均可支配收入、人均消費水平、人均生活消費支出均全國領先，大灣
區在收入水平上的優勢無疑為適應未來發展奠定了基礎。

第三章

# 粵港澳大灣區
# 融合發展總體思路

當前和未來一段時期，我國改革發展進入關鍵時期，全面建成小康社會進入決勝階段，進入了開啟全面社會主義現代化建設國家新征程階段。粵港澳大灣區要貫徹落實黨的十九大精神和黨中央治國理政新理念、新思想、新戰略，統籌推進「五位一體」總體布局和協調推進「四個全面」戰略布局，貫徹落實習近平總書記對廣東提出的「三個定位、兩個率先」和「四個堅持、三個支撐、兩個走在前列」總體目標要求，扎實推進「一帶一路」建設，建設世界級城市群。適應新形勢、新任務、新要求，促進粵港澳大灣區融合發展，推動內地與港澳更緊密合作，推動灣區向更高層次、更深領域、更廣範圍開放，對於推進「一帶一路」建設，打造陸海統籌、東西互濟的全方位對外開放新格局，對於統籌東中西協調聯動發展，提高全方位開放合作水平，促進香港、澳門長期繁榮穩定，都是優化全國區域發展格局的一次重要實踐。

按照中央要求，用十年左右的時間，「一帶一路」建設實現重點突破、實質推進。「面向歐亞大市場的高標準自由貿易區網絡初步形成，更大範圍、更寬領域、更深層次的區域經濟一體化深入推進」，「海上戰略支點建設取得突破性進展」，「向西開放、海洋強國建設邁上一個大台階」。中央的目標要求如下：

一要繼續發揮珠三角等沿海地區龍頭引領作用，實行更加積極主動的開發戰略，同世界深度互動、向世界深度開放，全面提升開放型經濟水平。

二要在經濟新常態下，特別是在「十三五」規劃時期和今後更長一段時期，在區域發展格局上有新突破，促進粵港澳大灣區融合發

展，帶動全國實現新的開放，形成東中西聯動發展局面。

三要打造區域新的增長極，締造中國新的歷史起點領跑人，釋放更強經濟社會發展新活力，對實現「兩個一百年」奮鬥目標，具有特別重大的意義。

## 第一節 ·
# 粵港澳大灣區融合發展規劃基本考慮

## 一、體現黨的十九大會議精神和習近平總書記提出的「三個定位、兩個率先」和「四個堅持、三個支撐、兩個走在前列」總體目標要求

二〇一二年年末習近平總書記在視察廣東期間提出，廣東要努力成為發展中國特色社會主義的排頭兵、深化改革開放的先行地、探索科學發展的試驗區，為率先全面建成小康社會、率先基本實現社會主義現代化而奮鬥。二〇一七年四月四日，習近平總書記對廣東工做作出了「四個堅持、三個支撐、兩個走在前列」的重要批示。這「三個定位、兩個率先」「四個堅持、三個支撐、兩個走在前列」是大灣區的行動指南、總體目標要求規劃的各個方面都要體現這個要求。大灣區經濟社會發展取得重大成就，為繼續前進創造了新優勢，打下了堅實基礎。大灣區正處於經濟轉型上升期，進入高收入的富裕型發展階

段，將成為第二個「一百年」目標和中華民族偉大復興中國夢開啟里程碑式的新起點的領航人。這要求大灣區要有戰略性、前瞻性，具有世界眼光，國際化思維，高起點規劃、高標準要求、高質量建設。

## 二、體現「五大發展理念」這一思想主線

牢固樹立和貫徹落實創新、協調、綠色、開放、共享的發展理念，統領大灣區經濟社會發展全局，緊緊圍繞引領經濟新常態，把「五大發展理念」的內涵和要求全面貫徹到發展目標、發展重點、政策措施和重大工程的各個方面，堅持合作發展、互利共贏，發展新經濟，開拓新市場，投資新領域，培育新動能。堅持創新發展，建設具有更高發展質量和效益的活力灣區；堅持協調發展，建設區域、城鄉平衡發展的和諧灣區；堅持綠色發展，建設生態環境優良、人與自然和諧相處的美麗灣區；堅持開放發展，建設合作共贏、共同發展的繁榮灣區；堅持共享發展，建設人民福祉日益增進、更加宜居宜業的幸福灣區。

## 三、體現「一帶一路」建設規劃和未來發展目標要求

粵港澳大灣區未來的發展目標既要與「十三五」規劃相銜接，又要與「一帶一路」中期目標、與我們黨確定的「兩個一百年」奮鬥目標相銜接。綜合考慮大灣區未來發展的趨勢和條件，「十三五」期間和今後更長一段時期，大灣區在區域發展格局上率先取得新突破。按照「一帶一路」建設目標要求，大灣區在「一帶一路」建設中要率先實現重點突破、實質推進，基本實現面向歐亞大市場的高標準自由貿

易網絡，推進區域經濟一體化向更大範圍、更寬領域、更深層次發展，推動海上戰略支點建設取得突破性進展，海洋強國建設邁上一個大台階。

## 四、體現深化廣東、深圳，港澳融合發展的要求

全面準確貫徹「一國兩制」、「港人治港」、「澳人治澳」、高度自治的方針，發揮港澳的獨特優勢，提升港澳在國家經濟發展和對外開放中的地位與功能，支持港澳發展經濟、改善民生、推進民主、促進和諧。鞏固香港國際金融、航運、貿易三大中心地位，參與國家雙向開放、「一帶一路」建設。支持澳門建設世界旅遊休閒中心、中國與葡語國家商貿合作服務平臺，促進澳門經濟適度多元可持續發展。推動粵港澳深度參與全球分工，在更高層次上參與區域競爭，提高國際競爭力。

## 五、體現促進區域協調發展的戰略要求

建立更加有效的區域協調發展新機制，創新引領、率先實現珠三角地區優化發展。通過調整珠三角地區的生產力空間布局，尋找新的空間承載區，疏解廣州、深圳城市功能，破解區域發展不平衡不充分問題，從而帶動粵西和西南地區乃至全國經濟社會發展，有利於東中西部互動合作，深入推進國際產能合作，加快珠三角地區轉型升級，培育區域經濟增長新引擎，把中國經濟持續向前推進。

總之，打造粵港澳大灣區要全面貫徹黨的十九大會議精神和習近

平總書記講話精神，認真貫徹落實黨中央、國務院決策部署，按照「五位一體」總體布局和「四個全面」戰略布局，牢固樹立和貫徹落實創新、協調、綠色、開放、共享的發展理念，堅持以融合發展、互利共贏為主題，著力深化改革、擴大開放，進一步創新粵港澳深度融合發展體制機制；著力科技創新引領，共同培育壯大先進產業集群；著力基礎設施互聯互通，建設現代化海上大通道；著力加強海上合作，建設海上絲綢之路橋頭堡；著力深化文化融合，共建繁榮民主和諧灣區；著力攜手共建粵港澳大灣區，打造世界級城市群，建設國際金融貿易中心、科技創新中心、交通航運中心、文化交流中心，率先實現社會主義現代化。

第二節·
# 策略原則

## 一、堅持改革引領、深化開放

發揮經濟特區改革開放排頭兵作用，全面深化改革，充分釋放改革紅利。堅持市場運作與政府引導相結合，充分發揮市場配置資源的決定作用以及企業的主體作用，促進國際國內要素有序自由流動、資源高效配置、市場深度融合，推進粵港澳自貿區建設。更好地發揮政府宏觀指導、政策支持和管理服務的作用。

## 二、堅持創新驅動、先行先試

大力實施創新驅動發展戰略，創新市場政策導向機制，增強市場主體創新活力，促進創新資源綜合集成，培育具有國際競爭力的創新灣區。發揮大灣區一直站在時代的發展前沿、擔當著中國改革開放的先行者作用，在重點領域和關鍵環節改革先行先試，率先突破。

## 三、堅持海陸統籌、齊頭並進

充分發揮粵港澳的獨特優勢，依託港口群、空港群、綜合交通運輸體系，統籌布局陸地空間和海洋空間，統籌沿海與腹地開放，將「一帶一路」建設與大灣區建設發展戰略結合起來，將對外開放戰略布局和國家長遠戰略有機結合起來，形成齊頭並進的發展格局。

## 四、堅持融合發展、互利共贏

突出發展、突出融合是大灣區建設的主體和主線，促進粵港澳深度融合，建設繁榮、民主、和諧灣區。加強務實合作，兼顧各方利益和關切，尋求利益契合點，積極探索重大項目平臺共建和利益共享機制，提升發展內生動力。

第三節 ·
# 戰略定位

## 一、世界一流灣區和世界級城市群

　　粵港澳大灣區經濟總量大、帶動能力強，是泛珠三角地區的龍頭，具有帶動內陸腹地加快發展，在全國創新發展方面發揮重要示範的作用。大灣區交通網絡發達、產業層次高端基礎設施完備，綜合經濟實力和影響力進一步增強，成為世界經濟版圖新亮點，成為我國未來經濟社會發展新的重點區域。

## 二、粵港澳融合發展示範區

　　全面準確貫徹「一國兩制」方針，牢牢掌握憲法和基本法賦予的中央對香港、澳門全面管制權，深化與港澳交流合作，保持香港、澳門繁榮穩定。發揮深圳經濟特區、國家級新區、自由貿易試驗區等體制機制優勢以及港澳在全國改革開放和現代化建設中的特殊作用，發揮「一國兩制」優勢，探索粵港澳深度融合發展新路徑，尋找融合發展模式的創新途徑和突破口，擴大港澳發展空間，凸顯「一國」共同利益，增強「一國」的凝聚力，減少「兩制」的差異和摩擦力，加快深度融合發展的進程。要在自由港區、對接國際高標準投資和貿易規則、完善社會主義市場經濟體制、推進國家治理體系和治理能力現代化等方面先行先試，擴大特區範圍、享受特區開放政策，為全國深化改革，擴大開放積累經驗、提供示範。

## 三、世界經濟增長重要引擎

強化粵港澳大灣區輻射帶動作用，帶動中南、西南地區以及長江經濟帶等周邊地區加快發展，大力發展金融貿易、高端科技研發、高端價值服務等高端產業新形態，構建有全球影響力的國際金融貿易中心、科技創新中心、交通航運中心、文化交流中心，成為促進全國區域發展火車頭。集聚全球生產要素，培育若干產業集群，建設全球智慧製造業基地。

## 四、全球科技創新中心

創新是大灣區建設的動力源泉，要依託國際自主創新示範區建設，充分發揮粵港澳科技優勢，積極吸引和對接全球創新資源，加快區域創新體系建設，推動內地和港澳科技合作體制機制創新，深化粵港澳科技創新交流，支持共建國際化創新平臺。聯合實驗室和研發中心，加快創新成果轉化，支持粵港澳在創新孵化、科技金融、國際成果轉讓等領域開展深度合作，打造國際科技創新中心。

## 五、國際文化交流重要平臺

發揮粵港澳底蘊深厚、多元開放的文化優勢，傳承和弘揚古絲綢之路的友好合作精神，傳播好中國聲音，廣泛開展教育、科技、文化、衛生、醫療等多領域國際交流合作，實現不同文明互學互鑑，將大灣區建設成為東南亞文化交流的重要連繫紐帶。大力推動粵港澳文化融合，強化國民教育、培育愛國情操。

## 六、國際宜居宜業宜遊優質生活圈

　　著眼於城市群可持續發展，強化環境保護和生態修復，推動形成綠色低碳的生產生活方式和城市建設運營模式，有效提升城市群品質。努力將粵港澳大灣區建設成為更具活力的經濟區、宜居宜業宜遊的優質生活圈和內地與港澳深度融合的示範區。

第四節 ·
# 戰略目標

## 一、近期目標

　　「十三五」期間，特區框架基本形成，自由貿易區戰略取得新突破，中國（廣東）自貿試驗區升級版基本建成，「一帶一路」重點領域合作取得早期收穫，一批重點基礎設施互聯互通項目開工建設，在產業投資、經貿合作、科技創新、人文交流等領域取得實質性進展，粵港澳大灣區經濟總量超過二點二萬億美元。

## 二、中期目標

　　到二〇二五年，大灣區建設實現重點突破、實質推進，面向國際市場的高標準自由貿易區網絡初步形成，與東南亞區域經濟一體化深

入推進，南海戰略基地基本建成，海上國際大通道安全暢通，基本形成國際金融貿易中心、科技創新中心、交通航運中心、文化交流中心。粵港澳大灣區經濟總量超過三點五萬億美元，初步建成國際化一流灣區。

## 三、遠期目標

到二十一世紀中葉，粵港澳經濟特區基本建成，粵港澳深度融合發展，形成互利共贏、多元平衡、安全高效的開放型經濟新體制，在全國區域發展格局中占據主導優勢，建成開放型經濟灣區。

第五節 ·
# 戰略路徑

## 一、以融合發展為重中之重，以建設融合發展「飛地經濟」試驗區為抓手，促進粵港澳一體化、國際化、全球化

香港、澳門回歸以來，廣東為落實「一國兩制」的基本政策，積極與香港、澳門開展了多方面合作，粵港澳一批重大基礎設施項目得到實施，經貿、科技教育合作程度加深，民生領域等諸多環節取得積極進展，實現了香港、澳門回歸後的平穩過渡和繁榮穩定。但是，粵

港澳政府在 CEPA 實施中的作用發揮不夠，缺乏高效的、多層面的協調機制；粵港澳體制政策差異明顯，行政區體制與跨區域經濟合作之間存在矛盾；粵港澳間的觀念和利益存在著差異，在合作理念上存在分歧；香港的圍城心態與經濟民粹主義的抬頭，其國家認同感的變化受到關注；等等。

粵港澳如何融合發展是粵港澳大灣區建設的首要問題。大灣區具有特殊的制度創新優勢、區位優勢和資源稟賦條件的比較優勢，使大灣區在粵港澳的經濟合作中，在國際產業分工和經濟全球化過程中占有重要地位。粵港澳合作已遠遠超越區域性、地緣性經濟合作的範疇。高標準建設好粵港澳大灣區，不但是推動粵港澳和整個中國經濟持續、穩定、快速發展的重要動力，而且對解決台灣問題具有巨大的示範效應。「一國兩制」是粵港澳融合發展的重要理論基礎，是最有利的優勢，它開創了在不同社會制度條件下，在最大限度地維持現狀條件下實現國家統一的先河。「一國兩制」不但是一種新的統一觀，而且是一種全新的發展模式。它把國家統一、改革開放和現代化建設作為一個整體進行考慮，既實現中華民族統一的願望，也在統一的過程中有效地維護港澳經濟的繁榮發展和促進內地特別是深圳的現代化建設。在新形勢下，以黨的十九大精神為指導，深化拓展「一國兩制」的科學內涵，為構建粵港澳融合發展提供理論支撐和實踐指導，進一步凸顯「一國」的共同利益，增強「一國」的凝聚力，減少「兩制」的差異和摩擦力，加快粵港澳大灣區融合發展和一體化進程。

香港是中華人民共和國轄下的兩個特別行政區之一，面積約一千一百平方千米，人口七百多萬。香港是中國面向世界最大及最重要的

對外門戶之一，也是海外通往中國內地的大門。獨特的地理位置成就了香港的國際貿易中心、國際金融中心、國際航運中心的重要地位。

香港具有公平獨立的法律體系，完善可靠並且獨立的司法制度，創造了自由開放的制度和公平的競爭環境；具有制度體繫上的優勢，對中國長期發展將越來越具有戰略價值，高效的行政系統中擁有廉潔、守法的公務員隊伍；具有國際化的人才優勢，香港是免稅自由港，生活便利，信息自由，教育發達，吸引了一大批世界各地的經濟總部和高端人才，與世界各地的溝通和連繫暢通無阻；擁有最自由和最具競爭力的經濟體系，一流的金融網絡和服務體系，通達全球的運輸網絡，可自由兌換的貨幣以及低稅率的基本稅制。憑藉這些優勢，香港成為全球公認的自由、有競爭力的經濟體系。

全球經濟危機的爆發，使得香港的航運中心和金融中心地位受到極大衝擊。自二〇〇九年開始，香港失去了世界第一貨櫃港的地位，二〇一〇年深圳貨櫃港的吞吐量已與香港處於同一水平，廣州港追趕速度加快。二〇一六年香港港口首季度吞吐量排名已被青島港超越，排名跌至全球第六。香港貨櫃港已徹底失去在華南地區幾十年來獨占鰲頭的港口地位。而香港製造業遷到珠江三角洲後，服務業在整個經濟中的比例迅速增加，在二〇一〇年達到百分之九十二。至此，香港已成為服務業為主型的經濟形態。同時，由於製造業外遷，服務業如金融保險、出入口業、運輸業服務對象由本地轉向內地企業。二〇一六年上半年，香港對粵實際投資增長百分之二十二點五，廣東對港實際投資增長百分之三十九；在粵備案的香港服務提供者投資八點二六億元人民幣，粵港服務進出口總額二百三十八億美元。當前，香港面

臨失去發展優勢的原因在於市場競爭的加深，香港已經無法單獨應對困境。加強與廣東省等內地區域的深度聯合，參與區域經濟一體化的產業升級，主動融入國家社會主義現代化進程，才是最佳的選擇和出路。

澳門特別行政區位於珠江三角洲西側，與廣東省珠海市連接，與香港隔海相距六十千米。總面積三十二點八平方千米的土地上生活了五十餘萬人，使澳門成為全球人口密度最高的地區之一。回歸十年來，澳門經濟飛速發展，二〇一四年澳門本地生產總值為四千一百三十四點七億澳門元，人均本地生產總值達到八點七萬美元，遠高於香港，使得澳門經濟在區域性經濟中占有獨特地位。

澳門是海島經濟，經濟規模無可避免地受市場、資源和結構等方面的侷限，但澳門經濟具有開放、靈活的特點，是亞太地區內極具經濟活力的一員，旅遊博彩業構成澳門主要的經濟動力之一。澳門是中國兩個國際貿易自由港之一，貨物、資金、外匯、人員進出自由，無須受到其他額外因素限制。澳門與歐盟、拉丁語系國家，尤其是與葡語國家具有傳統意義上的連繫和語言優勢，可以很好地充當內地與這些國家和地區經濟合作的橋梁。

然而，博彩業占據的比重過高也為澳門經濟帶來不小的隱患。博彩娛樂業獨木支撐的情形很明顯，經濟結構面臨單一的嚴重弊端。實現產業結構多元化又受制於地域狹小、資源匱乏、空間上受限。由於澳門經濟體量小，在華南區域內的影響力、輻射力、滲透力也較弱，多元化發展難以施展。加強與深圳、珠海的深度合作，必然成為澳門的重要出路。

廣東毗鄰港澳，是改革開放的前沿，經過三十多年的快速發展，粵港澳區域的經濟形勢、規模也發生了翻天覆地的變化。粵港澳優勢互補，推進粵港澳合作，對該區域當前各自的經濟發展和經濟轉型升級，都將會起到重要作用。近些年，國家出台了粵港澳合作一系列優惠政策，支持粵港澳加大合作力度。廣東省設立自貿區，加快服務貿易自由化、重大合作平臺、跨境跨區域基建項目等重點建設，有效提升了粵港澳區域的合作水平。粵港澳在青年交流、教育、醫療、環保等社會民生領域，跨境基礎建設等方面的合作，也均在全面推進中。

從粵港澳總體來看，粵港澳地區二〇一五年經濟總量在亞洲僅排在日本、印度之後，排在韓國之前，位列第三。在香港、澳門特別行政區回歸祖國之後，粵港澳在經濟和民生領域的合作達到了前所未有的深度，並形成了該區域開展更緊密合作的高度共識。

2016 年廣東進出口額占全國的 26%，實際利用外資占全國的21%。就大灣區整體而言，2016 年大灣區出口總額占 GDP 的比重高達 75%，是全國平均水平的 3.8 倍。2015 年，大灣區吸引外來直接投資為 2030 億美元，是長三角、京津冀吸引外來直接投資總和的一倍多。特別是廣東是外資來源集中地，香港地區投資占七成。實際投資前十位的國家和地區分別是香港（中國）、澳門（中國）、英屬維爾京群島、新加坡、日本、荷蘭、美國、開曼群島、英國、薩摩亞。

在服務業合作方面，通過落實 CEPA 政策，促進了粵港澳大灣區的融合發展。人力資源合作取得成效，充分發揮粵港澳區域的人才優勢和「互聯網+」的突出作用，積極搭建「區域人才網聯盟平臺」。目前已涵蓋泛廣東、廣西、湖南、四川、江西、貴州、雲南、海南、

福建九省及香港、澳門地區在內的政府人才網站，為用人單位與人才提供更加便捷、高效的溝通渠道，實現了區域內各省（區）市人才網站的信息貫通、資源共享和技術合作。並率先實行粵港澳職業技能鑑定「一試三證」乃至「一試多證」。「一試三證」人才培養評價模式是指考生通過一次職業資格考試，可同時獲取國家職業資格證書及香港、澳門官方認證和國際權威認證。目前已在粵港澳區域開展「一試多證」考試共 66 批 1385 人次，考試項目從美容師發展至養老護理員等八個職業。國家職業技能鑑定考試合作已被全力推動。2016 年 1 月至 9 月，廣東省人社廳在港澳地區共組織開展國家職業技能鑑定考試 54 批次，考試人數 800 人次，港澳地區歷年來累計考試人數已突破 1.5 萬人。有力地推動國家職業資格證書制度在港澳地區的發展。教育合作取得新突破，粵港澳教育交流得地利人緣之便，交流規模之大、合作程度之深，在全國區域教育交流合作方面可算得上一枝獨秀。目前，廣東省承擔全國唯一涉港澳的國家級教育體制綜合改革試點，「加強內地與港澳知名高校合作辦學」，全國三所與港澳合作舉辦的高校有二所在廣東省辦學，即北京師範大學和香港浸會大學合作辦學（珠海）和香港中文大學（深圳）；另外一所長江商學院的內地合作高校也是與廣東省汕頭大學合作。2015 年廣東省高校招收港澳學生 11536 人，約占全國的 1/2；締結粵港澳姊妹學校數 400 對，約占全國的 2/3 以上；每年接待的港澳中小學生規模約 5 萬人，占全國的 4/5。並積極推進粵港澳教師交流合作項目，積極推進粵港語言教師（英語、普通話）培訓項目、香港英文教師內地協作計劃、赴港（澳）教學指導項目、赴澳門教學評鑑項目，並會同粵港澳教育行政部門探索教師跟崗培訓項目。醫療服務合作有新進展，2012 年 7

月，香港大學深圳醫院開業，全面採用香港醫院管理模式。2012 年 9 月，香港服務提供者在深圳舉辦第一家外資專科醫院得到衛生部批准。與此同時，澳門南灣醫療中心有限公司在廣東省江門市投資籌建廣東銀葵醫院進展順利。2016 年 1 月中山大學附屬第一醫院與澳門衛生局簽署合作意向書，包括病例轉介、遠程醫療、人員培訓及技術支援等，並探討未來在器官移植方面的培訓合作。廣東省人民醫院在 2016 年 7 月與澳門科技大學、澳門衛生局簽署合作意向書。截至 2016 年 6 月 30 日，港澳服務提供者在粵設置的獨資、合資醫療機構共有 37 家。在 2016 年 9 月的粵港聯席會議上，粵港將簽署《粵港醫療衛生交流合作安排》，全面推進粵港衛生醫療與合作工作。旅遊合作取得新成就，港澳旅遊兼具中西薈萃特色，粵港是內地遊客的首選旅遊勝地。近年來，在 CEPA 政策和「自由行」的作用下，前往港澳旅遊的內地遊客大幅增長。內地遊客對港澳旅遊業貢獻巨大，港澳旅遊收入也因此增長。2015 年，經廣東口岸入境的香港遊客 7383 多萬人次，澳門遊客 2285 多萬人次；全省旅行社組團出境遊客赴香港 331.93 萬人次，赴澳門 135.63 萬人次；2016 年 1 至 7 月廣東全省接待入境過夜旅遊人數約 1836.81 萬人次，同比增長 4.98%，其中香港同胞 1135.09 萬人次，增長 7.08%；澳門同胞 127.34 萬人次，增長 5.5%，港澳入境過夜遊客占到了廣東全省入境過夜遊客的近 7 成。

在金融交流合作方面，粵港澳金融機構互設步伐加快。截至 2016 年 6 月末，港資的銀行機構在廣東設立營業性機構 170 家，其中異地支行 65 家，實現了港資銀行對廣東省的全覆蓋，澳資銀行機構在橫琴設立了 1 家代表處；廣東法人機構中招商銀行、平安銀行、廣發銀行和東莞銀行已先後在香港設立分行或代表處，招商銀行全資

控股香港永隆銀行，越秀集團收購香港創興銀行 75% 的股份。廣東證券期貨經營機構在香港共設立 7 家證券公司、9 家基金公司、3 家期貨公司、1 家股權管理公司，在粵的港資證券機構代表處共 9 家，廣州設立了廣州廣證恆生證券投資諮詢有限公司。匯豐人壽保險有限公司廣東分公司於 2015 年 12 月正式開業，目前，廣東有港資入股的保險專業中介公司 4 家，香港保險公司駐粵代表處 4 家。跨境人民幣業務創新發展，截至 2016 年 6 月末，廣東跨境人民幣結算金額累計達 10.31 萬億元，其中與港澳跨境人民幣結算金融累計達 7.57 萬億。廣東與港澳地區共通過跨境人民幣資金集中運營業務發生跨境人民幣結算 554 億元，占廣東全部跨境人民幣資金集中運營業務的 89%。相關企業赴港發行人民幣債券 55 億元。南沙、前海、橫琴跨境人民幣試點業務累計備案金額超 1100 億元，實際提款金額超 400 億元。金融市場合作和對接不斷深入，廣東省共有 13 家證券、基金類香港子公司和 2 家基金、期貨類英國子公司累計獲批 RQHI 額度 1113 億元人民幣，占同期全部 RQHI 獲批寬額度的 21.91%。廣東省在香港上市的企業共有 204 家，居全國首位，有 6 家在粵港資企業在境內上市。「深港通」於 2016 年 12 月 5 日開通，使得港股及內地 A 股市場的互聯互通機制進一步擴大。深港通覆蓋市值大於 50 億元的恆生綜合小型股指數的成分股，以及有 A 股在深圳交易所上市的 H 股。深港通將進一步擴大上市公司的投資者基數、內地與香港股票市場互聯互通的投資標的範圍和額度，滿足投資者多樣化的跨境投資以及風險管理需求，使內地和香港市場的投資互動更加多元化。在當今人民幣國際化的開放時代，「深港通」搭建了金融共同市場平臺，吸引更多的境外長期資金進人 A 股市場，改善 A 股市場投資者結構，促進經

濟轉型升級，在擴展人民幣在貿易結算和定價支付領域的使用上進行積極探索。投融資業務便利化不斷促進，截至 2016 年 6 月末，共有 6 家在粵的港澳資跨國集團辦理外匯資金集中運營管理業務，集中外債和放款額度分別為 7.3 億美元和 5.6 億美元。如橫琴落實國家政策，上調區內企業境外放款額度到 50%，放款金額累計達 3.6 億美元，企業全部位於香港地區。橫琴港澳居民跨境住房按揭業務快速發展，個人跨境按揭業務累計收匯 5.9 億美元。金融基礎設施實現互聯互通，粵港跨境繳費通業務順利開展、銀聯卡境外受理商戶人民幣清算業務率先在香港開設試點。如橫琴在國內首發銀聯多幣卡，粵港澳實現多幣種同城支付。橫琴特許機構刷卡兌換業務在全國率先啟動、粵澳雙方將共同推進同城化清算系統的建設。橫琴蓮花大橋穿梭巴士受理金融 IC 卡項目作為跨境支付工具，被列人廣東自貿區首批可複製推廣經驗 27 項改革創新措施之一。2016 年 7 月，廣東自貿區又推出一項金融創新舉措，在全國率先實現香港電子支票的跨境託收，進一步便利跨境支付。

　　在經濟全球化和區域經濟一體化深入發展，國際金融危機的影響與尚未解決的結構性矛盾交織在一起，中美貿易摩擦對廣東經濟發展有較大不確定性，經濟發展活力不足，經濟面臨較大的下行壓力。珠三角發展領先，粵東西北相對較緩，區域增速差異有所擴大，深層次結構性矛盾和問題進一步顯現。主要表現是：產業層次總體偏低，先進製造業發展質量不高，創新能力不足，整體競爭力不強；土地開發強度過高，環境污染問題比較突出，資源環境約束凸顯，傳統發展模式難以持續；地方非法金融活動風險隱患較多，金融和房地產領域防範風險的壓力仍較大；行政管理體制、社會管理體制等方面的改革任

務仍然繁重，改革攻堅難度越來越大；粵港澳區域體制機制不對接，協調合作難度大；港澳特區政府在自身利益訴求與廣東省不相一致時，往往繞過廣東與中央高層進行直接對話來實現想要達到的目的；粵港澳區域在社會管理體制和服務體系建設方面還存在著較大差距，區域資質互認和評估標準差別較大，致使區域內的人員、資金、信息等各種資源難以自由流動；等等。特別是近年來，隨著經濟全球化、區域經濟一體化的深入發展，香港的營商環境優勢持續弱化、產業基礎收窄、先進製造業規模偏小、勞動力資源不匹配、人口老齡化加速及人文資源匱乏、拼搏創新精神趨弱等，都嚴重制約著香港經濟的長遠發展。澳門則受地域、市場、經濟基礎、勞動力素質、資本環境等「先天」條件的限制，經濟結構過於單一，生產要素配置有待完善等深層次問題日漸顯現。隨著港澳經濟內部存在的矛盾和問題逐漸累積，港澳原有的部分競爭優勢有所削弱，對區域經濟的輻射帶動效應減弱。

香港、澳門回歸以來，廣東為落實「一國兩制」的基本政策，積極與香港、澳門在各個領域開展了多方面合作，取得了顯著成效，為粵港澳進一步融合發展奠定了基礎。香港要維護和提升國際金融、貿易、航運中心地位要有發展新思路，藉助珠三角產業轉型升級的契機，使服務業向珠三角延伸和拓展空間，避免未來出現地位邊緣化等問題。澳門要保持經濟的活力和經濟多元化，必須藉助內地周邊腹地，大力加強同珠海和廣東的經濟合作，藉助於延伸空間，挖掘澳門經濟發展潛力。粵港澳在新時期中已經成為命運共同體，攜手站在新的歷史起跑線上。粵港澳大灣區要形成資源互補、梯度發展、產業關聯的多層次產業圈，綜合實力將位居世界灣區的前列，成為帶動全國

發展的一個強大引擎。

## 二、以科技創新為引領，促進生產要素自由流動，打造國際產業創新中心和國際金融中心

　　粵港澳大灣區是兩種制度交會的區域，可以充分發揮兩種制度的優勢，推動灣區制度創新。粵港澳大灣區內的前海、橫琴、南沙三大自貿區可以引入港澳的一些管理體制和社會治理模式，引領泛珠三角制度創新。同時，港澳可以對內地企業、居民進入實行國民待遇，吸引內地企業投資和人才遷入。推動大灣區制度創新，創新相應的管理體制和機制，使市場在資源配置中起決定性作用，依靠規範化的制度，較低的制度交易成本，公平的監管和司法環境，周到完善的服務等吸引企業投資。推動科技創新，重點鼓勵原始創新，集成創新，鼓勵企業、研究機構加大研發投入，這需要財政和稅收政策予以支持。在收入分配制度、股權激勵、人員調動、戶口和家屬遷入、子女入學等方面調動研發人員積極性。加強產業協作，整合延伸產業鏈條，推進產業鏈上下游深度合作，培育形成優勢互補、分工合理、布局優化的先進產業集群。順應「互聯網+」發展趨勢，積極推進製造業數字化、網絡化和智能化。完善區域製造業創新體系和產業協作體系，改造提升現有製造業集聚區，推進新型工業化產業示範基地建設，將廣海灣新區打造成為「中國製造 2025」轉型升級示範區和世界先進製造業基地。

　　圍繞產業鏈構建開放型創新體系。以「一帶一路」建設推動區域重點領域深化改革，探索建設海上絲綢之路綜合試驗區，實施創新能

力提升工程。在重點領域聯合共建一批技術創新平臺和企業技術中心，聯合開展產業重大共性科技攻關。搭建研究基礎設施、科學數據和科技資源互聯共享平臺。共同培育壯大企業技術創新主體，完善成果轉化服務體系。促進科技人員交流，共同提升科技創新能力。共建一批國際技術轉移中心，促進我國先進實用技術轉移。依託灣區內大學和企業集團總部等高校和科研機構力量，鼓勵和引導國內外高校、科研機構、企業等在新區建立技術轉移中心、科技創新園和成果轉化基地。完善國際合作機制，健全科技合作孵化體系，培育一批科技企業合作孵化器，完善軍民協同創新機制，促進軍民協同創新，推進軍民技術雙向轉移和轉化應用。要把優化環境、提升服務作為著力點和突破口，營造依法規範的政務環境、公平有序的市場環境、天藍地綠的生態環境，促進國內外企業更多更好地在新區投資興業、合作共贏，切實創新開放合作體制機制，大力發展眾創空間，完善創新服務體系，為各類創新主體搭建創新平臺，提供優質服務。

促進戰略性新興產業跨區域創新。立足新區比較優勢，瞄準國外市場，結合區域內產業結構調整，高起點承接國內外產業轉移。創新產業園區管理體制機制，探索委託戰略投資者和跨國公司成片開發等多元化開發機制，建設中外雙多邊合作產業園區和區域合作園區。充分利用大灣區先進製造業基礎和港口條件，堅持走新型工業化道路，重點發展臨港裝備製造、電子信息、新材料等資金技術密集、關聯度高、帶動性強的先進製造產業。依託灣區裝備製造基地，大力發展軌道交通車輛總裝、製造及研發產業，信息產業、電子、通信產業，建設海洋工程、新能源、新材料、生物產業和先進製造業等產業集群。大力發展先進製造業，著力提升產業配套能力，推進工業化、信息化

深度融合發展，打造先進製造業基地。大力發展新能源裝備與新材料，培育形成以先進儲能材料、太陽能新材料為主導的新材料產業體系。大力發展新能源與循環經濟產業，重點發展電子信息、智能電網設備及並網服務產業，加快建設環保先進裝備製造基地。大力推進軍民融合，在新區設立軍民融合示範區。

拓展現代服務業合作領域。服務業是海上絲綢之路綜合試驗區建設的重要支撐，要大力推進新區生產性服務業和生活性服務業發展，重點合作領域是科技服務、信息服務、現代物流等新型服務業。深化金融業合作，借鑑香港、澳門、內地自由貿易區和國家級新區金融發展模式，在跨境金融結算、貨幣和資本項目的自由兌換等領域取得突破性進展，建設海上絲綢之路重要的金融服務中心、國家數據金融金庫。加快建設廣海灣新城總部經濟合作區，形成一批企業總部、貿易總部等。加強綜合物流園區和專業物流中心的建設，建立陸路國際港務區，實行港口內移，就地辦單，海鐵水聯運，公鐵水聯運，鐵空聯運，構建功能完備的現代物流體系。

實現新常態下的新發展，不能再走靠資源要素大規模投入而不是靠提高生產效率的工業化道路，必須實施深化改革、創新驅動戰略，提高生產力和綜合實力，提高經濟運行的效率，提高資源的空間配置效率。打造粵港澳大灣區，培育一批具有國際競爭力的創新型企業和產業集群，讓各類發展資源在空間上的配置更加合理，以更智慧的工業化升級推動大灣區有效增強未來核心競爭優勢。大灣區工業化發展的總體路徑是要搶先抓住以互（物）聯網技術、生物技術、新能源技術、新材料技術等交叉融合引發的全球新一輪科技革命與產業變革重

大機遇，充分利用區內製造業及互聯網產業的領先優勢，加快推動工業化沿著「服務化互動、信息化融合、綠色化轉型」三大智慧化發展方向升級轉型，即著力推進先進製造業與現代服務業互促發展，克服產業空心化或低附加值化的兩端風險，形成製造業與服務業雙輪驅動的新格局；著力推進工業化與信息化的深度融合，重點發展以智慧產業為代表的高融合性高成長性新興產業，形成支撐未來十到三十年持續領先優勢的世界級主導產業；著力推進低碳綠色節能技術對傳統製造業的全面改造換代，從源頭上扼制環境和生態破壞，形成經濟社會生態良性互動發展新模式，最終以更智能化的工業化升級，全面增強粵港澳大灣區經濟社會的持續發展能力與未來競爭優勢。表 3-1 反映了二〇一五年四大灣區產業結構和貿易結構情況。

表 3-1 ｜ 2015 年四大灣區產業結構和貿易結構對照表

| 灣區名稱 | 產業構成（第三產業比重） | 初始產業 | 代表產業 | 發展方向 |
|---|---|---|---|---|
| 粵港澳大灣區 | 55.6% | 對外貿易 | 金融、航運、電子、互聯網 | 全球創新發展高地 |
| 東京灣區 | 80%以上 | 製造業創新 | 裝備製造、鋼鐵、化工、物流 | 日本核心臨港工業帶 |
| 舊金山灣區 | 80%以上 | 貿易、科技創新 | 電子、互聯網、生物 | 全球高新科技研發中心 |
| 紐約灣區 | 89.4% | 港口貿易 | 金融、航運、計算機 | 世界金融核心中樞 |

## 三、以深化改革為動力，發揮市場在資源配置中的決定性作用，推動大灣區穩步跨入富裕型高收入經濟區

黨的十九大報告，把全面深化改革總目標納入習近平新時代中國特色社會主義思想範疇，把堅持全面深化改革作為構成新時代堅持和發展中國特色社會主義的基本方略的重要內容之一，已經展示了中國全面深化改革前所未有的決心和力度，傳遞出中國改革正朝著領域更廣、舉措更多、力度更強的新階段邁進的強烈信號。

大灣區正處於上中等收入經濟區向高收入經濟區邁進的門檻階段（見表 3-2）。處於這樣一個分水嶺，其後的經濟增長趨勢如何鞏固、區域差距如何縮小、經濟發展模式如何加快扭轉，如何順利翻越高收入之牆，意味著真正的巨大的挑戰的開始。

### 表 3-2｜2015 年全球灣區數據

| 灣區/<br>地區 | 人口/<br>億人 | 占地面積/<br>萬平方千米 | GDP/<br>萬億美元 | 人均 GDP/<br>美元 |
|---|---|---|---|---|
| 紐約灣區 | 2340 | 3.35 | 1.52 | 59829 |
| 舊金山灣區 | 715 | 1.79 | 0.65 | 111888 |
| 東京灣區 | 4347 | 0.97 | 2.48 | 41408 |
| 粵港澳大灣區 | 6671 | 18.08 | 1.50 | 20387 |
| 其中：香港 | 732 | 0.11 | 0.32 | 43716 |
| 澳門 | 65 | 0.003 | 0.05 | 76923 |

資料來源：中國指數研究院。

深化改革是應對上述挑戰、推進經濟增長模式轉型的唯一出路。廣東是我國改革開放的領跑者，我國三個最絢麗的春天故事，都與廣東有著不解之緣：一九九二年春天鄧小平來到廣東發表了著名的南方講話；二○○○年春天江澤民來到廣東，提出了「三個代表」重要思想；二○○三年春天胡錦濤來到廣東，提出了科學發展觀的重大戰略思想。這絕非歷史的偶然。這說明廣東一直站在時代發展的前沿，擔當著中國改革開放的排頭兵。廣東經濟社會發展取得重大成就，為繼續前進創造了重要優勢、打下了堅實基礎。從國內外經濟形勢看，下一個十年，粵港澳大灣區仍處於可以大有作為的重要戰略機遇期、處於經濟轉型上升期，正進入高收入的富裕型發展階段，將成為實現第二個「一百年」目標和中華民族偉大復興中國夢開啟里程碑式的新起點、領航人。大灣區要認真總結改革開放以來廣東好的經驗、好的做法，找出制約大灣區科學發展的矛盾和問題，科學把握大灣區面臨的機遇與挑戰，清醒地認識和把握大灣區發展所處的歷史方位，清晰地認識和把握大灣區發展的階段性特徵，科學謀劃未來大灣區各方面的工作。這就必須堅持和完善中國特色社會主義制度，不斷推進國家治理體系和治理能力現代化，堅決破除一切不合時宜的思想觀念和體制機制弊端，突破利益固化的藩籬，吸收人類文明有益成果，構建系統完備、科學規範、運行有效的制度體系，充分發揮我國社會主義制度優越性。

新階段的市場化改革不再是簡單的支持某個市場，而是涉及政府、市場、社會等多個決策群體的系統化改革，要依託深圳經濟特區、廣州國家級新區、前海國家綜合配套改革試驗區、廣東自由貿易試驗區等體制機制優勢以及港澳在全國改革開放和現代化建設中的特

殊作用，在完善社會主義市場經濟體制、推進國家治理體系和治理能力現代化等方面積極開展先行先試，為全國深化改革、擴大開放積累經驗。「十三五」時期，灣區要重點在政府職能轉變、產業市場准入、要素配置改革等互為掣肘又互為促進的市場體制改革等方面取得協同突破，率先構建可充分發揮企業活力的完整的現代市場體系。加快在以社會治理多元、公共服務均衡、階層差異可控等為重點的社會體制改革上取得重大進展。深化機構和行政體制改革，在統籌考慮各類機構設置，科學配置黨政部門及內設機構權力、明確職責；統籌使用各類編制資源，形成科學合理的管理體制；轉變政府職能，深化簡政放權，創新監管方式，增強政府公信力和執行力，建設人民滿意的服務型政府；深化事業單位改革，強化公益屬性，推進政事分開、事企分開、管辦分離等方面取得突破。

實施負面清單制度。實行高水平的貿易和投資自由化便利化政策，全面實行准入前國民待遇加負面清單管理制度，大幅度放寬市場准入，擴大服務業對外開放，保護外商投資合法權益。凡是在我國境內註冊的企業，都要一視同仁、平等對待。在貿易和投資上，按計劃逐步實行准入前國民待遇+負面清單制度，並適應負面清單制度要求，進行管理體制和監管制度改革。負面清單之外的市場准入和監管，適用法律規定和要求，即所有的企業和行業准入從審批、管制和限制、禁止轉變為採取審批和備案。審批項目極少，其他是備案，但行業准入和技術標準，安全、質量、信用、勞工、環境、生態、污染等門檻准入管理，對企業開業後產品出現的問題和消費糾紛、投訴等，有相應的法律處理規定和要求，各種新行業、未窮盡行業都適用這類標準，企業和監管部門都要承擔起相應的法律責任。著力推進市

場准入負面清單、政府審批權力清單、政府責任清單、部門收稅和收費清單、政府服務內容清單等。

推動事中事後監管制度改革。借鑑香港、澳門以及發達地區的一些管理制度，在地方權限範圍內，試行建立以市場監管和行為監管為內容的事中事後監管體制。比如民間金融和互聯網金融，地方政府完全可以建立市場准入制度和管理制度，並制定相應的地方法律法規，進行事中事後監管。目前，涉及跨界業務和行為，缺乏明確部門監管的行為等，都可以授權地方立法，圍繞市場行為和市場秩序的建立和完善在地方進行先行先試。管理監管圍繞過程、事後、問責和追責等進行檢查、監督、處罰，接受舉報、信訪、訪談，同時，強化政府服務意識和制度，通過內部審計、媒體、公眾監督和督察確保權力陽光運行。

加強政府、社會、個人服務改革。率先全面推進政府部門運用雲計算、大數據和互聯網進行管理和服務，運用行為痕跡數據進行管理和服務；借鑑和學習香港、澳門政府服務，制定服務業准入和行為規範法律法規等管理制度，大力改進政府服務，社會組織服務，將政府服務、社會組織服務和個人服務職業化、產業化，並建立起相應的管理制度和法律法規，使政府、社會組織和個人服務，部門監管和處罰有法可依。同時，要把政府目前所提供的服務進行規範化、制度化、法律化。減少政府對社會管理和服務的行政干預，減少政府的包攬，讓法律和制度規範去調節社會行為及社區治理。

探討設立自由貿易港，加快自貿區改革。要以「一帶一路」建設為重點，堅持引進來和走出去並重，遵循共商共建共享原則，加強創

新能力開放合作,形成陸海內外聯動、東西雙向互濟的開放格局。拓展對外貿易,培育貿易新業態、新模式,推進貿易強國建設。優化區域開放布局,加大粵東西北地區開放力度。建議在江門銅鼓設立自由貿易港和「香港飛地」。賦予自由貿易試驗區更大的改革自主權,探索建設自由貿易港。創新對外投資方式,促進國際產能合作,形成面向全球的貿易、投融資、生產、服務網絡,加快培育國際經濟合作和競爭新優勢。

建立信息化共享通關,將香港、澳門和內地的關稅部門、檢驗檢疫部門聯網,統一、認同通關標準,對方海關、檢驗檢疫放行出關,本地則認同。建立高標準的通關標準,提升產品質量要求,對高質量高標準的產品實行通關免檢,一旦檢查發現問題,則從重處罰,直至取消進出口資格。加強對知識產權的保護,逐步探索知識產權保護的國際接軌,允許廣東進行知識產權保護的地方立法和執法,大幅度提高對侵權的懲罰力度和賠償標準,消除地方保護主義,切實保護創新、創業者的研發投入和知識產權,讓創新、研發企業帶動社會轉型升級。積極探索大灣區知識產權保護標準和規則的相互認同。

推進土地制度改革。土地制度改革涉及地方財政運行模式,要讓地方政府儘快從土地財政中擺脫出來,降低土地和房地產價格,讓企業將更多資金用於產業研發投入和創新,讓消費者有更多的購買能力購買消費品。降低企業土地和住房成本,吸引香港企業投資和人才來入住。

探索構建與大灣區社會特徵與人口素質相契合的新型社會治理體系;著力在粵港澳分工協調、區劃分割弱化、建立統一市場體系等改

革上取得顯著成效，創新構建有效融合頂層設計與基層創新的政府高效協作體系，最終為大灣區在新時期保持快速發展、經濟社會整體水平邁向富裕型高收入經濟區建立堅實的體制優勢，奠定製度基礎。

## 四、以推動生產力布局調整為切入點 ，大力發展現代城鄉文明

城市競爭的未來是核心城市及以其為樞紐的城市群或都市經濟區之間的競爭。大灣區在新階段的城市化不應再是工業化的結果，而是集聚高級要素、助推結構升級、打破城鄉分割、化解社會差距的綜合樞紐。當前要站在「一帶一路」甚至世界灣區的視野高度，調整優化生產力布局和城市空間結構。

在創新城市發展模式上，建設創新發展大灣區。創新城市建設發展模式，加強和創新社會管理，提高城鎮化質量，改善人居環境，建設國際化山水田園生態城市。創新產業發展模式，推進工業化、信息化深度融合發展，高起點承接國內外產業轉移，建設國家重要的先進製造業、戰略性新興產業基地。推進科技創新，大幅提升自主創新能力，構建區域創新體系。要大力推動創新型經濟蓬勃發展，創新型人才加速集聚，創新型環境不斷優化，創新型活力充分釋放。要在城市質量上見水平，在信息化建設上趕超，加強「智慧城市」「數字城市」建設，不斷提高城市建設水平，增強城市發展活力。

在文化傳承上，要增強文化內涵和品牌效應。沒有文化傳承，城市就成了沒有情感和精神的建築集合體。大灣區歷史悠遠、文化厚重，要挖掘大灣區文化的血脈，結合現代城市元素，突出和彰顯嶺南

文化的特質、特點和特色，依山就勢，遵從自然，塑造新型城市空間形態。充分發揮自然山水、民族人文資源優勢，既要為現代化開闢空間，又要給歷史遺存留足地盤，統籌考慮歷史文脈的延伸，做到歷史傳承與現代風貌相得益彰，努力打造有歷史記憶、文化脈絡、地域特色、民族特點的新型城市。

在生態文明建設上，著力建設生態文明示範區。堅持生態文明理念，把生態文明建設放在突出地位，按照主體功能區劃要求、綠色化要求，調整優化人口、經濟與資源環境的空間匹配關係，實現國土開發與生態環境協調發展。要總結和推廣生態文明城市建設經驗，促進生產空間集約高效、生活空間宜居適度、生態空間山清水秀。要開展生態文明示範，建設人民生活富足、生態環境優美、城市空間宜居的現代化生態文明新區。

在創新社會治理體制上，加強城市社會治理。要順應城市社會結構變化趨勢，創新社會治理體制，以網格化管理、社會化服務為方向，健全基層綜合服務管理平臺，激發社會組織活力，實現政府治理和社會自我調節，居民自治良性互動，創建安全、和諧、穩定的社會環境。

按照促進區域協調發展的戰略要求，建立更加有效的區域協調發展新機制，創新引領、率先實現珠三角地區優化發展。通過調整珠三角地區的生產力空間布局，尋找新的空間承載區，疏解廣州、深圳城市功能，破解區域發展不平衡不充分問題，從而帶動粵西和西南地區乃至全國經濟社會發展，有利於東中西部互動合作，深入推進國際產能合作，加快珠三角地區轉型升級，培育區域經濟增長新引擎，把中

國經濟持續向前推進。

　　廣州、深圳為廣東省兩大城市核心，優先推進中心城區現代服務業高端化和國際化發展，大力強化核心城市在凝聚全球高級要素、率先轉向創新驅動、催生國際領先產業、獲取國際競爭優勢的城市高級功能，使廣州、深圳成為世界級珠三角城市群中的中心城市。要突破縣域、市域行政區劃思維羈絆，加快推進東莞、佛山、江門、珠海等城市區建設進程，設立大廣海灣區國家級新區，推動大灣區的市區經濟戰略升級，探索以整個都市經濟區為新的單位治理空間，統籌考慮戶籍制度改革、縣市財政制度改革、要素自由流動改革等改革事項，系統安排規劃共繪、交通共連和服務共享等決策事項，一攬子通盤考慮高級要素載體、產業協調布局、土地供給優化、公共服務共享、就業機會均衡、收入差距縮小等在傳統市域、縣域區劃內難以解決又相互交織的經濟社會民生發展結構性難題，帶動大灣區加快進階成熟城市社會，全面展現現代都市文明。加大城鄉統籌發展力度，推動城鄉規劃一體化，促進公共資源在城鄉發展中的優化配置，進一步實現產業發展城鄉聯動、基礎設施城鄉配套、公共服務城鄉均衡、社會保障城鄉覆蓋、行政管理城鄉一體。

## 五、以廣州、江門、湛江、汕頭為重要節點，實現陸海統籌、東西聯動，打造經略南海戰略基地

　　從世界範圍看，發展海洋經濟是未來經濟發展的趨勢。從中國國情看，發展海洋經濟，是建設海洋強國的必由之路。建設世界一流灣區，必須牢固樹立藍色經濟發展理念，堅持陸海統籌、科學開發，大

力發展海洋經濟，提升海洋空間資源開發利用水平，構建陸海協調、人海和諧的海洋空間發展新格局。要圍繞國家戰略需求，加快發展戰略性海洋高技術產業，在海洋管理、海洋開發等關鍵技術領域取得重要突破，促進我國經濟結構深度調整，帶動傳統產業改造升級，提升我國海洋產業競爭實力，有效緩解國民經濟建設短缺的資源瓶頸，保護海洋資源環境。目前發展海洋經濟的基礎還比較薄弱，海洋科技創新能力還不夠強，海洋環境保護壓力與日俱增，亟須在發展改革中加以破解。

大力發展海洋工程裝備產業。當前世界海洋工程裝備技術呈現向深水、大型化和自動化方向發展的趨勢，國內外與之配套的海洋工程裝備需求已經呈現出快速增長態勢。海洋工程裝備產業已成為灣區建設的重要組成部分，發展潛力巨大。針對國際海洋工程裝備產業發展現狀和趨勢，在大灣區建設海洋工程與裝備研究院，全面提升大灣區海洋工程裝備前端工程設計和基本設計能力。推進船舶與海洋工程裝備製造基地建設，在江門建設深海海洋裝備試驗和裝配基地，加快大型深水海洋工程裝備建設，提升產業規模和技術水平。鼓勵引導骨幹企業和研發機構等建立海洋工程裝備產業聯盟，形成利益共同體，在科研開發、市場開拓、業務分包等方面深入合作，實現重大技術突破和科技成果產業化。廣泛開展對外合作，鼓勵境外企業和研發機構在大灣區獨立或合資建立裝備研發創新機構。加快培養海洋工程裝備領域的國內國際一流專家，壯大海洋工程裝備高端人才隊伍，把大灣區打造成具有國際競爭力的綜合性海洋裝備製造業基地。

著力發展海洋生物製品與醫藥產業。大力發展生物醫藥、藍色生

物醫藥、生命健康科技等生物產業。建設國家健康科技產業基地、華南現代中醫藥城以及生物醫藥科技產業園。建立海洋生物和藥物資源樣品庫，推進海洋生物產業公共服務及創新平臺建設。加強用於生產海洋藥物與生物製品的動植物養殖培育，積極推進海洋生物酶製劑、海洋生物功能材料和海洋綠色農用生物製劑等的研發與產業化。建立健全海洋生物製品研發、生產、檢測的標準體系，提升海洋藥物和生物製品生產裝備的研發製造能力。積極發展海洋生物活性物質篩選技術，推進海洋微生物資源的研究開發。重點研究開發一批具有自主知識產權的海洋藥物，大力開發一批技術含量高、市場占有量大、經濟效益好的海洋中成藥和海洋保健品。把大灣區打造成國際一流的海洋生物研發和科技產業中心。

積極發展海水綜合利用產業。把發展大灣區海水綜合利用作為戰略性接續產業加以培植。積極發展海水直接利用和海水淡化技術，提高海水淡化技術自主化水平，降低成本，擴大海水利用產業規模，促進海水成為工業和生活設施用水的重要水源。加快建設濱海城市建設海水淡化示範工程，建設海水利用示範城市。推進電力、化工、石化等重點行業海水綜合利用，大力推廣海水直接作為工業用水和海水循環冷卻。藉助海洋生物種苗培育技術與海水淡化技術，培育開發可用海水灌溉的農作物，探索發展具有前沿性的「海水農業」。大力發展海洋可再生能源業。加快發展海洋能，利用大灣區豐富的海洋能資源，科學規劃海洋能利用空間，重點建設一批國際領先水平的潮汐能電站、潮流能電站，建設海島地區多能互補獨立電力系統等示範工程，積極推進產業化進程。

加強海洋生態環境與資源保護。科學劃定大灣區海洋生態紅線，合理開發保護海洋資源，防止海洋污染和生態破壞，促進大灣區海洋經濟可持續發展。構建大灣區藍色生態屏障。針對大灣區沿海城市各自實際和特點，建立和完善一批海洋自然保護區，實施海洋生態保護及開發利用示範工程。嚴格實行休漁制度，建設珍稀瀕危物種保護區。嚴格實行陸源污染物排海總量控制，嚴禁城市生活污水和垃圾直接排入海域。開展大灣區藍色海灣綜合整治工程，強化海洋污染防治和海洋生態保護，嚴格實行海水養殖環境准入制度，加強船舶、港口、航運、海洋工程等海上污染源管理。嚴格控制灘圍墾和圍填海，確保粵港澳大灣區大陸自然岸線保有率不低於百分之三十五。完善大灣區海洋生態環境監測系統與評價體系，提高防災減災和突發事故應對能力，加強大灣區與海洋環境保護的國際合作，參與維護國家海洋權益行動。

## 六、以更高端的全球化開放，深度融入「一帶一路」獲取新一輪開放紅利

大灣區迄今為止的對外開放，產品上仍然停滯在以面向中低端市場的勞動密集型產品出口為主，動力上仍然停滯在以大灣區本地的企業為主，載體上仍然停滯在以較低層次的珠三角區域產業集群為主。面臨長三角、京津冀等開放型經濟持續高速發展的壓力，大灣區既有內生開放的生命力優勢，更有內生帶來的路徑慣性劣勢，本質病症就在於對全球技術、人才、創新等新型高級要素的凝聚力、配置力和內外生融合力較差，區域發展不均衡，輻射帶動能力不強，是一種單線、中心區域開放，因而必然面臨動力衰竭。

當前和今後一段時間或更長時期內，大灣區的全球化需要首先在開放戰略上實現從內源動力型向內外源混合動力型調整優化；在開放方式上從「中心開放」向「全境開放」轉型升級，率先改革創新全國最優營商環境和接軌世界最新先進標準的國際投資規則環境，凝聚並推進國際高級要素與灣區和更大範圍內的資源融合競爭；在開放平臺上，立足廣東自貿區和南沙、大廣海國家級新區既有政策和地理優勢，積極整合申報大廣海自由貿易港區，形成與廣東自由貿易區錯位互補發展的世界級的珠三角自由貿易區新格局。加快推進跨境電子商務貿易自由化改革，打造全球跨境電子商務貿易綜合試驗區，促進大灣區在汲取全國新一輪開放的高級紅利中占得先機，真正率先邁向高級版的全球化。

　　國家「十三五」規劃綱要提出：「支持港澳在泛珠三角區域合作中發揮重要作用，推動粵港澳大灣區和跨省區重大合作平臺建設。」這標誌著粵港澳大灣區建設正式提升至國家戰略層面。《國務院關於深化泛珠三角區域合作的指導意見》提出，應該「充分發揮廣州、深圳在管理創新、科技進步、產業升級、綠色發展等方面的輻射帶動和示範作用，攜手港澳共同打造粵港澳大灣區，建設世界級城市群」。「構建以粵港澳大灣區為龍頭，以珠江─西江經濟帶為腹地，帶動中南、西南地區發展，輻射東南亞、南亞的重要經濟支撐帶。」同時，粵港澳大灣區是「21 世紀海上絲綢之路」的戰略要衝，是對接東南亞、南亞、中東、歐洲等「一帶一路」國家的必經之地，也是國家經略南海最重要的戰略支點。通過大灣區建設來倒逼深層次改革，創新開放型經濟體制機制，大灣區主要城市加大科技創新力度，形成參與和引領國際合作競爭新優勢，成為「一帶一路」特別是「21 世紀海

上絲綢之路」建設的排頭兵和主力軍，並發揮海外僑胞以及香港、澳門特別行政區獨特優勢作用，積極參與和助力「一帶一路」建設，也為台灣地區參與「一帶一路」建設做出妥善安排。

　　粵港澳大灣區擁有世界級的海港群、空港群，二〇一五年，集裝箱吞吐量超過七千五百萬標準箱，機場年旅客吞吐量約一點八億人次，進出口貿易額約一點五萬億美元。經濟總量超過一點五萬億美元，約是舊金山灣區的二倍，與東京灣區、紐約灣區的差距進一步縮小，具備躋身世界發達灣區經濟的條件和基礎。粵港澳作為經濟較發達地區，在「一帶一路」建設中要做出更大的貢獻，起到先行引領和推動作用。二〇一五年六月廣東率先出台了建設「一帶一路」實施方案，提出將廣東打造成為「一帶一路」的戰略樞紐、經貿合作中心和重要引擎。緊緊圍繞制度創新這個主線，加快建設國際化、市場化和法治化的營商環境，形成新時期廣東更高水平的對外開放格局。

　　在「一帶一路」建設中，粵港澳有能力在跨境金融、航運物流、服務貿易、科技創新、經貿發展、灣區經濟等合作領域取得突破，在更高層次上實現深度融合。在深化跨境金融合作方面，要加快跨境金融創新探索，推動人民幣作為與「一帶一路」沿線國家和地區投資、跨境貿易的主要貨幣。可以探索設立面向「一帶一路」沿線國家和地區的人民幣海外投貸基金，募集內地、港澳地區及海外機構和個人的人民幣資金，為粵港澳企業「走出去」投資、併購提供人民幣投融資服務。貫徹實施創新創業和創新發展，整合「一帶一路」的資源和基礎，加強產業內水平分工，通過新型產業分工合作模式推進區域協同轉型升級，構建適應創新創業的合作機制。依託廣東自貿試驗區的南

沙、前海蛇口和橫琴三大支點，發揮集自貿區、經濟特區、國家級新區、綜合配套改革試驗區等綜合優勢，加快形成粵港澳大灣區門戶樞紐。圍繞粵港澳合作，推動該區域基本率先實現服務貿易自由化，不斷拓寬交流合作領域，積極引進港澳現代服務業，加快現代服務業發展，構建要素集聚、輻射帶動作用強的現代服務體系，重點推進現代金融、現代物流、商貿會展、信息服務、科技服務、專業服務等服務業發展，建設具有國際影響力的現代服務業基地。並在此基礎之上，推動粵港澳大灣區內基礎設施互聯互通。以深港世界級海港樞紐功能為依託，進一步增強深港組合港的全球航運中心功能，形成粵港澳超級港口群，拓展區域生產性服務中樞與亞太綜合交通樞紐作用，強化大灣區國際貿易集成功能。深圳機場協同香港、廣州機場，構建灣區內多層次航空運輸體系，拓展航空配套服務市場，加強互利共贏，不斷增強和擴大國際空港輻射功能。充分利用和發揮深圳及周邊城市信息企業聚集、信息產業發達、信息技術領先的顯著優勢，加快規劃布局一流信息基礎設施，推動建設國際信息網絡核心節點，增強粵港澳灣區國際信息港節點功能。

在「一帶一路」框架下，粵港澳應當各自發揮優勢，扮演好各自角色，在新的歷史起點上打造合作新引擎、開拓新領域、建立新機制，形成各方融合發展的大格局和攜手參與國家戰略的合力。粵港澳大灣區強化了「一帶一路」建設的布局，表明未來將追求更高層次的對外開放水平和更加重要的戰略地位，更好地服務國家對外開放。

大灣區要立足灣區連接南亞、東南亞和溝通太平洋、印度洋的區位優勢，充分發揮江門建設「21 世紀海上絲綢之路」綜合試驗區作

為「一帶一路」門戶、樞紐優勢和海上合作戰略支點功能，發揮港澳獨特作用，共同推動「一帶一路」建設，打造我國高水平參與國際合作的重要區域。推進同「一帶一路」沿線國家和地區多領域務實多贏的合作。舉辦中歐、中美城鎮化合作論壇，建立與歐美等發達國家和地區在經貿合作、城鎮化發展等方面的定期交流機制。加強與東南亞域內各城鎮、產業聚集區之間的合作。強化與東南亞國家之間的連繫，結合區域特色、產業結構，打造一批面向東南亞、南亞市場的外向型產業基地。積極參與中國—東盟自貿區升級建設，推動中國—中南半島、孟中印緬經濟走廊建設。鼓勵新區內有條件的企業共同參與境外經濟貿易合作區建設，推進國際產能和裝備製造業合作。

## 七、以生態文明為總要求，推動綠色發展，建設環保生態宜居灣區

堅持生態文明理念，把生態文明建設放在突出地位，按照主體功能區劃要求、綠色化要求，調整優化人口、經濟與資源環境的空間匹配關係，實現國土開發與生態環境協調發展。要總結和推廣生態文明城市建設經驗，促進生產空間集約高效、生活空間宜居適度、生態空間山清水秀。

突出生態文明理念，推進生態環境和應對氣候變化合作，共建綠色經濟走廊。加強生態環境保護、防災減災、應對氣候變化等方面的政策交流和聯合研究。嚴守生態保護紅線，統籌規劃建設綠化廊道和公共綠地，建設綠色生態宜居灣區。加強大氣、水環境、土壤等環境保護治理，加大河流水系綜合整治，推進森林公園建設和南湖濕地保

護，大力發展循環經濟和低碳經濟，嚴格控制污染物排放總量。建立資源環境承載能力監測評價體系，實行承載能力監測預警。著力建設生態文明示範區，促進人與自然和諧發展，提升城市可持續發展能力，建成人民生活富足、生態環境優美、城市空間宜居的現代化生態新區。

大力保護海洋生態系統，逐步完善大廣海灣海洋環境保護體系，推動海洋生態文明建設，實現海洋生態系統的可持續發展。加強江門中華白海豚省級自然保護區、烏豬洲海洋特別保護區、上下川島中國龍蝦國家級水產種質資源保護區建設，加強大襟島等地自然岸線、紅樹林、沿海灘塗和生物棲息地保護和修復力度。科學合理利用灘塗資源，加大海島生態修復力度。統籌海岸帶自然、人文、經濟資源的開發保護，建設資源節約型、環境友好型用海新模式。

加大生態環境保護和修復力度。加強水源地森林保護，建設海濱觀光型森林公園。嚴格保護紅樹林自然保護區，開展人工種植紅樹林，修復沿岸生態岸線。保護濱海濕地資源，依託豐富的森林、海洋、江湖、濕地、農田資源，構建隔離各個發展組團的生態保護屏障，形成生態型組團式發展格局。大力開展植樹運動和植樹造林工程，積極建設森林生態美麗家園。加強排水、供電、供氣、供熱、污水處理等市政設施建設，推進城市地下綜合管廊建設，全方位提升城市綜合服務功能。積極推進「智慧城市」「數字城市」建設，實現高速寬帶無線網絡全覆蓋，在信息化建設上實行趕超，全面提升新區信息化水平。

實施鄉村振興戰略。以山海水城、靚麗岸線、生態宜居、美麗灣

區建設為目標，堅定不移走「綠水青山就是金山銀山」科學發展之路，以更高的標準、更大的力度、更實的舉措，加快實施鄉村振興戰略，著力培育以美麗鄉村精品村、美麗宜居示範村、海島溫泉旅遊村、華僑文化村落、碉樓人文遺產村為重要節點，以沿景區、沿海岸帶、沿產業帶、沿山線、沿人文足道為軸線的美麗鄉村風景線，點、線、面聯動打造美麗鄉村升級版，實現村莊全城景觀化，爭先進位，趕超跨越，為全國鄉村振興戰略樹立樣板。

建設生態美麗宜居城市。要挖掘大灣區文化的血脈，結合現代城市元素，突出和彰顯灣區文化的特質、特點和特色，依山就勢，遵從自然，塑造新型城市空間形態。充分發揮自然山水、民族人文資源優勢，既要為現代化開闢空間，又要給歷史遺存留足地盤，統籌考慮歷史文脈的延伸，做到歷史傳承與現代風貌相得益彰，努力打造有歷史記憶、文化脈絡、地域特貌、民族特點的新型城市。加強大灣區臨海生態城市美景建設、國家及森林公園的建設、海域生態治理和城市空氣治理，以及森林、河湖、濕地、草原、海洋等自然生態系統建設，修復生態功能，促進綠色發展。新在創新社會治理體制上，加強城市社會治理。要順應城市社會結構變化趨勢，創新社會治理體制，以網格化管理、社會化服務為方向，健全基層綜合服務管理平臺，激發社會組織活力，實現政府治理和社會自我調節，居民自治良性互動，創建安全、和諧、穩定的社會環境。

# 八、以補齊粵東西北地區發展短板作為當務之急，促進區域協調發展

習近平總書記指出「要堅持城鄉統籌發展，堅持新型工業化、信息化、城鎮化、農業現代化同步推進，實現城鄉發展一體化。」「提高城鄉發展一體化水平，要把解放和發展農村社會生產力、改善和提高廣大農民群眾生活水平作為根本的政策取向，加快形成以工促農、以城帶鄉、工農互惠、城鄉一體的工農城鄉關係。」堅持協調發展理念，注重均衡發展和整體效能，著力解決區域、城鄉、經濟和社會、物質文明和精神文明等方面的不平衡、不協調問題，努力在推動協調發展中拓寬發展空間。推進區域協調發展是個系統工程，廣東省要做到協調發展，就必須補齊粵東西北地區發展短板。近年來，廣東省大力實施粵東西北地區振興發展戰略，取得了顯著成效。

二〇一三年七月，廣東省委、省政府印發《關於進一步促進粵東西北地區振興發展的決定》（粵發〔2013〕9號），旨在通過快速交通、產業園區和城區擴容三大抓手，力促粵東西北突破發展瓶頸。二〇一三年十一月，珠三角和粵東西北地區的對口幫扶關係明確，由珠三角六市對口幫扶粵東西北八市：廣州市對口幫扶梅州、清遠市，深圳市對口幫扶河源、汕尾市，珠海市對口幫扶陽江市，佛山市對口幫扶雲浮市，東莞市對口幫扶韶關市，中山市對口幫扶潮州市。二〇一四年，廣東省政府又出台《關於財政支持穩定經濟增長的政策措施》，設立一二一億元的粵東西北振興發展股權基金。經過三年的奮力拚搏，粵東西北地區經濟增速快於全省，珠三角地區保持優化發展，全省經濟發展一年邁上一個臺階。

在推動城鄉協調發展方面，廣東出台新型城鎮化「2511 計劃」，選擇二個地級市、五個縣區、十個建制鎮作為新型城鎮化綜合試點，選擇十類項目作為新型城鎮化專項試點。珠海、潮州市被列為省新型城鎮化地級市綜合試點，南雄市等五個縣（市、區）被列為省新型城鎮化縣（市、區）綜合試點，中山市小欖鎮等十個鎮被列為省新型城鎮化鎮綜合試點，雲浮市「一張藍圖」工程等二十個項目被列為省新型城鎮化專項試點。綜合試點主要圍繞破解農業轉移人口融入城市難、城鎮土地利用粗放低效、城鎮空間結構不合理、城鎮化資金保障不到位等問題展開。專項試點則以提高城鎮化發展質量為關鍵環節，選擇一批重大政策、重大工程為新型城鎮化建設提供借鑑和示範。

在推動區域協調發展方面。原廣東省委書記胡春華在省委十一屆五次全會的講話中明確地指出了三塊發展的「短板」——要補齊粵東西北地區發展的短板，補齊民生社會事業發展的短板，補齊扶貧開發的短板。消除基礎設施特別是交通的瓶頸，加強粵東西北高等級網絡的公路、港口、航空等建設。實現國家高速網廣東段基本貫通。二〇二〇年實現市市通高鐵目標。制定實施民用機場發展規劃。產業小、微、散、低是粵東西北產業的基本狀態。部分地區重視數量而忽視質量，產業園定位不夠清晰，「拼盤式」引進產業的問題較為突出，主導產業及相關產業鏈尚未成形，很難形成產業集聚。如何幫助粵東西北把產業做大做強，在產業園區建設上，加大力度推動招商引資、項目落地，加快培育骨幹企業，努力形成若干產業集群，使園區建設能夠獲得實實在在的成效，初步形成帶動地方發展的經濟增長極。由於新時期經濟社會的新變化、新要求，園區形態和建設運營模式已由第一代園區、第二代園區發展到了「生產＋生活＋生態」的第三代園

區。粵東西北原來是以農業為主，有大量的農村剩餘人口，跟全省相比，城鎮化水平不夠，主城區的擴容也在做，但公共服務的推廣還跟不上。在推進粵東西北地區積極推進工業化的同時，加大城市基礎設施建設力度，打造有本地特色的城市群，大力發展第三產業，拓展非農就業崗位，促進市區內第一產業就業人口向二、三產業轉移，加快市區人口非農化進程，增加城市吸引力，大幅提高中心城區人口聚集度，逐步緩解城市人口高度集中珠三角地區的格局。

但是，廣東區域發展不平衡問題突出，在區域發展過程中存在著「馬太效應」。發展較快的區域經濟增長速度越來越快，而相對落後的地區則更加緩慢，兩極分化現象愈發明顯，區域之間經濟增長差異有進一步擴大趨勢。粵東西北地區無論是在經濟總量上，還是在教育、衛生、文化等公共服務資源配置上都存在明顯差距。二〇一六年廣東區域發展差異係數為 0.628，在全國處於前幾位，因此推動粵東西北地區和農村加快發展是廣東省實現全面建成小康社會目標的當務之急和重中之重。

從大灣區經濟信息連繫看，經濟、信息連繫緊密的城市都主要集中在香港、澳門及珠三角的核心區（廣州、深圳、佛山、東莞、中山、珠海等）。其他城市與這些城市連繫較弱，區域差距較大，且兩兩之間連繫較弱。香港、澳門及珠三角的核心區是粵港澳大灣區的核心增長極。

從人均 GDP、人口、城鎮化率、三產結構等常規發展要素看，首先，從人均 GDP 來說，灣區經濟發展水平較高的區域主要集中在香港、澳門、深圳等城市，這些城市屬於第一梯隊。廣州、佛山、中

山、珠海基本處於同一水平，屬於第二梯隊。上述城市共同構成了粵港澳大灣區的核心增長極。外圍的惠州、東莞、肇慶、江門、陽江、茂名等城市屬於第三梯隊。清遠、韶關、河源等城市處於區域中的較低水平。從人均 GDP 的空間結構可以判斷粵港澳大灣區的經濟發展呈現出典型的「圈層結構」模式，從縣域人均 GDP 來看，經濟發展的圈層空間結構更加明顯。

從人口與城鎮化率來看，人口集中的地方主要在廣州、深圳、東莞、香港、茂名、湛江、揭陽等城市，其他的一些城市人口數量相近，總的來說，粵港澳大灣區人口分布呈現出「核心—邊緣」的空間結構模式。但人口的數量與其城鎮化率並不相匹配。可以看到，城鎮化率高的地方主要集中在珠三角城市群及香港、澳門等地，諸如深圳、香港、澳門都已實現全域城鎮化，廣州、佛山、中山、珠海、東莞等城市的城鎮化率基本都在 85%以上，外圍城市城鎮化率較低。實際上，粵港澳大灣區的城鎮化率呈現出的也是「核心—邊緣」的空間結構模式。

從區域產業結構來說，第一產業主要分布在粵港澳大灣區的兩翼。第二產業主要分布在區域的中部地區，如佛山、深圳、中山、惠州等城市。第三產業主要分布在香港、澳門、廣州等城市。從整體來看，粵港澳大灣區三大產業的空間結構模式可總結為一、二產占主導地位，分別分布在兩翼與中部，三產集中在幾個核心城市。

促進粵東、粵西、粵北地區的振興發展，關係廣東科學發展全局，不僅涉及實現「兩個率先」的宏偉目標，也涉及珠三角地區加快

經濟轉型升級和中國社會主義現代化建設全局。因此，縮小區域發展差距，關係廣東和大灣區的長遠發展。

# 第四章

粵港澳大灣區
空間格局思考

粵港澳大灣區是戰略要沖，是南大門，具有舉足輕重的戰略地位。粵港澳大灣區建設世界級城市群，是我國第一個在「一國兩制」框架下的跨行政區規劃，這要求城市空間必須以更開放的視野和空間承載城市功能和品質。發展條件與規劃空間範圍是以華南沿海灣區優越自然地理區位和已形成的城市群為依託，包括廣州、深圳、香港、澳門和粵東西北地區，規劃國土面積約 18 萬平方千米（其中海域面積 85 平方千米）。2016 年地區生產總值 10.4 萬億元，總人口 1.15 億人，分別約占全國的 13.9%、8.5%。以香港和廣州兩個城市為起點，初步成長為城鎮化率達到 86%的世界級城市群。

要進一步優化城市空間布局，嚴格控制特大城市人口規模，重點發展新城，積極培育小城市和小城鎮發展，使灣區城市空間布局由單核向多組團發展，由圈層式向網絡化發展，建成大、中、小城市協調發展的都市圈。

第一節 ·
# 城市空間布局優化面臨新挑戰

隨著經濟全球化和區域一體化不斷深入發展，以及我國經濟發展進入新常態和「一帶一路」、區域協同發展等國家戰略布局的實施，這使灣區城市空間布局的外部影響因素發生眾多變化。同時，珠三角作為超大城市群，面臨著城市本身土地、人口、生態等要素的制約。

灣區城市空間布局優化面臨新挑戰。

## 一、面臨全球和亞太地區的制高點競爭，城市空間功能能級有待提升

　　未來一個時期，灣區要以開放改革引領創新發展，加快從全球加工裝配「世界工廠」向研發、先進製造和服務基地轉變；率先建立與國際化相適應的管理體制和運行機制；推進服務業開放和國際服務貿易發展，吸引國際服務業要素集聚。這些城市功能的調整與轉變，都對城市空間布局提出了新挑戰。

## 二、面臨區域競爭和區域一體化的新要求，龍頭作用有待發揮

　　珠三角是目前全國城鎮連綿程度最高、城鎮化水平最高和經濟要素最密集的地區，是最具活力、開放程度最高、創新能力最強、吸引外來人口最多的區域，是快速工業化和城市化的典型代表，人口和經濟規模比肩全球著名灣區，是具有全球影響力的先進製造業和現代服務業基地。但珠三角區域內經濟、社會和城鎮發展不平衡，東西兩岸、內外圈層和城鄉之間存在較大差異，而粵東西北城鎮發展滯後。如何促進經濟社會協調發展統籌區域、城鄉發展，是灣區城鎮化當前面臨的核心問題。

## 三、面臨土地資源緊張和土地利用結構雙重約束，土地空間有待二次開發

　　珠三角的城鎮群經過二十多年的高速增長，目前在發展需求與供給上出現了結構性失衡，一定程度上制約了珠三角的可持續發展。經濟增長與資源短缺、社會需求提高與公共供給滯後、城鎮快速擴張與環境壓力加大等，已成為珠三角城鎮群要解決的突出矛盾。在土地利用結構方面，珠三角城鄉建設用地占比過高。目前，開放強度已超過40%，遠遠高於一般國際大都市。同時建設用地中工業用地規模占比過高，土地利用結構與產業發展方向不符。

## 四、面臨區域內城鎮重複建設、同構競爭，推進區域一體化發展任務艱巨

　　珠三角城鎮發展各具特色，但是由於行政區劃和行政管理體制的制約，區域內城鎮同構競爭、產業雷同、重複建設的不協調現象較為普遍，不利於區域整體競爭力的提升。建立有效的區域協作發展機制，推進區域一體化發展進程，對珠三角城鎮群未來發展構成了主要挑戰。

## 五、面臨嚴格控制人口規模和人口分布不均雙重壓力，人口布局有待優化

　　目前珠三角城鎮群人口規模巨大，特別是珠三角 5.6 萬平方千米的範圍內居住了約 6670 萬人口，人口規模與人口密度較高，控制人

口增長的壓力巨大。而相對珠三角區域的人口密集分布，粵東西北城鎮聚焦人氣不足，對珠三角區域特別是對廣州、深圳人口疏導能力較弱，未能發揮「反磁場」作用。

## 六、面臨環境保護和生態約束趨緊的瓶頸制約，要嚴守生態空間底線

　　珠三角作為人口密集區和經濟發達地區，隨著社會經濟和城市化的快速發展，各種生態危機風險因素明顯增多：區域自然生態空間減少和破碎化，區域生態系統功能有待提升；珠三角過度的人類活動對區域生態系統造成嚴重的破壞和干擾，森林生態系統、農田生態系統、海洋生態系統、濕地生態系統及城市生態系統等的生態服務功能逐年下降；區域環境污染問題仍較突出，粗放的土地利用模式、高強度的開發模式、環境污染問題已成為制約珠三角可持續發展的重要因素；區域生態赤字普遍存在，區域生物多樣性保護壓力增大，生態安全一體化的管理體制機制有待建立和完善；等等。生態安全仍面臨著威脅和挑戰。

## 七、面臨廣州、深圳特大城區蔓延與交通擁堵等大城市病，城市空間有待平衡

　　廣州、深圳集聚了過多的城市功能，人口和產業過度集中、優質資源和功能過度集中，導致人口膨脹、交通擁堵、大氣污染、房價高漲、社會治理難度加大，「大城市病」問題突出。大灣區區域協同發展的一個重要著力點，就是優化提升廣州、深圳、香港的城市核心功

能，調整生產力布局，構建「多核多中心多圈層」的城市結構，走出一條中國特色治理「大城市病」的路子。

<br>

第二節・
# 優化灣區城市空間布局舉措

打造引領粵港澳大灣區建設的發展中樞，堅持極點帶動、軸帶發展、輻射周邊、整體提升，推動大灣區各個城市合理分工、功能互補、錯位發展，構建結構科學、集約高效的城鎮發展格局。大灣區將建成功能優化、空間集約、交通便利、生態優美的大、中、小城市協調發展的都市圈。重點處理兩大空間關係：一是 5.6 萬平方千米與十八萬平方千米的關係，即珠三角與粵東西北的關係；二是珠三角與泛珠三角區域的關系。全方位拓展大灣區與泛珠三角以及東南亞地區的交流合作，為大灣區經濟社會發展提供具有高端適應性和開放性的空間載體。

## 一、強化體系建設 —— 構建世界級城市群，提升城區功能

高起點編制世界級城市群規劃，增強區域核心競爭力，疏解廣州、深圳城市功能，匯聚區域發展主軸的核心功能，打造引領大灣區建設國際一流灣區的發展中樞，提升珠江口都市連綿帶整體發展和重

要節點城市區域競爭力，帶動粵東西北和泛珠三角地區發展。

　　建設現代化綜合交通運輸系統，促進都市圈連繫。一是構建東岸與西岸之間多通道、快速交通。目前，作為我國改革開放的重要區域，珠三角地區城市間的互聯互通過去主要靠高速公路、國省道及鐵路支撐。但隨著珠三角城市群經濟連繫的擴大，特別是適應珠三角打造世界級城市群、加強泛珠三角合作的戰略需求，必須加快構建以軌道交通為主體的新興交通網絡體系。近期相繼完工或開工建設的多條軌道交通線，包括廣佛環線、廣佛地鐵、廣珠城際軌道以及剛剛開工的廣州地鐵七號線西延線等，標誌著軌道交通在珠三角進入一個加快建設的新階段。借鑑東京都市圈經驗，築波 TX 線有三種運營組織模式，最高時速達到一百三十千米。建議東岸與西岸城市之間規劃建設軌道交通，改進運營時耗，控制在三十分鐘左右。軌道經濟將密切城市群間的人口流動，優化產業布局，提升產業效益，有效促進城市間的產業關聯配套和分工協作。而通過人口和產業在更大空間範圍內的優化布局，可以改變老城區資源環境壓力過大的狀況，有利於整體生態環境的改善。同時，教育、醫療、文化等基本公共服務由於人口等要素的空間分布擴大和優化，也會加快均等化、可遷移、可對接的步伐。從而在人口、產業、資源環境、公共服務等方面進一步加快珠三角城市群間城市一體化進程。二是通過城際鐵路、高速公路，促進珠三角各城市連繫。三是構建慢性和公交為主的新城內部交通綜合網絡。注重低碳、節能理念，提高城市路網密度，建設人性化的自行車和步行網絡，為慢行交通創造良好的出行環境。

　　建立與都市圈建設配套的政策法規體系。都市圈建設具有明確的

實效特徵和政策意志，需要強有力的行政推動和政策保障。給都市圈建設以立法授權，明確都市圈建設的基本原則、目標和方向，並制定完善的規劃和切實的監督體系。同時，以法律法令的形式確定都市圈建設過程中的各級政府、機構、開發實體、私人等的權利和義務，以及責任和分工、收益等，解決新城建設中各方利益的矛盾。

強化核心，打造高地。全面考慮港澳因素，打破行政區劃統一規劃，打造港深灣區核心。國際創新中心、國際金融中心、國際航運樞紐和國際貿易窗口，是粵港澳大灣區的中央國際都會區，是中國創新能力最強、知名國際大學最多、城市活力國際影響力最高的城市區，人口規模和經濟規模分別約占整個大灣區的 16% 和 36%，全球數字通信創新集群排名僅次於全球第一的東京—橫濱地區，港深交易所總市值超過 6.5 萬億美元，位於全球第三，擁有四所二〇一六年 QS 全球排名前一百大學，擁有全球最繁忙和最高效率的國際集裝箱樞紐港，集裝箱吞吐量位列全球第一，約占全球遠洋集裝箱總運量的 1/5；廣州是重要的全國經濟中心城市。粵港澳大灣區建設要充分發揮香港、深圳、廣州的龍頭帶動作用，發揮以香港、深圳帶動沿海，沿海帶動內陸，逐級推動、輻射帶動灣區經濟全面發展的核心作用。實現珠三角城市群從行政區化的多核心城市向市場化的單核心城市轉變，發展具有全球影響力和競爭力的世界級灣區城市群，全面提升粵港澳大灣區在世界經濟中的地位。

提升西岸，疏解東岸。加大力度改善珠江東岸城鄉環境質量，優化城鎮、產業布局，大力調整珠三角經濟發展空間布局，疏解廣州、深圳城市功能，解決「大城市病」，促進發展模式由粗放型向集約型

轉變,提高整體發展水平。在珠江西岸地區,研究設立大廣海灣國家級新區,承接港深澳城市功能。精品打造大廣海灣國家級新區,形成高端裝備製造業集聚帶。一是強化精品意識,堅持功能優先。加強空間統籌,創新開發模式,完善開發機制,使大廣海灣國家級新區成為創新驅動、經濟轉型升級的先行區、優秀文化的薈萃區、生態文明的示範區。二是強化統一開發,重點帶動。注重大廣海灣國家級新區整體發展,守住城市天際線,實現工作空間、生活空間、生態空間的高度統一。三是高標準推進大廣海灣國家級新區公共設施建設,加強多種交通方式網絡聯動。強化中心城市功能,加快產業要素聚集,形成廣州—深圳—江門大三角,再造一個「深圳」和「香港」,彌補珠江西岸缺少龍頭帶動大城市,並帶動粵西和西南地區發展,輻射東南亞、南亞等地區。

## 二、加強粵東西北城鎮化建設——重點建設沿海城市連綿帶和「五大」城市圈

大力調整粵港澳大灣區城市群的結構,優化空港海港陸港布局。以港深廣為核心,統籌推進沿海港口與城市協調發展。二〇一五年,珠三角區域的港口貨物吞吐量是沿海港口吞吐量的 3.5 倍,分別是東部地區沿海港口的 12.9 倍、西部地區沿海港口的 4.8 倍。沿海港口覆蓋全球航線潛力大,貨物運輸距離短,具備與各國通航的海域優勢和海運價格競爭力優勢。發揮灣區核心城市——香港的龍頭作用,加強沿海城市帶與珠江沿線基礎設施建設,以香港、深圳帶動沿海,沿海帶動內陸,逐級推動、輻射帶動灣區經濟全面發展。要推動要素的自由流動,遏制過度競爭,避免重複建設,打破行政區劃壁壘,積極推

進港深廣一體化，促進粵港澳跨境基礎設施全面對接。一是打造傘形網狀城市規模層級結構。推動大、中、小城市在空間上有序分布，促進人口和經濟活動在地理上有效集聚，形成層級有序、分工合理、協同發展。二是明確等級清晰的城市功能定位。鼓勵核心大城市打造面向未來的全球城市，成為全球科技創新和智能製造的引領者。三是推動層次合理的城市產業分工。加快廣州、深圳、香港核心大城市發展科技創新產業，建設世界級科技創新中心、全球金融科技中心和全球資源配置中心；推動核心大城市發展創新服務業、科技製造業，建設特色鮮明的世界級高端製造業集群；引導大中城市建設區域先進製造中心、商貿中心、物資集散中心。充分發揮大中城市區域性中心、地區性中心和地方性中心的輻射帶動作用，通過三級中心聯動，引領周邊地區協調發展，逐步形成以特大城市為核心，以大中城市為骨幹，以小城市和小城鎮為依託的體系完備、分工合理、特色鮮明、組合有序的網絡型城鎮體系，促進城鎮群向更高發展階段演化。

加快港深莞惠城市圈、澳珠中江城市圈、湛茂陽城市圈、潮汕揭城市圈、廣佛肇城市圈等五大城市圈建設。一是港深莞惠城市圈。發揮港深在科技創新領域的重要地位，東莞世界製造中心的優勢，大力推動技術創新、體制創新和環境創新、國際化。二是澳珠中江城市圈。重點建設大廣海灣國家級新區，打造第二個「深圳」和「香港」，成為城市群未來加快發展的重點地區。抓住珠海國際化創新型城市、生態文明新特區，港珠澳大橋建設的契機，重點培育城市圈內的綜合服務功能和依託於港口運輸的臨港工業，穩步發展旅遊業和物流業，提高城鎮產業的集聚與擴散功能。三是湛茂陽城市圈。以湛江和茂名為主要中心，建設湛江海上絲綢之路試驗區，積極拓展大西南

港口腹地，建設功能清晰、協同發展的西部臨港經濟帶，打造國家級重化工業基地、海洋經濟增長極。四是潮汕揭城市圈。建設創新型經濟特區、東南沿海現代化港口城市、區域交通樞紐、科技中心和商貿物流中心。五是廣佛肇城市圈。強化廣州作為全國經濟中心城市，昇華廣州經濟、文化、教育、區域交通樞紐地位對於帶動粵港澳大灣區周邊內陸地區的發展具有決定性作用。

提升東西部沿海地區城市人口密度，發揮東西部沿海城市區位優勢，發揮產業擴散效應，形成新的產業集聚空間，推動超大城市大規模製造業向東西部城市群擴散，提升都市群整體空間效率。以產業轉移和集聚帶動就業崗位向沿海城市帶集聚，引導勞動力向沿海城市有序流動。

# 三、實施強鎮帶動 —— 建設一批特色小城鎮

分類推進特色發展小城鎮。通過「因地制宜，特色發展，分類引導」，大灣區小城鎮發展可形成以現代製造業、現代服務業、現代農業和旅遊業為主的特色小城鎮。並根據區位條件、資源稟賦、經濟基礎、產業特點等自身發展條件，分類制定發展的重點。

加強交通建設引領發展小城鎮。通過綜合交通體系建設，特別是發展城際軌道交通，加強特大城市、大中城市與各鎮之間以及郊區和市區之間的連繫，帶動沿線小城鎮發展，形成沿城際軌道交通小城鎮發展走廊。

精確對接聚焦發展小城鎮。各個鎮要根據自身發展條件及產業基

礎，明確發展方向，實施因地制宜的精準對接戰略，高起點確定招商范圍。豐富招商方式方法，可加強與科研院所和高校的合作，幫助地方尋找精確的對接對象。

科技成果產業化創新發展小城鎮。抓住大灣區建設國家科技創新中心的新機遇，充分利用大灣區科研能力優勢，將小城鎮作為科研創新研發成果孵化基地以及產業化基地。結合小城鎮產業發展基礎，探索建立一批科技成果產業化創新小鎮。

健全小城鎮建設體制機制。一是加快小城鎮管理體制改革。賦予具備一定人口規模和經濟實力的小城鎮必要的城市管理權限，賦予發展潛力大、人口集聚快的小城鎮相應的行政管理權限。二是通過多元化機制籌集建設資金。既要完善政府投入，在城市開發前期由地方財政予以支持，又要引入競爭機制，創造條件將可經營的基礎設施推向市場。探索市政建設債券，緩解當前城市化過程中的資金壓力，把區縣政府的短期行為，逐步引導到長遠城鎮建設。三是建立市級統籌小城鎮建設的體制機制。建立市區聯手和市場運作相結合的開發建設機制，積極推動重大基礎設施和優勢社會事業向新城傾斜。

# 建設分工合理的城市群體產業體系

　　粵港澳大灣區推進協同發展，應立足各自比較優勢、立足現代產業分工要求、區域優勢互補原則，把產業對接協作和實現市場一體化進程作為改革重點，努力實現良性互動、共贏發展。推動人口區域平衡發展，增強超大城市和特大城市中心城區的創新服務功能，提升城市空間效率，建設發達的通勤交通體系，提升職住分離比率，形成現代大都市群的潮汐結構。發展多元化城市分工體系。強化香港和深圳的特殊優勢，推動港深共建全球科技創新中心，成為新一輪全球產業革命的重要策源地。發揮粵港澳經濟發展主軸城市的比較優勢，建設特色科創中心和先進製造基地，形成大灣區科技創新和高端製造主軸。充分利用澳門獨有的優勢對準利基市場做好內地與葡語國家的供求對接。

## 一、全力推動港深廣世界級科技創新中心建設

　　大灣區是全球高端要素競爭的主戰場，是國家科技創新發展的引領者，是眾多資源匯聚、人口密集、經濟活動高度集中的城市群。要充分發揮香港「一國兩制」、強大國際資源統籌、多元高端人才的體制機制優勢，提升港深廣創新走廊的規模與水平，打造創新要素集聚、內生創新和基礎創新能力強的全球科技創新中心。以港深為核心，聚焦全球優勢資源，推動信息技術基礎創新，打造信息基礎產業

新優勢，積極構建大數據產業集聚區。共同完善人工智能產業集群，鼓勵核心新興產業關鍵技術跨地域合作創新。深化科技體制改革，建立以企業為主體、市場為導向、產學研深度融合的科技創新體系，推動創新中心與製造基地密切合作，提升高校研究機構的創新能力，促進科技創新平臺和大學創新科技聯盟建設。大力建設世界級智慧城市群。建設世界級金融中心，強化香港金融對科技創新的助推作用。推進股權投資技術化，加大研發資金投入。建設港深莞創新數字技術與金融科技產業創新帶。

## 二、推動大灣區沿江沿海城市高端製造集聚和產業創新

粵港澳大灣區中，先發者的產業空間有限，產業需要外溢，推動合理的產業集聚與擴散，探索委託管理、投資合作、飛地經濟、沿海產業轉移園區合作建設等模式，把傳統勞動密集型和資源密集型產業或生產環節轉移到粵東西北及中部地區。粵東西北地區主要承接對區位及交通運輸條件要求比較高，且對珠三角核心區的主導產業具有黏合效應的配套產業。

## 三、推動中小城市先進製造中心、商貿中心、物資集散中心發展

大灣區主要承接土地和勞動力成本比較低、技術含量偏低的勞動密集型產業或者以延伸市場為目的的產業，以及發展對港口等交通條件要求高的重化工業和基礎產業。中小城市可利用「產城人文」四個

要素互動融合，可以更好地促進創新發展。特色小鎮與珠三角地區原有的產業集群有很大的不同，原來的產業集群更關注製造，而在產能過剩時代，要轉型升級則要關注創新，即不僅要考慮生產製造，還要考慮產品研發、品牌樹立、產品營銷。那麼，對空間的要求就會不同。製造主導時，對服務、環境品質、人文氛圍等沒有要求；但創新主導時，要引入高智人群，他們對環境、服務就會很挑剔。同時，創新主導時，需要形成與製造主導時不同的創新鏈，包括眾創空間、孵化器、創業導師、風投、創業大賽等，那麼，特色小鎮這種小而美、專而強的空間模式就能很好地適應創新要素的集聚，值得推廣應用。同時，「互聯＋」、數據驅動、智慧應用將是未來產業發展的趨勢，中小城市產業要順應這種發展趨勢。

## 第四節 ·
# 改善城市生態環境

粵港澳大灣區經濟作為重要的濱海經濟形態，是世界一流濱海城市的顯著標誌。以紐約灣區、舊金山灣區、東京灣區等為代表的國際一流灣區經濟，以其開放包容的經濟環境、追求創新的文化氛圍、高效的資源配置、強大的集聚功能與外拓展性以及發達的國際交往網絡，發揮著引領創新、聚集輻射的核心功能，成為帶動全球經濟發展的重要增長極和引領技術變革的引領者。粵港澳大灣區目前的經濟結

構與發展水平、高科技能力、開放包容的環境、發達的金融基礎以及高度國際化水平對發展世界一流的灣區經濟形成了良好的基礎和支撐條件。但是除經濟和人文條件外，生態系統的服務與支撐能力也是灣區經濟建設的重要內容。灣區經濟的發展，需要宜居的環境和良好的生態環境做保障。

# 一、灣區面臨的生態環境問題

粵港澳大灣區包括大汕頭灣區、大紅海灣區、環大亞灣灣區、環珠江口灣區、大廣海灣區、大海陵灣區以及雷州半島，是廣東經濟發展和城市生活最為活躍的區域。但也應看到，大灣區城市群生態環境建設的挑戰依然很多，如水環境質量、農村環境治理問題以及日益突出的臭氧問題等。與其他世界級三大灣區相比，粵港澳大灣區生態環境質量還存在不小差距。以最好的大氣環境為例，二〇一五年，珠三角 PM2.5 年均濃度為三十五微克／立方米（2016 年為 32 微克／立方米），而舊金山地區約為十五微克／立方米，紐約地區約為十微克／立方米，東京地區約為十三微克／立方米。在發展過程中出現了圍海造地，導致海灣納潮量和水動力顯著降低、沉積加速、灣內淤積明顯等問題。圍海造地與過度捕撈，嚴重破壞了海洋生物的棲息地和生物的繁殖場，海洋生物群落結構受到嚴重破壞，深圳灣和珠江口的生物數量顯著下降，生態功能顯著退化。城市化快速發展，人口急遽增加，生活污水和工業廢水排放增加，水環境和水生態因此受到嚴重影響。國家海洋環境質量公報顯示，珠江口、深圳灣富營養化嚴重，氮磷超標，生態系統處於亞健康水平。黑臭的深圳灣，已經直接影響到了周圍群眾的生活。深圳灣目前的生態狀況，難以適應灣區經濟建設

的需要。

## 二、改善生態環境是灣區的重要任務之一

習近平總書記曾指出，保護生態環境就是保護生產力，改善生態環境就是發展生產力。打造世界級高水平的灣區，需要更高端水平、更高質量的環境公共產品供給。持續改善生態環境質量，不斷提升生態環境競爭力已經成為區域總體競爭力不可或缺的重要組成部分。同時，優質生態環境質量也有利於吸引創新要素集聚。進入到全面創新發展階段，高水平的創新型人才對良好的生態環境來說將是必須的。粵港澳大灣區加強生態建設和環境治理，特別是在加強區域性的大氣環境治理、跨流域水污染治理、海洋生態環境治理等領域，制定一個更長時期的生態環境總體建設規劃和出台系列專項行動計劃，統一行動，協同共治。

## 三、建立「三線」引導和管控

劃定永久基本農田，以灣區利用總體規劃劃定的基本農田為基礎，結合城市總體規劃修編，優先將集中連片、高產穩產的優質耕地固化為設施糧田、設施菜田，進行重點建設和保護。鎖定城市發展邊界，嚴格按照城市總體規劃和土地利用總體規劃執行各項空間管制，嚴格建設占用耕地審批，新增建設用地，做到不占或少占耕地。確立生態保護紅線，推進重要生態空間的土地整治和郊野單元規劃實施，建立和完善生態補償長效機制。

## 四、建設城市綠色屏障

以建設環城林帶為主,強化土地用途管制,限制城市蔓延、保障城市生態空間。發揮郊野公園和基本農田的生態功能,有效隔離集中建設區域。建設北部地區生態涵養區,建設一批「青山、碧水、藍天、綠地」的「國家森林城市」「國家環境保護模範城市」「全國生態文明建設試驗區」「全國低碳示範城市」「現代生態園林城市」。謀劃實施一批山系綠化工程、空氣潔淨工程等。

## 五、建立綠色經濟發展長效機制

制定政策從末端控制轉向源頭控制。政府要給予企業、科研院所研發補貼,鼓勵研發主體從事節能環保技術的研究和開發。進一步強化政產學研體制在推動節能環保技術研發上的積極作用。採用多種政策手段推廣節能環保技術的應用。激勵企業採用綠色技術,生產綠色產品,採用清潔工藝,實施工廠園林化工程,利用綠色技術全面改造一、二、三產業,從源頭上扭轉生態污染。加強節能環保技術的國際合作,通過「走出去」和「引進來」,建立中外合作的協同創新機構,加快綠色經濟的發展。

## 六、強化節能環保等市場准入標準

制定相關的行業准入標準。借鑑發達國家的標準和相關措施,適應目前的發展階段並穩妥地推進和提高現有准入標準。加強對行業准入標準的執行力度。一方面,對未能達到准入標準的企業堅決不予進

入市場；另一方面，對尚未達到行業准入標準的原有企業進行限期整改，乃至責令退出市場。依據行業准入標準，「招商選資」。將一批經濟效益好、環境污染少的外資項目引進。避免引進高耗能、高污染的外資項目。

## 七、創新政府在生態文明建設中的管理職能

完善發展成果考核評價體系，糾正單純以經濟增長速度評定政績的偏向，加大資源消耗、環境損害、生態效益等指標的權重。進一步優化「公共產品」的提供，強化政府的基礎性作用。

第五節 ·
# 促進區域協同發展

## 一、推動灣區功能轉移動力機制

一是優化區域空間布局，借鑑京津冀區域一體化過程中北京城市功能轉移和疏解經驗，強化江門、湛江、茂名、汕頭、河源等城市在區域發展和公共服務中的承接支撐作用，打造一批製造業中心、宜居中心、健康經濟中心等。二是解決人員通勤問題，統一高速鐵路、郊區鐵路和地鐵的技術標準，提高城際之間換乘的便捷度，疏散人口，

使人口向中小城市集中。三是共享社會服務體系，鼓勵發展珠三角區域高等教育機構、醫療服務集團的跨區域合作，提高外圍城市的教育功能、醫療功能等公共服務水平。

## 二、加強區域基礎設施一體化建設

推進珠三角能源建設項目的合作開發，鼓勵煤炭、天然氣等能源的區際產銷合作，實現區域內資源優勢與市場需求結合；加快構建適應區域合作發展要求的綜合交通網絡，「十三五」期間重點加快沿海大通道建設，努力實現建設、收費、管理、利益的分享。

## 三、建立區域信息交流和共享機制

建設統一的灣區綜合信息交流平臺，建立穩定通暢的信息溝通渠道，實現灣區各領域信息互通共享、業務互動協作以及聯合監管。建設政府和各類非政府組織多樣的分類信息平臺，真正實現區域內信息共享。加快推進區域 CA 認證、電子口岸等共性信息網絡的互聯互通，系統的協同開發，數據的共享共用。

## 四、發揮特大城市輻射帶動作用

充分發揮廣州、深圳、香港等特大城市的輻射帶動作用，建設世界級城市群，帶動粵東、粵西、粵北地區發展，構成以大城市為引領，以中小城市為依託，以重要節點城市和小城鎮為支撐的新型城鎮化體系。

# 第五章

# 粵港澳大灣區
# 空間布局

建設珠三角地區世界級城市群，須提升沿海岸帶和珠江都市連綿帶整體發展能級，提高重要節點城市區域競爭力和影響力，加快灣區一體化進程，大力推進沿海拓展帶，加快汕頭、湛江、茂名發展，大力推進珠江城市連綿帶發展，打造新的經濟增長點，構建結構科學、集約高效的城鎮發展格局。

第一節 ·
# 空間結構

## 一、珠三角世界級城市群

珠三角世界級城市群包括廣州、香港、深圳、澳門、珠海、佛山、東莞、中山、江門、惠州等城市。以廣州、香港、深圳等特大城市為龍頭，特大城市在構建世界級城市群中發揮主導、引領作用。廣州市要大力提升核心城市的服務和管理水平，重點發展商貿、服務、文化、科技等現代產業，建成具有國際競爭力的商貿流通中心、科技研發中心和現代服務中心。深圳重點發展金融商貿、高端技術、高端服務業等，建設現代化世界一流城市。香港重點打造國際金融、航運、貿易三大中心，輻射帶動其他城市協調發展。

# 二、灣區半島群

灣區半島群以沿海岸城市連綿帶為基礎，包括「六灣區一半島」，即大汕頭灣區、大紅海灣區、環大亞灣灣區、環珠江口灣區、大廣海灣區、大海陵灣區以及雷州半島，構建跨行政區域的海洋經濟發展新格局。

灣區半島群主要涉及環大亞灣灣、環珠江口灣和大廣海灣三大灣區，包括廣州、深圳、珠海、佛山、惠州、東莞、中山、江門、香港和澳門，在灣區內形成「4＋4＋2」格局：深圳、珠海、惠州、江門四個沿海城市直面海洋，有較長的海岸線，作為沿海區；廣州、佛山、東莞、中山四個距離海岸一百千米以內的城市，作為近海區；香港、澳門二個特別行政區，作為國際窗口。

## （一）環珠江口灣區

環珠江口灣區重點打造珠三角世界級城市群，作為沿海經濟帶發展中心區和主引擎，重點發揮輻射帶動作用，引領沿海經濟帶整體發展。以廣州、深圳雙核為龍頭，充分發揮廣州國家中心城市引領作用，全面增強國際航運、航空、科技創新樞紐和國際商貿中心功能，著力建設全球城市；充分發揮深圳作為經濟特區、全國經濟中心城市和國家創新型城市的引領作用，加快建成現代化、國際化、創新型城市。更好地發揮重要節點城市的作用，強化城市間創新合作和城市功能互補，攜手港澳共同打造粵港澳大灣區城市群。以全面創新為引領，以自由貿易試驗區、國家自主創新示範區、國家級高新區、國家級經濟技術開發區等重大區域發展平臺為主陣地，集聚整合高端要素

資源，強化全球重要現代產業基地地位，加快構建開放型區域創新體系和高端高質高新現代產業體系，打造成為高端功能集聚的核心發展區域。全面強化沿海經濟帶發展中樞的功能支撐和綜合服務能力，輻射帶動粵東西北和內陸腹地協同發展。

## （二）環大亞灣灣區

環大亞灣灣區陸域涉及深圳、惠州二市，主要由大亞灣、大鵬灣和大鵬半島共同組成。重點建設惠州能源工業基地、大亞灣石化工業區、惠州港口物流基地、深圳鹽田港物流基地，以大小梅沙、巽寮灣為中心，推動稔平半島濱海旅遊區和大鵬半島旅遊區差異化發展高品質濱海旅游、生態旅遊和海島旅遊。

## （三）大廣海灣區

大廣海灣區陸域涉及江門市，由黃茅海、廣海灣、鎮海灣和上下川群島等共同組成。重點建設大廣海灣國家級新區，建設銅鼓自由貿易港和「香港飛地」、粵澳（江門）產業合作示範區、珠西化工集聚區、台山工業新城、廣海灣工業新城及銀湖灣濱海新城等，發展上下川島旅遊區、浪琴灣旅遊區和黃茅海養殖區、廣海灣海水增殖養殖區等。

## （四）大汕頭灣區

大汕頭灣區陸域涉及汕頭、潮州、揭陽三市，由韓江和榕江出海口形成的沖積平原及南澳島共同組成，包括柘林灣、海門灣、神泉港

等三個相互連接的海（港）灣。科學有序地推進汕頭海灣新區、潮州新區、揭陽新區和揭陽副中心的發展和建設，加快推進汕頭華僑經濟文化試驗區、臨港經濟區、潮州臨港工業區、揭陽空港經濟區、大南海石化基地等重大發展平臺的建設，大力發展柘林灣、金海灣、龍虎灘、南澳島、西澳島等濱海旅遊業，加強南澎列島海洋生態保護。

### （五）大紅海灣區

大紅海灣區陸域涉及汕尾市，由碣石灣和紅海灣兩個海（港）灣共同組成，是珠三角和粵東地區的主要通道，也是承接珠三角產業轉移的重要區域。重點建設深汕特別合作區、汕尾中心城區、汕尾臨海能源工業基地、馬宮海洋科技產業園等，加快發展碣石灣海洋生態旅遊區等。

### （六）大海陵灣區

大海陵灣區陸域涉及陽江、茂名二市，由北津港、海陵灣、沙扒港、博賀港、水東灣、海陵島及附近其他島嶼共同組成，是珠三角與粵西地區的重要通道。重點建設陽江中心城區和臨港工業區、陽江能源基地、陽東濱海工業區、茂名臨港工業區、博賀新港區、茂名濱海新城，重點開發海陵島、沙扒、浪漫海岸、放雞島等旅遊區。

### （七）雷州半島

雷州半島陸域涉及湛江市，由雷州半島及其周邊島群共同組成。依託深水良港，重點建設湛江物流港口基地、東海島化工及鋼鐵工業

基地、雷州半島能源基地等，加快開發「五島一灣」、雷州半島西側安鋪港—徐聞等海洋休閒旅遊區。

## 三、粵東振興區

　　粵東振興區包括汕頭市、潮州市、揭陽市、汕尾市等四個地級市。粵東地區依託大汕頭灣區建設「21 世紀海上絲綢之路」的重要門戶和國家通僑聯僑的重要樞紐，打造連接珠三角、海峽西岸經濟區和長三角地區的重要紐帶。加快推進汕潮揭同城化發展，強化與珠三角地區尤其是珠江口東岸各市的對接合作，積極參與海西經濟區建設，打造粵港澳大灣區輻射延伸區；充分發揮交通基礎設施的先導作用，圍繞汕頭港、高鐵潮汕站、揭陽潮汕機場三大交通樞紐，建設高水平的臨港經濟區、高鐵經濟帶和空港經濟區，加快建設出省大通道，打通江西、福建等發展腹地，打造國家海洋產業集聚區、臨港工業基地和世界潮人之都。重點發展現代產業體系，以汕頭、汕尾、潮州、揭陽為依託，主動對接珠三角地區，全面參與海峽西岸城市群發展建設，重點推進粵閩在海洋裝備製造、海洋生物醫藥、現代海洋漁業、濱海旅遊等領域合作，共建海西經濟圈和「21 世紀海上絲綢之路」支點。建設梅興華豐產業聚集帶，提高自主創新能力；統籌公路、鐵路、航空和水路等基礎設施建設，構建快速、便捷的交通網絡；保護生態環境，建設廣東綠色產業發展基地和文化高地；加強社會事業建設，大幅度提高人民生活水平，建設好華僑經濟文化合作試驗區、梅州旅遊特色市和世界客都，建設梅州綜合保稅區和高新技術產業園區，使梅州綜合經濟實力邁上新台階，成為廣東經濟發展的重要增長極。東極以汕頭為中心，西極以湛江為中心。

## 四、粵西振興區

　　粵西振興區包括湛江、茂名、陽江、雲浮四個地級市，構建以湛江為中心的北部灣城市群，打造「21世紀海上絲綢之路」試驗區。推進湛茂一體化發展，強化與珠三角地區尤其是珠江口西岸各市的對接合作，全面參與北部灣城市群建設；充分發揮湛江港作為西南地區出海大通道的作用，加快形成陸海雙向交通大通道，積極拓展大西南腹地，打造臨港世界級重化工業基地、臨港裝備製造基地和全省海洋經濟發展重要增長極。重點加強基礎設施建設，促進綜合交通運輸網絡突破性進展，加強石油化工、鋼鐵、漿紙、冶金、裝備製造業和戰略性新興產業發展，重點實施重大工業產業項目達產增效計劃、傳統產業轉型升級計劃、現代服務業提速計劃、高新技術倍增計劃、藍色海洋綜合開發計劃，積極推進產業園擴能增效和城市提質升級，實現追趕進位、跨越式發展。陽江加快深茂鐵路等交通大通道和陽江港建設，依託海陵島經濟開發試驗區、高新區等重大發展平臺，集約發展新能源裝備、不鏽鋼、汽車零部件等高端臨港工業，建設沿海臨港工業重要基地，打造珠江西岸產業轉移主承接區。以湛江、茂名、陽江為依託，全面參與北部灣城市群、瓊州海峽經濟帶發展建設，重點推進粵桂瓊在培育高端裝備製造產業集群、冶金石化產業集群、旅遊產業集群、特色農海產品加工集群等領域深度合作，充分發揮湛江港作為西南地區出海大通道的作用，增強對北部灣地區的服務功能，共同打造粵桂瓊濱海旅遊「金三角」，建設國際休閒度假旅遊目的地。

## 五、粵北振興區

粵北振興區包括韶關市、清遠市等，發揮粵北地處粵、贛、湘、桂四省（區）的結合部區位優勢，建立毗鄰省區間發展規劃銜接機制，推動與周邊地區良性互動，積極承接國內外產業轉移，改造提升現有產業園區，加快推進新型工業化戰略實施，建設裝備製造和綠色農產品生產和加工基地。實現集聚發展。加強區域合作，著力打造南融珠江三角洲地區、北聯內地、東承海峽西岸經濟區、西接北部灣經濟區的紐帶。積極培育韶關都市區，壯大各級中心城市，將韶關、梅州、河源、清遠、雲浮等地級市中心城區建設成為區域新的增長極。支持韶關芙蓉新城、河源濱江新城、梅州江南新區、清遠燕湖新城、雲浮西江新城以及順德清遠（英德）經濟合作區建設，配套完善縣城、中心鎮公共服務設施，提升其對產業和人口的吸引力與承載力，促進粵北地區城鎮集聚發展。

粵北地區依託資源和生態優勢，重點是保護和修復生態環境，保護好綠水青山。主動承接珠江三角洲及其他地區的產業轉移，建設生態產業基地，創建低碳經濟發展區。重點發展特色加工製造業，鞏固提升資源型基礎產業。有條件的地區積極發展戰略性新興產業和特色高新技術產業，大力發展高效生態農業和生態旅遊業，引導粵北地區走循環經濟發展道路，加快綠色崛起。

第二節·
# 城鎮體系

　　優化城市布局，拓展發展空間，完善城市功能，統籌推進城鄉發展。按照人口資源環境相均衡、經濟社會生態效益相統一的原則，控制開發強度，調整空間結構，促進生產空間集約高效、生活空間宜居適度、生態空間山清水秀。加強生態隔離區域建設，通過提高土地綜合開發利用水平，推動形成多層次、多中心、組團布局、緊湊集約的城鎮化空間格局。遵循城市發展客觀規律，堅持大中小城市和小城鎮協調發展，促進城鎮化和新農村建設良性互動，加強城鎮化管理，不斷提升城鎮化的質量和水平。

## 一、發揮特大城市輻射帶動作用

　　推進珠江三角洲地區一體化，聯合港澳打造世界級城市群，充分發揮廣州、香港、深圳等特大城市輻射帶動作用，全面提升城市綜合承載能力，強化產業功能和服務功能，全面提升綜合經濟實力和現代化水平。著力打造廣州南沙大灣區核心區，推進廣州開發區建設先進製造創新中心，促進科技金融產業融合發展，構建區域性新興產業發展引領區、開放型國際創新資源集聚區。在珠海、佛山、東莞、中山、江門、惠州等有條件的地區，培育壯大一批城市群，科學規劃城市群內各城市功能定位和產業布局。

## 二、大力發展中小城市

　　加強城市規劃和建設，積極發展和壯大中小城市，強化產業功能，推進產城融合、宜居宜業，吸引人口集聚，增強城市綜合承載能力。粵東西北地區地級市城區有序拓展發展空間，完善城市功能，以城區擴容提質輻射引領區域經濟轉型升級。依託粵東西北地級市城區擴容提質，培育若干一百萬以上人口規模的大城市；壯大縣域經濟，依託縣（市）城區建設若干三十萬至五十萬人口規模的中等城市；依託中心鎮在特大城市和大城市周邊打造一批衛星城。建立健全以大中城市為主導的空間發展體制機制，加強城鎮發展密集地區及城市之間的緊密合作。引導城市副中心、新城或衛星城建設，以新城或衛星城吸引產業與人口集聚，疏解城市中心區壓力，形成職住平衡、功能完善的城市組團，逐步構建多層次、多中心、網絡化布局的城市空間格局。

## 三、加快發展中小城鎮

　　加強對綜合交通樞紐站場建設和站場用地布局的統籌力度，合理布局居住、就業和消費休閒等功能區，引導城鎮重要功能區逐步向綜合交通樞紐站場周邊集聚。強化中心鎮的輻射功能，充分發揮中心鎮上接城市、下引鄉村的綜合功能。堅持分類指導、突出重點、梯度發展的原則，適度提高中心城鎮建設標準，引導和培育中心鎮成為現代小城市或衛星城、特色專業鎮，促進其轉型升級。加快推進中心城鎮人口集聚、產業集中和功能集成，積極推進市政、交通、環保、信息等基礎設施以及教育、醫療、文化、體育、商貿等公共服務設施建

設，著力增強中心城鎮綜合承載能力和宜居水平。加快產業結構調整，推動縣域經濟轉型，主動承接大中城市產業轉移，著力發展特色產業，並以合理的產業布局引導人口合理分布。加快宜居村鎮、名鎮名村的創建步伐，發掘各地資源稟賦，整合提升特色優勢，重點建設一批規劃科學合理、主導產業突出、生態環境良好、具有較大影響力與輻射帶動能力的名鎮、名村。加強對農村住宅建設的指導，推廣使用經濟、適用、節能、安全和體現地方特色的住宅設計方案，著力打造具有嶺南特色的鄉村民居。

## 第三節·
# 鄉村振興

　　按照產業興旺、生態宜居、鄉風文明、治理有效、生活富裕的總要求，建立健全城鄉融合發展體制機制和政策體系，統籌推進農村經濟建設、政治建設、文化建設、社會建設、生態文明建設和黨的建設，加快推進鄉村治理體系和治理能力現代化，加快推進農業農村現代化，走中國特色社會主義鄉村振興道路，讓農業成為有奔頭的產業，讓農民成為有吸引力的職業，讓農村成為安樂居業的美麗家園。

## 一、產業興旺

　　新農村建設必須將經濟建設、發展生產力作為中心環節，加快農

業社會化、市場化步伐，提高專業化、高效化水平，創新農業經營方式，提升綜合生產效率。落實國家糧食安全戰略，繼續加大財政對糧食主產區的投入，嚴守耕地保護紅線，穩定糧食播種面積，提高農業機械化水平。加快農業標準化和品牌化建設，建立健全農副產品質量全程可追溯制度。積極發展現代農業產業鏈，建設現代農業產業園區、農產品加工集中區和農產品市場體系。堅持家庭經營在農業中的基礎地位，積極培育新型農業經營主體，發展多種形式的規模經營，扶持建設一批示範性家庭農場。鼓勵農村發展社區股份合作、土地股份合作、專業合作、勞務合作、投資合作，引導發展農民專業合作社、聯合社，鼓勵和引導工商資本到農村發展適合企業化經營的現代種養業。推行合作式、訂單式、託管式等服務模式，培育壯大專業化服務組織。推進城鄉共建農業產學研合作平臺，組織重大農業科技攻關，加大技術集成推廣。

## 二、生態宜居

　　把農村生態文明建設擺在更加突出的位置，加快轉變農業發展方式，要構建五穀豐登、六畜興旺的綠色生態系統。完善村鎮布局規劃，分類引導村莊建設，發展規劃布點村，保護特色村，穩妥推進村莊撤並。根據村鎮人口結構現狀和變化趨勢，加強規劃引導，合理確定村莊布點和建設規模，因地制宜、布局建設基礎設施和公共服務網絡，形成適度集聚、生產便捷、生活舒適的村莊分布格局。充分尊重農民意願，明確村莊撤並、遷移標準，加強空心村整治和閒置土地利用，有效減少布局散亂、占地過多、浪費嚴重的宅基地，有序引導農民向新型農村社區集中居住，促進土地資源集約利用。突出鄉村傳統

聚落特色，合理利用地形地貌、丘陵植被、河湖水系等自然條件，延續和保護生態環境、自然景觀、傳統民居、歷史建築、古樹名木等人文景觀，促進人與自然和諧共處共生。

## 三、鄉風文明

鄉風文明建設應弘揚優秀的傳統文化和現代文化，提高村民的文化素質和精神風貌，為農村發展提供安定團結、和諧有序的文化氛圍和精神引領。加大村莊自然與文化資源保護，維護農村居住、生產、生態、文化等多種功能，因地制宜推進村莊特色化發展，激發農村發展活力，建設農民幸福生活的美好家園。自然生態型村莊應嚴格保護地形地貌的自然生態格局，構建綠色生態網絡，促進農業生產與特色旅遊互動發展；歷史文化型村莊嚴格保護古村落、古建築，深入挖掘歷史文化和地域文化特色，突出鄉村獨特的民間演藝、節慶活動等，振興傳統手工藝業，打造特色文化品牌；特色產業型村莊進一步做大做強現有優勢特色產業，突出產業鏈發展，加快培育成為中心村或小城鎮。依託區位條件、自然文化資源，培育一批以特色農業、休閒旅遊、商貿流通為主的新型村莊，完善基礎設施建設，改造村莊生活環境，促進農業、旅遊業、文化產業融合發展。

## 四、治理有效

新農村建設要求管理民主，尊重和維護人民群眾的政治權利，讓人民群眾當家做主。雖然管理民主是社會治理的有效手段，但社會治理的效果更關乎人民群眾利益。社會治理的結果，有助於促進社會公

平正義，有助於形成良好的社會秩序，有助於人民群眾擁有更加充實、更有保障、更可持續的獲得感、幸福感、安全感，對人民群眾才更具有現實意義。應推進自治、法治、德治，構建鄉村治理體系。發揮自治在健全鄉村治理體系中的核心作用，全面落實民主選舉、民主決策、民主管理、民主監督制度，堅持村民依法辦理自己的事情，發展農村基層民主，維護村民的合法權益。發揮法治在健全鄉村治理體系中的保障作用，加強農村社會治安綜合治理，依法用權，依法辦事，推動基層幹部群眾形成親法、信法、學法、用法的行為自覺，強化法律在解決農村事務和化解矛盾問題中的權威地位。發揮德治在健全鄉村治理體系中的支持作用，弘揚傳統美德，加強社會公德、職業道德、家庭美德、個人品德建設，破除封建迷信思想和陳規陋習，樹立鄉賢好人，倡導祖訓家教，激勵孝老護幼，愛黨愛國愛民，弘揚正氣正能量，剎住歪風邪氣，使農村更加和諧、安定有序。

## 五、生活富裕

不斷完善強農、惠農、富農政策體系，加快農業、就業、創業發展，促進農民收入持續較快增長。繼續推進「一村一品」工程建設，培育壯大優勢特色產業，強化農產品產銷銜接，允許農民以承包經營權入股發展農業產業化經營，增加農業經營收益。鼓勵農民自主創業、聯合創業，支持外出務工農民帶技術、帶資金回鄉創業，引導農民按需培訓、適崗提升。保障農民集體經濟組織成員權利，積極發展農民股份合作，賦予農民對集體資產股份占有、收益、有償退出及抵押、擔保、繼承權，固化農民在村裡的原有各項收益權，將集體資產折股量化到人（戶）。在試點基礎上慎重穩妥推進農民住房財產權抵

押、擔保、轉讓，拓寬農民財產性收入渠道。大力發展多種形式的村
級集體經濟，逐步建立完善以物業經營和資源開發為主的多種經營方
式，加強農村集體資金、資產、資源管理，提高集體經濟組織資產運
營管理水平。

# 第六章

# 粵港澳大灣區
# 融合發展的重點領域

第一節 ·

# 強化創新驅動

　　創新是建設粵港澳大灣區的靈魂和動力。實踐表明，粵港澳大灣區創新合作潛力巨大，但也存在一些制約創新發展的現實因素，為此，有待於找準矛盾，培育發展新動力，拓展發展新空間，主動對接國內外市場，不斷推進產業轉型和升級，形成持續發展的動力。

## 一、粵港澳科技創新合作潛力巨大

　　綜合而言，粵港澳科技創新資源和能力互補性較強。港澳與國際連繫緊密，其強勢在於科技的支持服務體系與基礎設施，以及科技市場化的運用能力。廣東省企業科技研發活躍，製造業基礎好，研發投入較大，但基礎研究、科技人才培養、高端創新平臺等方面較為薄弱。

　　其中，香港在科技人才培養、基礎研究、國際創新網絡、創新服務體系和海洋科技領域具備優勢，但高科技產業支撐不足。香港擁有一批科研能力較強的大學，國際科技合作活動頻繁，科技全球化的參與度較高，名列世界核心技術創新地區之一。香港經濟的市場化與國際化的經驗，使香港有較強的技術應用能力。同時香港具有支持科技創新的社會資源：發達的信息基礎設施、競爭性的市場環境、充沛的資金供給和完善的法律體系以及人才流動的環境，尤其是香港生產性服務的中介體系十分發達，包括信息資源、財務會計、產品信息、市

場策劃、經營管理與市場開拓等，這些都是粵港澳共同發展區域科技的重要資源。

澳門雖然經濟規模較小，科技發展遲緩，但具有廣泛的國際連繫。澳門與歐盟、葡語系國家關係密切，是引進發達國家先進技術的重要橋梁。近年來，港澳與主要貿易夥伴，如美國、歐盟、日本和新加坡之間的科技交流與合作不斷加強。這是澳門參與粵港澳科技合作促進科技發展的潛在的資源。

廣東背靠內地，具有科技研發的相對優勢，高新技術產業的規模優勢。廣東初步形成了科技市場化、產業化的機制創新，廣東省已提出建設「科技強省」的戰略。廣東有一批高科技企業作為支撐，如華為、中興、騰訊、比亞迪、金立、格力、美的、格蘭仕。

## 二、粵港澳科技創新合作亟須模式創新

目前粵港澳的區域合作主要仍以項目合作為主，而且以高校和政府間的合作項目居多。廣東在利用香港科技資源和資金方面還沒有形成優勢，而香港的科技創業人員和科技成果也欠缺有效的引導。

從高校科研項目合作的方式來看，廣東高校的人員投入比例較大，主要提供人力支持，而港澳資金和設備的投入比例較大。如中山大學與港澳醫學領域的大量合作項目中，多為橫向科技合作項目，多採取粵方研究，港澳方投入的方式。暨南大學與港澳合作的社會科學研究項目中，也都採用粵方投入人力，港澳方投入全部資金的方式；在暨南大學與港澳合作的主要自然科學和醫藥科學項目中，粵方人員

投入超過百分之八十。在廣東工業大學與港澳合作的自然科學和工程與技術科學研究項目中，粵方人員投入超過百分之八十，港方主要提供經費支持。這反映出粵港澳科研合作總體尚處於原始的項目委託合作層面。

從政府間項目合作的方式來看，主要是深圳科技主管部門和香港科技主管部門共同設立面向企業和科研機構的應用科技項目，涵蓋生物醫藥、電子信息、新能源、先進製造、民生科技等領域，項目為深港共同資助，深港企業和科研機構聯合申報。目前，深港兩地每年都資助一批「深港創新圈」專項，對解決企業急需技術突破起到了一定的促進作用。但由於經費有限，技術研發創新性有限，缺乏重大突破。

為了促進粵港澳科技創新合作，急需創新適合新形勢要求和需要的科技合作模式和途徑。例如，共建合作研究平臺，共建高科技產業園區，聯合開展科技攻關等。在合作創新的主體上，應積極推動企業間合作創新，企業是最瞭解市場需求的提供者和科技成果的最大享有者，企業應是粵港澳科技創新合作的主體。

## 三、強化創新驅動，提升核心功能

儘管粵港澳科技創新優勢明顯，然而，在全球產業與科技重構以及經濟下行的背景下，大灣區高新技術產業布局不平衡，製造業需要轉型升級、騰籠換鳥，城市發展制度、環境體系與其城市發展不盡適應，為此，適應參與新一輪產業分工、與國際接軌，亟待強化核心功能，實施一系列強化創新驅動的舉措。

## （一）強化大灣區自主創新能力

強化創新基礎支撐，提升源頭創新能力，加快關鍵技術、核心技術、前沿技術創新。瞄準世界科技前沿，聚焦未來發展，吸引全球高端創新資源和要素加快向灣區流動，在基礎性、前瞻性、戰略性等領域不斷增強源頭創新能力。要根據未來發展需要，國家布局建設重大科技基礎設施和重點實驗室、工程實驗室、工程中心等創新載體，提升科技創新支撐能力。深化與世界一流大學和頂尖科研機構的合作，推動高等院校和科研機構參與國際大科學計劃和大科學工程。支持科技領軍企業加速進入世界科技創新前沿，引導中小企業形成產業鏈模塊化創新。力爭在新一代信息通信、新材料、航空航天、生物醫藥、智能製造等領域取得核心技術突破。支持企業和科研機構、高等院校等建設產業技術創新戰略聯盟和知識聯盟，形成聯合開發、優勢互補、利益共享、風險共擔的新機制。堅持開放創新，促進國內外創新資源與深圳創新創業環境有機融合，推動更大範圍、更廣領域、更深層次區域協同創新，提升參與全球創新合作和競爭的能力。

## （二）構建大灣區產業新體系

加快建設大灣區先進裝備製造產業帶，重點發展智能製造裝備、船舶與海洋工程裝備、軌道交通、航空製造、衛星應用、精細化工、精品鋼材等先進製造業。提高大灣區產業帶綜合競爭力，做強做優沿海重化工業基地。實施加快發展現代服務業行動計劃，促進服務業優質高效發展，重點發展金融、現代物流、電子商務、商務會展、信息服務、科技服務、工業和建築設計、文化創意、服務外包、現代保險

等生產性服務業，以及健康養生、現代醫療、殘疾康復、旅遊休閒、文體娛樂等生活性服務業。強化廣州、香港、深圳中心城市高端服務功能，建設大灣區服務中心。積極發展新業態和新商業模式，優化大灣區自主創新生態體系，加快建設面向全球的創新策源地。

## （三）拓展網絡新空間

實施「互聯網＋」行動計劃，發展分享經濟，推動互聯網新理念、新模式、新技術與經濟社會各領域深度融合。擴容升級互聯網骨幹網和城域網，全面提升光纖寬帶接人能力，大力推進 4G 網絡，積極布局 5G 網絡，實現無線局域網在珠三角重要區域和公共場所全覆蓋。深入開展三網融合建設，加快建設珠三角世界級智慧城市群。深化信息技術在製造業的應用，推動生產過程智能化。支持企業建設開放式網絡創新平臺，實現集中式、大規模的個性化產品定製。打造一批互聯網創新集聚區，培養一批互聯網經濟領軍企業。積極培育物聯網新業態，推進云計算應用服務市場化，帶動服務外包等產業發展。實施大數據戰略，大力發展雲計算、智能機器人、3D 打印、可穿戴設備等新興產業，推動高端新型電子信息、生物醫藥、半導體照明（LED）、新材料、新硬件等產業成為新的支柱產業，扶持新能源、節能環保、新能源汽車等產業成為優勢產業。發展大數據公共服務，建設大灣區統一的政務數據信息資源庫和政務數據互連共享機制。加強信息安全保障，完善信息安全基礎設施，建設政務信息安全監管平臺。

## （四）改造提升傳統產業

深入實施新一輪技術改造，全面提高產品技術、工藝裝備、能效環保等水平。大力實施工業強基工程，加強質量基礎建設，開展質量品牌提升行動。加快運用信息技術改造提升傳統產業，推進工業化與信息化深度融合。推廣應用自動化、數字化、網絡化、智能化、供應鏈管理等先進製造技術裝備和管理服務。開展一批節能降耗、減排治污技術改造項目。加強產業集群共性技術攻關和創新平臺建設。運用市場機制和經濟手段化解產能過剩，完善企業退出機制。促進科技創新和產業創新聯動，瞄準世界科技前沿和產業高端，打造以戰略性新興產業和未來產業為先導、以現代服務業為支撐、以優勢傳統產業為重要組成的現代產業體系，提升產業國際競爭力。

## （五）拓展區域發展新空間

統籌推進珠三角國家自主創新示範區建設和全面創新改革試驗試點省建設。統籌推進科技、管理、品牌、組織、商業模式創新，加快形成經濟社會發展新引擎。發揮廣州全面創新改革試驗核心區和深圳創新型城市的創新引領作用，打造國際產業創新中心，深入推進「深港創新圈」建設，共同構建粵港澳合作創新大平臺。實施高新區升級行動計劃，促進高新區集聚發展和輻射帶動。依託廣州科學城、深圳大學圈、中新知識城、東莞松山湖高新技術開發區、惠州潼湖生態智慧區等創新平臺，建設珠江口東岸科技創新走廊，打造深圳亞洲創投中心。支持高欄港經濟區、中山翠亨新區、江門大廣海灣經濟區、肇慶高新區和深圳東進戰略等建設，推動珠江口西岸地區產業集聚和創

新發展。發揮粵東西北地區後發優勢，加強與先進地區產業技術合作，走有特色的創新驅動發展道路。

## （六）構築創新人才高地

把人才作為創新的第一資源，更加注重發揮企業家、科技人才和高技能人才的創新作用，更加注重強化人才激勵機制，更加注重優化人才發展環境，營造尊重知識、尊重人才的氛圍，全面激發大眾創業、萬眾創新的熱情。堅持自主培養和外部引進並舉，突出「高精尖缺」導向，加強人才載體建設，海納天下英才，建設一支規模宏大、富有創新精神、敢於承擔風險的創新型人才隊伍。營造激勵創新環境，完善鼓勵創新、支持創造、激勵創業的政策措施，降低創新創業門檻，加強知識產權保護，提升創新服務能力，構建更具活力的綜合創新生態體系。中央政府支持廣東率先試行對港澳科研機構和科技人員採取國民待遇，免徵港澳科研設備關稅和科研人員所得稅，放寬科研人員、共用設備和實驗用品的過境管理，放寬科研經費的外匯管制，加大國家重大科研項目的聯合攻關，允許港澳院校在內地獨立設立博士後工作站等，推動粵港澳大灣區打造國際科技創新中心。廣泛引進高層次海外創新人才。實施高層次創新型科技人才引進工程，引進一批優秀科技人才及團隊。落實好外來人才「廣東省居住證」制度。對經認定的外籍歸國創業人才和海外優秀人才，給予相應國民待遇。取消對外籍回國人員參與創新、享受所獲成果方面的政策限制。開闢人才引進的「綠色通道」，為海內外人才來廣東創業、工作、生活提供「一站式」綜合服務。通過粵港澳的多層次合作，藉助港澳地區語言、文化和法制教育環境等的國際化和便利化，吸引和招聘更多

外國高端科研人才、頂尖大學畢業生，對內充實科研創新力量，對外進一步開拓國際市場。

### （七）實現經濟體制改革新突破

拓展改革領域，實現經濟體制、政治體制改革新突破。充分發揮特區立法權優勢，率先在大灣區構建符合國際慣例和促進商業文明的運行規則和制度體系。打造高水平、國際化商事仲裁平臺，建立與國際接軌的民商事法制環境。分類推進國有企業改革，調整優化國有資本布局結構，完善現代企業制度和國資監管體制，發展混合所有制經濟，鼓勵國有經濟和其他所有制經濟交叉持股、相互融合。支持優質國有企業上市，試行混合所有制企業經營者和員工持股。鼓勵、支持、引導非公有制經濟發展，廢除各種形式的不合理規定和隱性壁壘，為民營經濟健康發展創造良好環境。積極開展市場准入負面清單制度改革試點。鼓勵優勢企業併購重組，培育一批具有自主品牌、競爭力強的民營骨幹企業。

第二節 ·
# 金融創新發展

廣東是我國最早實行改革開放政策、經濟最發達的省分之一；香港經濟發達，是國際金融、航運中心；澳門雖然面積較小，人口不

多，但回歸後社會穩定，經濟發展迅速。近年來，隨著粵港澳金融合作的不斷強化，一方面，區域合作優勢明顯，另一方面，合作問題也很突出，特別是在金融市場快速發展的背景下，大灣區的金融發展還面臨著諸多困難，亟待通過金融創新體系的完善予以應對。

# 一、粵港澳合作的相對優勢

## （一）廣東省相對優勢

廣東省由於聚集了大量製造業，擁有龐大的技術市場，能吸收國內科技人才。技術實力強勁，地大物博，廣東居全國第三位。其中專利批准數和高新技術產品產值均居全國首位。綜合科技實力雄厚，土地資源豐富，其中毗鄰港澳的廣東擁有相對廉價的土地與勞動力資源。粵港澳的製造業主要集中在廣東。因此，從市場定位來講，港澳科技應首先瞄準廣東的市場。

## （二）澳門相對優勢

澳門是國際自由港和低稅率地區，在吸引投資和商貿方面有較優越的條件。澳門有獨特的發達的旅遊博彩業，可為地區財政收益提供保障，使政府能夠維持低稅率制度，為投資者提供優惠的稅務環境。澳門回歸祖國後，成為實行高度自治的特別行政區，特別行政區政府在行政、立法、司法、經濟、貿易事務方面享有高度的自主管理權，可以自行制定和實施經濟貿易法律政策和措施。澳門與海外市場，尤其是與歐盟和葡語地區關係密切，並享受歐盟和美國市場給予的關稅

和配額優惠。澳台直航後，澳門又有與台商連繫方便的優勢。特別在澳門回歸後，中央政府和內地其他地區對澳門的經濟發展提供更多支持和保障。

### （三）港澳相對優勢

港澳地區商貿服務與管理水平較高。儘管港澳的製造業已大量遷移廣東，但貿易服務與企業管理中心仍保留在港澳，港澳具有先進的國際銷售網絡，管理與服務的水平在繼續提高。港澳作為自由港與國際性城市，國際人才進出自由，信息靈通，更容易集中力量從事科研成果的產業化、商品化的轉化工作。港澳是世界金融中心之一，是歐美的資本投資中國的中轉站。資金雄厚，能為產業升級轉型提供必須的充足的資金。港澳還是世界貿易中心之一，在第三產業方面，在培養適應國際經濟競爭人才方面，以及開發利用人才資源方面有著豐富的經驗。

## 三、粵港澳區域經濟合作的基本思路及存在問題

### （一）基本思路

新時期，粵港澳區域經濟合作的基本思路應是在「一國兩制」的前提下，根據粵港澳經濟轉型和產業升級以及發展高新技術產業和高附加值產品的需要，按照優勢互補、互利互惠、市場導向、政府引導、立足當前、兼顧長遠、瞄準市場、重點突破的原則，各自發揮相對優勢，共同推進科技及高新技術產業，並以此賦予金融、商貿、運

輸、教育等方面合作的新精神和新內容，為粵港澳經濟社會的共同繁榮和發展做貢獻。從戰略上看，粵港澳的區域合作首先是各自相對獨立地發展具有相對優勢的產業，形成互補的產業結構，在此基礎上加強該區域的產業配合，在某些具體的領域或項目上可選擇聯合舉辦的形式共同發展。粵港澳經濟合作關係的建立，首先得益於良好的地理條件和人文關係。從地理關係來看，廣東是我國唯一與香港、澳門陸路相通的省份，具有其他地區無可比擬的優勢。早在十幾年前，就有不少學者認為，就地理位置、海岸地貌、天氣、植被及地質而言，港澳與珠江三角洲屬於同一體系，是一個整體，同是南中國門戶的重要組成部分。從人文關係看，粵港澳同處於一個地理單元內，世世代代密切往來，具有相同的歷史和傳統風俗習慣，只是到了近代，才處在不同的政治、經濟、文化發展模式中。廣東與港澳地區在經濟發展上各有優勢。廣東的優勢在於勞動力資源豐富，工資成本低；土地資源豐富，使用費用低；農業和礦產資源豐富，容易開發利用；有廣闊的市場，投資領域寬廣。而港澳地區則具有資金充裕，技術水平較高，經驗豐富和市場、投資領域寬廣等優勢。因此，開展粵港澳經濟合作可以實現優勢互補，達到共同發展和繁榮的目的。香港、澳門的回歸祖國，內地的進一步改革開放，為粵港澳的空間結合奠定了政治基礎。原有的歷史、文化和地理基礎，在新的政治經濟形勢下，更有利於區域經濟一體化的發展。如今，粵港澳的互相促進、共同繁榮的共存關係已十分明顯。

粵港澳區域經濟經過近年的合作與發展，充分發揮人緣、地緣優勢，取得了豐碩的成果。粵港澳經濟合作，以香港製造業大舉內遷廣東為特徵，以廣東發展勞動密集型產業、港澳迅速發展第三產業為核

心，香港主要發展金融、貿易、運輸以及製造業的管理部分，為促進製造業發展進行配套服務，澳門則發展旅遊與博彩業。粵港澳各有特色的發展與合作，使得區域經濟與基礎設施獲得較快發展。但這種合作模式發展至今已難以適應新的經濟形勢，當前國內外經濟環境的變化迫切要求粵港澳區域經濟合作以發展科技和高新技術產業來帶動相關產業升級轉型，增強產品的市場競爭力。

港澳經濟與廣東經濟唇齒相依，把粵港澳經濟作為一個整體來看，都必須提升產業層次，才能在新的環境中具有較強的競爭力。粵港澳的合作必須具有新的精神、新的內容。粵港澳只有各自發揮相對優勢，在科技與高新技術的引領下帶動相關經濟的發展，提高產業層次，促進產業升級轉型，才能真正實現進一步推動粵港澳區域經濟合作向更高層次的發展。

## （二）存在問題

首先，粵港澳區域合作層次不高。粵港澳區域的產業合作以港澳輕型、勞動密集型加工製造業大舉內遷廣東為主，企業規模偏小，產品技術含量低，以出口為導向，對國際市場的依存度較高；港澳則相對出現產業空心化。其次，粵港澳區域合作領域不廣。從行業看，目前合作主要集中於製造業、貿易、旅遊等方面，外商在商業零售、物資供銷、金融、科技、信息和法律等方面仍然受到限制；從地域看，目前應把珠江三角洲與港澳的緊密合作，迅速向東西兩翼和廣大山區推進。此外，過去比較注重與香港的合作，而與澳門的合作還沒有充分展開，使澳門進入歐洲市場、拓展廣東外貿的潛力還沒有充分發

揮。

　　粵港澳經貿合作是在經濟利益驅動下，通過優勢互補、互惠互利展開的。隨著粵港澳區域經濟實力的增長，在各自的經濟發展過程中，特別是在大型基礎設施建設上，未能妥善處理好合作與競爭的關係。資源配置不盡合理，造成不必要的重複建設。因此，迫切需要粵港澳政府對涉及粵港澳區域經濟發展的重大問題進行有效協調。另外，儘管廣東事實上已成為港澳貿易加工生產基地，但澳方重視不夠。

　　港澳作為自由港，市場經濟制度較成熟，市場規律作用發揮較充分。而廣東的市場經濟體制尚未健全，市場體系和機制也不完善，特別是某些領域的改革，如金融、口岸、企業管理和投融資管理等，更未能適應與港澳和國際接軌的需要。由此造成了彼此運行機制不協調，在一定程度上削弱了粵港澳區域的發展優勢和參與國際競爭的合力。另外，廣東某些「軟環境」仍影響投資者信心。如有的地方政府和部門辦事效率不高、政出多門，「三亂」屢治不止；缺乏對「三資」企業的有效管理，企業通過「假虧」轉移利潤及邊境走私現象還不時發生。部分地區社會治安惡化影響了外商投資信心。

## 三、加快金融創新體系發展

　　近年來，大灣區金融機構互設步伐加快，金融服務功能明顯增強，金融市場能級不斷提高，金融市場合作和對接不斷深入，促進投融資業務便利化，金融基礎設施實現互聯互通取得明顯成效。但同時存在金融地位有待提升，自身發展基礎實力尚待提高；區域發展不均

衡，金融資源配置能力不足、運用效率不高；金融市場體系不健全，金融服務功能尚需完善；粵港澳金融合作不夠緊密，風險防範壓力較大等多重挑戰。有鑒於此，加快金融創新體系發展，十分必要。

## （一）大力發展金融新業態

創新金融新業態是大灣區發展的重中之重。鞏固好、發揮好、發展好香港國際金融中心的特殊作用，明確各自定位，錯位發展，綠色發展，探索新常態下金融業有突破性進展，建設全球重要的金融中心。建立完善「互聯網＋」金融產業生態鏈，推進金融新業態集聚發展，建設金融新業態產業園。規範發展互聯網金融、供應鏈金融、科技金融、電商金融、消費金融等金融新業態，著力打造大灣區金融業新增長點。支持金融新業態企業通過上市、新三板掛牌等方式，融資擴大資本規模和競爭力，加快培育金融新業態龍頭企業。引導傳統金融機構加快互聯網金融創新，利用互聯網、雲計算、移動通訊、大數據等技術推動金融產品創新和轉型升級。積極配合人民幣國際化戰略，依託毗鄰香港國際金融中心的區位優勢，進一步打通本外幣、境內外、在岸離岸市場的對接合作路徑，持續拓寬跨境資金融通渠道，完善跨境資產交易機制，構建跨境人民幣資產市場。支持銀行、證券、保險等金融機構順應利率匯率市場化趨勢，創新金融工具和服務，完善金融資產定價機制，加快業務轉型發展。支持銀行業開展知識產權質押貸款、股權質押貸款等新型信貸業務，積極探索投貸聯動等新型融資模式，創新提高信貸融資服務功能。創新發展多層次金融市場，促進金融資源優化配置流轉。

## （二）大力發展專業金融

　　積極推動產業金融、民生金融、財富管理、私募金融、綠色金融、普惠金融等專業金融領域加快發展，促進產融結合與共生發展，增強對產業發展和民生服務的金融支持力度，建設更具輻射服務能力的產融結合示範區。加強大型企業集團財務公司、租賃公司、消費金融公司等非銀行法律機構的培育和發展，建設大灣區總部基地。積極吸引商業銀行的區域總部、財富管理中心、產品創新中心、信用卡中心等落戶大灣區。鼓勵國內外銀行機構在大灣區設立分支機構、專業支行等專業化機構網點，提高金融服務效率和效益。鼓勵金融機構提升自身職能定位，創新服務方式，多渠道開闢和增加長期低成本資金來源。探索在灣區設立深圳保險資產交易所、跨境金融資產交易平臺、國際產權交易中心、股權交易中心。支持前海建立國家保險創新中心，南沙建立國家金融後台服務中心。引導和鼓勵銀行發展境外業務，為企業走出去和參與「一帶一路」建設提供良好的金融服務。引導金融機構通過優化自身信貸結構，加大對走出去企業的信貸支持力度。支持符合條件的境內金融機構和企業在境外發行人民幣債券和外幣債券。大力發展普惠金融，積極支持各類金融機構與互聯網企業開展合作，依法依規發展網絡銀行、網絡保險、網絡證券、互聯網支付機構、網絡借貸平臺、股權眾籌融資平臺、網絡金融產品銷售平臺等互聯網金融機構創新產品和服務。鼓勵支持銀行、證券、保險等傳統金融機構，創新服務模式和產品，支持實體經濟發展。鼓勵多種機構、多種業態的微型金融組織發展，促進金融業與其他產業融合發展。深化國際金融合作，拓寬金融合作領域，進一步擴大與周邊國家雙邊本幣互換規模和範圍，完善人民幣跨境清算安排，促進人民幣離

岸市場發展。鼓勵境內機構和個人使用人民幣對外直接投資。

## （三）建設國際一流金融聚集區

大力優化金融空間布局，建設國際一流金融集聚區，積極構建特色金融功能區，建設公共信息信用平臺，完善金融相關中介服務，支持法人機構做大做強，營造優良金融生態環境，促進金融產業要素資源加速集聚和優化配置。借鑑紐約華爾街、倫敦金融城等國際先進金融聚集區的發展經驗，優化金融空間布局，高標準建設國際一流金融聚集區，大幅度提升金融業綜合承載能力，拓展金融業發展空間，推進金融產業集聚發展。以福田中心區及益田路兩側金融富集資源為基礎，高標準打造深圳金融街和金融核心商務區。規劃建設深圳、廣州CBD 國際金融總部生態區，打造高端金融服務、財富管理集聚地，進一步引進國內外金融機構總部、區域總部和業務營運總部。支持國內外有影響力的金融機構在大灣區設立投資管理、產品研發機構進駐深圳金融街。在深圳金融街設立國際金融創新中心，不斷滿足金融發展的多種功能需求，打造大灣區金融新名片和新地標。發揮大灣區科技企業集聚優勢，增強科技金融功能，發展股權投資、商業保理、融資租賃等創新型金融業態，推動科技園金融集聚建設。積極支持民間資本、國有資本、外商資本等各類社會資本進入金融行業，支持按規定發起或參與設立的自擔風險民營銀行、金融租賃公司、消費金融公司等，鼓勵參與傳統金融機構改革，支持民營金融機構通過境內外上市做優做強，著力培育一批新興金融領軍企業。支持設立中小企業專營融資服務機構，引導小額貸款公司等規範發展，建立健全法人治理機制和風險管理體系。支持大型民營企業、上市公司、高淨值個人、

資深金融從業者等。發起成立私募投資基金或基金管理機構,提升民營金融在資產管理行業中的比重和地位。支持社會資本發起設立有特色、專業化的融資擔保企業,引導有條件的區域投資設立政策性融資擔保和再擔保機構。支持國有資本參與金融業改革試點,圍繞產業鏈、價值鏈參與發起設立金融公司等。支持各類金融要素市場跨區域發展,規範發展各類交易中介機構,推動金融及要素資產跨城市、跨區域配置。建立區域金融交流合作機制,支持灣區的各類金融機構和金融要素市場在「長三角」、中西部等地區設立分支機構,提高輻射影響力和外溢發展能力。

## (四)強化金融智力人才支撐

實施以人才強灣區戰略,完善金融人才服務政策體系,優化金融人力資源配置,加大高層次、創新型、國際化金融人才的開發、引進和培養力度,加強金融專業研究機構和智庫建設,把深圳建設成為全國性金融人才中心,為全市金融改革創新和金融中心建設提供有效智力支撐。推動建立大灣區金融智庫基地,優化金融人力資源配置,加大高層次、創新型、國際化金融人才的開發引進和培養力度,加強金融專業研究機構、研發中心建設,把大灣區建設成為全國性金融人才中心,為金融創新發展提供智力支撐。聯合金融監管部門和金融機構共同打造集金融科研、學術交流、人才培訓為一體的金融人才培訓基地。支持金融機構,創新金融人才引進方式,大力引進海內外高端金融人才和緊缺金融人才。創新人才評價、流動激勵機制,促進金融機構建立健全收入與業績合理掛鉤、科學體現人才價值和貢獻的薪酬分配體系,充分調動金融人才的積極性和創造活力。支持中山大學、華

南理工大學、暨南大學等高校進一步加強金融學科建設、理論研究創新和開展高端金融人才教育培訓工作。加強粵港澳合作辦學，共建橫琴國際金融大學。推進金融機構與高等學校深度合作，開展金融產業高端人才培訓，共建重點實驗室、工程技術研究開發中心，打造金融產學研一體化平臺。大力支持廣東各高校和科研機構與港澳大學和科研機構開展合作辦學以及金融理論研究。

## （五）加強粵港澳金融深度合作

進一步鞏固好、發揮好、發展好香港國際金融中心地位，發揮粵港澳各自金融優勢，明確各自定位，探索經濟新常態下粵港澳金融業的良性互動發展，全方位深化粵港澳在金融業務、機構、人才等領域的合作，加強粵港澳在跨境金融業務創新、金融產品互認買賣和金融從業資格互認，以及「深港通」、保險市場互聯互通等領域合作，在本外幣、境內外、在岸、離岸市場之間加強對接合作，支持粵港澳金融業融合發展。進一步提升粵港澳金融合作層次，在重要領域和關鍵環節改革取得突破。研究建設深圳在岸人民幣數據中心與香港離岸人民幣中心緊密結合、後台業務與前台業務有效銜接，實現香港與深圳金融業創新發展、錯位發展、綠色發展。發揮區域金融優勢，打造國家金融後台服務中心。支持前海率先在金融綜合化經營、利率匯率市場化、人民幣資產交易試點、人民幣國際化和資本項目下可兌換等領域和關鍵環節先行先試。全面深化粵港澳金融更緊密合作，在 CEPA 框架下不斷推進金融合作先行先試。建立粵港澳更加緊密的協同推進金融合作工作新機制。支持符合條件的港澳資金融機構在灣區設立法人機構、分支機構和後台服務機構，參與發起設立新型金融機構（組

織），參股地方法人銀行改革。支持香港和內地的證券公司合作在灣區設立證券投資諮詢公司。鼓勵香港保險代理機構在灣區設立獨資或合資公司。支持粵港澳金融機構合作為跨境重大基礎設施建設提供銀團貸款、保險等綜合金融服務。支持港澳資企業在境內資本市場直接融資。深化保險合作，為跨境出險客戶提供查勘、救援、理賠等保險服務。加強粵港澳創業投資、租賃融資和產業投資基金等合作。支持深圳證券交易所和香港聯合證券交易所加強合作，支持符合條件的企業在深港兩地創業板市場跨境上市。研究設立粵港合作建設期貨交易所。

## （六）創新「一帶一路」投融資體系

在我國資本市場和貨幣市場進一步開放的背景下，藉助人民幣國際化和利率市場化改革的有利契機，通過聯合開發跨境融資工具、跨境金融、離岸金融等多種方式，支持銀行業金融機構通過併購貸款、股權投資、項目投資、產業基金、金融租賃、銀團貸款、買方信貸等多種手段，與沿線國家金融體系、跨境金融監管等方面深度融合，服務我國企業「走出去」和「一帶一路」重點項目建設。支持保險機構發展海外投資保險、海外租賃保險業務，為企業海外投資、產品技術輸出、重大工程建設提供綜合保險服務。以建設中國東盟自由貿易區為契機，深化灣區與東盟金融交流合作。充分發揮粵西地區在與東盟金融合作的「橋頭堡」作用，建立資金融通、交流和協調機制，建立健全大灣區—東盟區域支付結算體系，加快推進與東盟各國跨境人民幣結算試點。支持灣區金融機構延伸在東盟地區金融服務鏈條，加強與東盟金融機構在結算、信貸、擔保、諮詢等方面的合作，為經貿往

來提供便利的金融服務。建立大灣區融合發展資金保障機制,設立粵港澳大灣區融合發展產業基金。

第三節 ·
# 加強基礎設施互聯互通

近年來,粵港澳產業深度融合,高新技術產業和現代服務業蓬勃發展,進入了協同發展新階段。加快粵港澳大灣區融合發展,交通支撐能力建設至關重要。為此,有必要在對交通航運發展現狀與問題進行研究的基礎上,根據粵港澳大灣區融合發展對綜合交通的要求,提出下一步的發展思路、重點和對策建議。

## 一、發展現狀

### (一)航空運輸

粵港澳大灣區現有廣州白雲國際機場、深圳寶安國際機場、珠海金灣國際機場、香港國際機場、澳門國際機場等五個大型民用機場,珠海九州、深圳南頭二個直升機場以及若干軍民合用和軍用機場,擁有世界上客貨吞吐能力最大的空港群。其中廣州白雲國際機場為全國三大樞紐機場之一,深圳寶安國際機場為大型骨幹機場。本區域是國內航空運輸最繁忙的地區之一,不僅是京廣和滬廣航路的匯聚點,而

且是連接港澳和內地的重要空中交通樞紐。該區域內民航飛行主要由廣州、香港管制部門及珠海進近管制中心提供空中交通管制服務。

## （二）水路運輸

本區域已經形成以廣州港、深圳港、珠海港為主要港口，惠州港、虎門港、中山港、江門港為重要港口的分層次港口發展格局，主要港口出海航道均能滿足五萬噸級船舶通航。形成千噸級內河骨幹航道網絡。截至二〇一五年年底，在海運方面，全省港口與國外港口結為友好港口五十一對，共開通國際集裝箱班輪航線二八六條，國際航線基本覆蓋全球大部分國家。截止到二〇一五年，廣東省港口貨物年通過能力達到十六億噸，位居全國第二，其中集裝箱年通過能力達到五千五百萬 TEU，位居全國第一。

## （三）陸路運輸

1. 鐵路運輸。一九九六年京九鐵路正式開通，二〇〇七年深圳福田口岸及香港落馬洲鐵路支線開通，二〇一一年貫穿華北、華中、華南與香港的高速鐵路客運專線最南端——廣深港高速鐵路客運專線廣深段正式開通，預計全線通車後，香港到廣州將縮減至四十分鐘，將顯著改善粵港連繫。依託黎湛、京廣、京九、沿海等橫穿東西、縱貫南北的鐵路大通道，本區域可以通過國家鐵路網並經中部地區、西北地區和歐亞大陸橋的鐵路相連接，貨物可以直達歐洲，目前已經開通粵滿歐、粵新歐等多趟貨運班列。同時，粵港澳大灣區通過湘桂鐵路可以到達越南，隨著廣東到湛江、南寧鐵路建設，與東盟直接的鐵路運輸能力得到增強。在軌道交通方面，連接粵澳的廣珠城際軌道規劃

在橫琴島下灣站興建直通澳門路氹的接軌支線，以便將來廣珠城際軌道連接澳門輕軌，形成連接廣州、橫琴與澳門的快速客運網絡。

2. 公路運輸。截至二〇一五年年底，廣東省高速公路通車里程達到七〇一八千米，位居全國第一，公路通車總里程達 21.6 萬千米，公路密度為 121.4 千米／百平方千米，全省幹線公路網絡不斷完善。從粵港之間的公路連繫看，粵港之間陸路跨界通道交通流量年均增長率約 5%，為應對交通流量的不斷增長，先後修建了廣深高速、廣深沿江高速等多條公路，深港第六條公路跨境口岸深港東部通道將於二〇一八年完成。連接粵港澳的港珠澳大橋主體橋梁於二〇一六年九月二十七日正式貫通，大橋開通後對於加強珠三角西部地區與香港的連繫將起重要促進作用。可以說，粵港澳的陸路交通已經四通八達，對於促進粵港澳的人流、物流從而推動該區域更緊密合作極為有利。

## 三、存在問題

### （一）缺少統籌規劃

儘管粵港澳大灣區內部的社會經濟連繫日益緊密，一體化進程不斷推進，但由於整個大灣區分屬不同的行政主體，缺乏統一協調規劃，影響了交通基礎設施整體效益的發揮。粵港澳在本行政區內的規劃建設，都重視本地道路的建設，規劃建設了多縱多橫的主幹道路系統，卻缺乏與相鄰地區的銜接協調，致使高等級公路未能相連成網而發揮不出應有的作用。在軌道交通方面，香港的軌道交通發展規劃侷限在香港境內，較少從與珠三角的銜接、協調角度考慮。澳門甚至沒有軌道交通設施。

## （二）交通網尚不完善

道路交通具有成網後才能有效發揮作用的特性，目前粵港澳大灣區內交通網尚不完善，主要表現在以下兩個方面：一是目前粵港澳大灣區內尚未形成合理、完善、快捷的鐵路網、公路網，公路與公路之間、鐵路與公路之間、公路的段與段之間存在許多「斷點」，道路交通有待進一步相互貫通。二是在珠三角區域內，局部路段供需矛盾也較突出，交通擁堵現象較為嚴重。如廣深高速已不堪重負，廣佛高速的擁堵情況也十分嚴重，不適應物流客流快速流通的需要，通達性有待提高。

## （三）港口群和機場群過度競爭問題較突出

首先，區域內大型基礎設施的運轉都需要高額的成本，如維持一個機場和港口的日常運營需要龐大的資金，且港口、機場都有一個很大的服務半徑，有一個基本的流通量要求，如果一個區域內有太多相同的基礎設施，必然造成內部過度競爭、低效投資和資源浪費。粵港澳大灣區內擁有廣州、深圳、珠海、香港和澳門機場五大機場，再加上汕頭、梅州、湛江等的機場，則有大約十個之多，是國內機場最密集的地區。因此，航空客運方面粵港競爭趨勢加劇，有些機場由於客貨流量有限，經營舉步維艱。過去幾年，廣州機場客運吞吐量在整個大珠三角機場客運吞吐量市場份額中以每年1%的速度擴張，而香港則以每年1%的速度萎縮。目前香港致力開闢內地航線，廣州和深圳則著力開闢國際航線，形成不良競爭。其次，港口方面，目前珠三角區域遍布著廣州港、深圳港、虎門港、中山港、珠海港等諸多港口。

各港口在發展過程中，為了維護自身利益，出現了各自為政、惡性競爭的局面，港口之間無論是在硬件設施還是在軟件環境上都沒能形成優勢互補、合理分工，大大削弱了珠三角港口群的綜合競爭力，難以形成樞紐港和支線港「共贏」的局面。

## （四）珠江三角洲東西兩岸的連接通道不足

珠江三角洲區域以珠江水系為屏障，天然劃分東西兩岸。珠江西岸以珠海、中山、佛山、廣州番禺為主，珠江東岸以深圳、東莞、惠州為主，東西兩岸的經濟高速發展，交通發展的水平很高。值得注意的是，雖然廣東是全國高速路網最密集的地區，而粵港澳大灣區是最密集區域的核心，但是鑒於自然條件的限制，東西兩岸的連接通道不多，多年來珠江口東、西兩岸間的來往公路通道主要為虎門大橋，其餘靠水平不高的水上通道，或靠繞行廣州到深圳的南北向交通走廊來實現東西兩岸間接連通，無鐵路和軌道交通連接，大大制約了灣區的商貿往來，給兩岸人民出行帶來很多不便，嚴重制約了區域交通一體化的形成，制約了珠三角區域經濟一體化。

## （五）跨境通道和口岸設施不能滿足需求

隨著粵港澳區域合作不斷深入，限制區域要素流動的制度障礙進一步消除，進一步擴大粵港、粵澳間在貨物貿易、服務貿易以及貿易投資便利化方面的合作，尤其是在服務業方面合作的加強，推進跨境客運量的大幅提升，導致跨境主要通道超負荷運作、口岸設施不能滿足需求。香港、澳門均處於陸路交通網絡末梢，口岸設施與通關量、通關需求不符。

## （六）空域資源緊張

自二十世紀九〇年代以來，為適應珠三角地區空中交通流量的發展，在國家空管委、民航局的領導以及相關各方的共同努力下，珠三角地區多次進離場航線分流，劃設了多條臨時航線，先後完成了高度層改革、航路移交、過渡高度層改革等重大改革；分別於一九九九年和二〇〇五年建立並啟用珠海進近管制中心和廣州區域管制中心。隨著廣州新白雲國際機場、深圳寶安國際機場二跑道和廣州白雲國際機場三跑道擴建等大型民航基礎設施建設，空域資源趨於緊張，與此同時，空域結構不合理、區內各機場進離場航線交叉重疊等不斷凸顯。因此，空域問題對廣東、香港及澳門民航與地方社會經濟快速、協調發展的「瓶頸」效應日益凸顯。在推進粵港澳大灣區融合發展的過程中，解決珠空域資源緊張問題刻不容緩。

## （七）交通運輸建設管理缺少協調

儘管珠三角區域經濟一體化已達到較高水平，但珠三角區域交通沒有形成統一規劃、統籌建設和統一管理的協調發展局面。交通建設仍是各自發展，自成體系，導致區域內幹線運輸網絡不完善；交通運輸服務體系也缺乏協調和統一管理的合作機制；區域一體化交通運輸市場還沒有完全形成。在珠三角區域各城市內部呈現比較有序的狀態（局部有序），但整個珠三角區域處於一定的無序狀態（整體無序），阻礙了區域交通一體化的有序發展。

目前，珠三角綜合交通體系的各個組成部分歸屬不同部門（行業）管理，例如，公路水運由交通部門管理，鐵路由鐵路部門管理，

航空由民航部門管理，市政道路、軌道交通和公共交通由各個城市管理。各管理部門發展的積極性比較高，但在管理制度、技術標準上的差異比較大，由於管理體制的原因，難以實行有效協調，發展的盲目性也比較大，無法形成區域一體化大交通的管理思路和管理機制。

# 三、構建互聯互通的交通航運系統

交通航運系統的互聯互通是粵港澳深度融合和「一帶一路」建設的優先領域，要針對大灣區交通航運的現實問題，把基礎設施建設放在突出位置，按照網絡化布局、一體化銜接、智能化管理、綠色化發展原則，加快構建布局合理、功能完善、安全高效的現代化基礎設施體系。

## （一）建設國際航運樞紐

統籌推進珠三角、粵東、粵西三大港口群協調發展，以廣州港、深圳港為龍頭，以珠海港、湛江港、汕頭港及潮州港等周邊中小港口為支撐，聯合香港構建錯位發展、合作共贏的世界級港口群，將廣州港、深圳港、珠海港、湛江港、汕頭港建設成為海上通道重要支點。強化深圳港、廣州南沙港的遠洋樞紐港功能，攜手構建開放合作的國際化港口群，打造國際航運服務中心。積極推動沿海港口深水港航道和疏港鐵路、公路建設。改善大灣區內河航道等級結構和通達水平，重點抓好北江、西江航道擴能升級工程。發展綜合運輸，構建綜合客貨運樞紐體系，積極發展公鐵水聯運、江海聯運等，建設海陸空綜合運輸大格局。啟動銅鼓航道二期工程、鹽田港東港區、大鏟灣二期和

寶安綜合港區建設，加快南山港區媽灣作業區海星碼頭改造工程、太子灣國際郵輪母港建設。建設粵東、粵西現代化港口群。構建集信息採集、處理、發布、交換、共享等功能於一體的信息系統，提高港口碼頭關鍵設備的自動化水平，推進智能化流程優化與控制、管控一體化等應用。積極實施珠江門戶戰略，大力推進江海聯運、水水中轉及無水港建設。重點推進西江、北江等航道擴能升級重點工程。完善珠三角高等級航道網，提升珠江出海口的航道通過能力。推進內河船型標準化，啟動大灣區「智慧港口」建設。拓展國際中轉等高端增值環節，積極發展航運經紀、航運保險等現代航運服務業。加強與沿線國家重要港口的合作，共建友好港口、盈港物流園區和產業園區。連接海上物流通道，提升班輪航線密度，有效發揮大灣區連繫沿線國家的重要紐帶作用。

## （二）建設國際航空樞紐

將大灣區機場群建設成為「一帶一路」重要航空門戶。提升廣州、深圳機場國際樞紐功能，加快機場綜合性集疏運體系建設，深化珠三角機場合作，開闢直通國際樞紐城市航線航班，加快建設國際航空樞紐。優化機場網絡結構，加強樞紐機場和幹線機場建設，完善支線機場布局，形成以香港、深圳、廣州三大機場為國際航空樞紐，汕頭、珠海、湛江為門戶樞紐，支線機場為支撐的機場網絡體系。改造廣州白雲國際機場，新建深圳第二機場和湛江（茂名）機場，建設雲浮、汕尾、陽江、河源、韶關、懷集、連州等一批支線機場。加快現有支線機場改造與擴建，進一步完善現有支線機場設施設備。完善多層次航空運輸服務體系基礎設施建設，拓展航空配套服務市場，整合

區域航空資源，提升樞紐機場其輸運能力。增加與「一帶一路」沿線國家的航空客運航線，開通一批國際直飛航線。加強與沿線國家主要航空港的協作，構建與沿線國家主要城市「4 小時航空交通圈」。加快發展通用航空產業，打造面向東南亞的跨境通用航空飛行目的地。實施航空產業發展行動計劃，發展航空製造、航空物流、飛機租賃、航空維修、航空服務等臨空產業和航空產業。大力發展以航空樞紐和航空運輸為依託的高新技術產業和現代服務業，重點發展電子信息、飛機維修與製造、飛機租賃、跨境電商等業態，引導產業集群發展。

## （三）建設國際陸路通道

加強「一帶一路」國家陸路骨幹通道網絡建設，加快建設與海西經濟區、北部灣經濟區、長江經濟帶對接的高速公路通道，強化「一帶一路」沿線地區的通道項目建設，貫通至中亞、歐洲的陸路物流通道。以「暢內網、聯外網、優銜接」為目標，推動建設大灣區高速公路網。「暢內網」，加快國家高速公路網粵境段和跨珠江口通道建設，有序實施瓶頸路段的改擴建，暢通城市群的內部通道和對外通道，加強珠三角對粵東西北地區的輻射。「聯外網」，建成出省和連通港澳的高速公路，實現與各陸路相鄰省區之間擁有五條或以上高速公路通道，全部建成通港澳的六條高速公路通道。「優銜接」，加強高速公路與普通公路的銜接，推進與高快速路接駁的公路的升級改造，完善高速公路互通立交設置，進一步提升「縣縣通高速」的成效，強化高速公路對縣域、中心鎮及重要經濟開發區的輻射作用，外通內連的高速公路主骨架網絡進一步完善，為充分發揮我省連接港澳、輻射泛珠、服務全球的區位優勢，率先基本實現現代化奠定堅實基礎。新開

工深中通道海中橋隧主體工程、羅定至信宜（粵桂界）、玉林（省界）至湛江高速公路等項目，實施沈海高速公路等擁堵路段的改擴建工程；建成通車港珠澳大橋、汕昆、武深高速公路等項目。配套完善道路安全防護設施和交通管理設施設備，構建聯通內外、安全通暢的綜合交通運輸網絡。

## （四）建設出海鐵路大通道

加快建設大灣區與西南、中南、長江經濟帶等地區連繫的區際通道建設，重點建設「一帶一路」出海大通道，提高區域內以及與周邊地區和國家的互聯互通水平。貫通珠江三角洲至西部地區的鐵路，打通南北新通道，推進瓊州海峽跨海通道、湛江鐵路擴能，建設深圳至贛州、韶關至柳州等鐵路項目，推進深茂鐵路、贛深客專、廣汕客專等珠三角經粵東西北至周邊省（區）高快速鐵路通道建設，基本形成東聯海峽西岸、溝通長三角地區，西通桂黔、輻射大西南地區，北達湘贛、連接中原地區的高快速鐵路網絡骨架。加快高速鐵路網建設，推進珠三角地區城際軌道交通建設，推進沿海客專以及深惠、深莞、深珠城際軌道等建設，建設廣深港客專深圳福田至香港段、穗莞深城際軌道，努力建設綜合性鐵路樞紐，實現二〇二〇年「市市通高鐵」的目標。提升海鐵聯運能力，積極推進東莞石龍廣東多式聯運基地與深圳東西部港區的海鐵聯運業務。推進粵新歐、粵蒙俄等國際班列，逐步形成通往「一帶一路」沿線國家及內陸省區的集疏運通道。構建經廣西、雲南至東盟地區的鐵路通道，共同推進與東盟地區陸路通關便利化，開通至東盟國家的客、貨運班車的直達運輸。完善粵港澳跨境運輸體系，促進灣區內交通全面對接，拓展更廣闊的經濟腹地和發

展空間。

## （五）建設國際信息樞紐

深入實施「寬帶中國」戰略，強化大灣區區域經濟樞紐建設，加快區域網絡基礎設施建設升級，強化信息網絡安全。加強廣州、深圳等國家級互聯網骨幹直連點互聯工程建設，實施省際骨幹網絡優化工程，合理布局大灣區內骨幹網核心節點，提升網絡傳輸能力及網間互聯互通水平。開展「寬帶中國」示範城鎮創建工作，推動貫徹實施光纖道路國家強制標準。實施大數據戰略，合理布局建設大灣區數據中心，打造世界級信息港群。建設大灣區連接東南亞、南亞等跨境光纜，完善空中（衛星）通信通道，為「一帶一路」沿線國家提供多元優質的電信服務。積極推進中國—東盟信息港建設。建設服務大灣區以及東南亞、南亞的國際呼叫中心。加強網絡信息安全保障，構建信息安全防護體系。

## （六）建設水利能源保障體系

完善水利基礎設施體系，提高水利保障能力。建設綜合防洪抗旱減災體系，加強水資源保護與開發利用，強化大灣區水資源管理。改造大灣區防洪供水安全，確保大灣區供水安全。實施「治水升級、清水樂民、清水強基、運水匯能、強水攻堅、慧水發展」六大戰略，實施大江大河治理與中小河流綜合治理並重，完善流域防災減災體系，實施中小河流綜合治理、海堤達標加固、山洪災害防治和城市內澇整治工程。統籌實施珠江干支流河道崩岸治理及河道綜合整治工程。共同推進珠江流域綜合整治開發，聯合實施水源涵養和水土保持能力提

升工程。落實最嚴格的水資源管理制度，嚴守水資源開發利用控制、用水效率控制、水功能區限制納污控制指標三條紅線，嚴格水功能區監督管理。實行嚴格的河湖管理與保護制度，促進河湖休養生息。強化珠江流域水資源的統一管理、統一調度，合理調配生活、生產和生態用水，大力推進節水型設備建設。

### （七）加強電源與電網建設

加強電源與電網建設，開展電力輸送以及煤炭、油氣儲運合作，為促進粵港澳融合發展提供穩定、安全、可靠的能源保障。穩步推進核電項目建設，積極開發風能、太陽能、生物質能、海洋能等新能源，推廣多能互補的分布式能源。加強大灣區與西北、東北、西南和海上油氣運輸通道深化合作。推進西氣東輸三線、新疆煤製氣管線等油氣管道建設，完善和擴大油氣管網覆蓋範圍，建設路上能源供應安全通道。推進西南能源基地向大灣區輸鏈通道建設。

第四節·
# 深化投資貿易交流合作

不斷深化投資貿易領域的交流合作，是建設粵港澳大灣區和推進「一帶一路」建設的重要內容。當前，粵港澳貿易往來密切，交流合作機遇前所未有，但還存在較多壁壘和障礙。鑒於此，應全面深化粵

港澳與泛珠三角區域和東盟國家以及世界各國的經貿合作，更好地發揮世界一流灣區的輻射作用，建設一批經貿合作示範園區、商品展銷平臺，促進海外華商參與大灣區和「一帶一路」建設。

## 一、投資貿易領域合作現狀

二〇一六年，粵港、粵澳合作聯席會議分別簽署了五個、十二個合作項目協議，涉及投資、貿易、旅遊等多個方面，努力推動粵港澳區域經濟合作再上新水平。

在投資貿易合作方面，港澳是廣東吸收境外投資的最大來源地。截至二〇一六年六月底，在粵的港資企業（不含分支機構）實有53211戶，注冊資本2290.98億美元，分別占全省外商投資企業戶數的61.75%和注冊資本的52.26%。澳資企業3648戶，註冊資本82.12億美元。全省實有港澳居民個體工商戶7560戶（占全國7成以上），資金數額6.05億元，同比分別增長11.39%和14.83%。同時，廣東省作為香港主要的進口貨物供應地，也是香港最大的轉口市場及最大的產品出口市場。香港的轉口貨物有大半都來自廣東的珠江三角洲地區。另一方面，香港又一直是廣東外銷產品的主要轉口港。二〇一五年一月至十月，粵港進出口貿易額（含轉口）為2.62萬億元人民幣，占同期進出口貿易總額的52.1%。二〇一四年，粵澳進出口（含轉口）總額為215.80億元人民幣，同比增長2.74%。與此同時，從二〇一六年三月二十八日起粵港海關正式推出「跨境一鎖」計劃，即雙方共同認可和使用同一把電子關鎖及全球定位系統設備，各自分別依據內地與香港法規對經陸路轉運的同一運輸車輛所載貨物進行監管，

減少同一批貨物分別在粵港兩地進出境時被海關重複查驗的概率，實現監管互認。啟用使用該模式的車輛在口岸海關停留時間將由原來的半小時以上減少至五分鐘以內，為企業節約超過10%的貨運成本。目前，該項目已覆蓋香港國際機場和葵湧貨櫃碼頭等十二個主要清關點，廣東境內涵蓋廣州和深圳機場、快遞轉運中心、碼頭、海關特殊監管區域、快件監管中心、跨境電商園區等二十七個清關點，基本涵蓋內地各類型海關監管場所。

此外，港澳資金融機構加速在廣東自貿區集聚發展。粵港澳服務貿易自由化和廣東自貿區框架下的《負面清單》減少了對外資企業的限制條款，吸引了港澳資金融機構向廣東自貿區集聚發展。港澳地區落戶南沙的金融和類金融企業一百多家，占外資企業的 76%。南沙還積極發展融資租賃業務，全區一四七家融資企業中大部分為港資企業。前海成立了全國首家 CEPA 框架下的消費金融公司和恆生前海基金管理公司。中國證監會已受理匯豐銀行與前海金控、東亞銀行與前海金控設立合資證券公司的申請。橫琴引進港澳資金融企業七十九家，目前，澳門大西洋銀行也已遞交籌建廣東自貿區分行的申請。

## 二、投資貿易合作面臨的機遇與挑戰

### （一）面臨的機遇

近年來，粵港澳當地政府推進合作的力度以及當地社會業界對推動合作的動力都是前所未有的。當前，國際產業向亞太地區轉移的趨勢不會改變，亞洲區域經濟合作與交流方興未艾，中國—東盟自由貿

易區進程加快；我國仍處在重要戰略機遇期，工業化、信息化、城鎮化、市場化、國際化深入發展，粵港澳區域經濟加快融合，經濟發展實力強勁。特別是經過改革開放三十年發展，珠三角地區已積累了雄厚的物質基礎，經濟實力、區域競爭力顯著增強，這些都為粵港澳地區加快改革發展提供了有利條件和廣闊空間，並通過大灣區的建設將粵港澳區域建成一個優勢互補、分工合作、全球最具核心競爭力的大都市圈。

二〇〇九年《珠江三角洲地區改革發展規劃綱要》獲得國家批准，粵港澳合作協議順利簽訂，前海開發、橫琴開發進入國家「十二五」規劃重點項目中，廣東充分發揮自身毗鄰港澳的區位優勢實現轉型升級。大力推進粵港澳合作，將使港澳的服務業發展優勢和珠三角世界級製造業基地結合起來，再創新輝煌。香港要維護和提升國際金融、貿易、航運中心地位要有發展新思路，藉助珠三角產業轉型升級的契機，使服務業向珠三角延伸和拓展空間，避免未來出現地位邊緣化等問題。澳門要保持經濟的活力和經濟多元化，必須藉助內地周邊腹地，大力加強同深圳和廣東其他城市的經濟合作，澳門經濟才有發展潛力。

為此，《珠江三角洲地區改革發展規劃綱要》提出了探索科學發展模式試驗區、深化改革先行區，擴大開放的重要國際門戶、世界先進制造業和現代服務業基地、全國重要的經濟中心的發展目標，為日後粵港澳大灣區的合作發展提供了廣闊的機遇和前景。政策賦予了珠江三角洲地區發展更大的自主權，要求其繼續承擔全國改革「試驗田」的歷史使命，先行先試，大膽探索，在重要領域和關鍵環節率先

取得突破。這也為粵港澳大灣區致力於堅持高端發展的戰略取向打下了良好的基礎，培育了一批具有國際競爭力的世界級企業和品牌，打造了若干規模和水平居世界前列的先進製造產業基地，建設了與內地區域錯位發展的國際物流、航運、金融、貿易、旅遊以及科技創新中心。在這過程中，堅持「一國兩制」方針，推進粵與港澳的融合發展和緊密合作，共同打造亞太地區最具國際競爭力和活力的城市群。最終，粵港澳大灣區要形成資源互補、梯度發展、產業關聯的多層次產業圈，綜合實力將位居世界灣區的前列，成為帶動全國發展的一個強大引擎。大灣區的建設加大拉動民間投資力度，努力促進外貿出口，同時也落實了中央關於擴大內需的各項部署，最終形成促進經濟增長的合力。

## （二）面臨的挑戰

粵港澳大灣區是在「一國兩制」下建設，「一國兩制」下粵港澳區域合作開始進入深水區，協調工作不易。廣東廣州、佛山、肇慶、深圳、東莞、惠州、珠海、中山、江門等與香港、澳門兩個特區政府的協調工作由於制度、法律和文化的差別而面臨挑戰，粵港澳發展中諸多深層次問題需要通過區域深度合作來解決，但同時由於區域協調上的不暢通，協調工作方面存在諸多困難；在不同的制度與城市之間，涉及產業布局、土地利用、信息互通、資源共享、交通能源等方方面面，需要在「一國兩制」下尋找合作的突破口，如何讓人流、物流、資金流、信息流真正高效便捷地流通，均面臨需要解決的困難和問題；在粵港澳大灣區建設條件下，如何協調和處理好自貿區與大灣區、CEPA 與舊經貿協議和珠三角規劃綱要、粵港澳合作框架協議與

大灣區城市群發展規劃的制度對接、規劃協調等相互關係，等等；要把粵港澳大灣區打造成為全球科技創新中心、全球先進製造業中心、國際金融航運和國際貿易中心，人才特別是國際高端人才缺乏問題，需要培養一批具有國際知名度和競爭力的高等院校群提供強大的智力支持；建設粵港澳大灣區可以通過「擴散效應」，向大灣區外的城市擴散、輻射，帶動周邊地區的經濟增長，但是在政策傾斜下，各方均大力推動大灣區發展，經濟資源和生產要素集中流向大灣區，周邊不發達或相對落後的城市，則會因為政策的不平衡，以及資源、生產要素流失，導致城市之間發展差距進一步擴大；建設粵港澳世界級大灣區，不但要以國際一流灣區，如美國的紐約灣區、日本的東京灣區等為標準，借鑑和吸收它們的成功經驗和城市群產業布局與功能結構，來確定粵港澳大灣區城市群的定位、方向、目標和城市群布局與結構，而且要以世界一流灣區為模板來研究制定在基礎設施互聯互通、大灣區產業體系、城市群功能結構和綠色生態優質生活圈等方面的專項規劃，等等。

## 三、深化投資貿易交流合作

全面深化投資貿易領域的焦爐合作，需要探索解決促進投資貿易便利化的體制機制和方式方法，構建區域內和各國良好的商貿環境，充分釋放沿線國家潛力，共建世界級經貿交流合作航母。

### （一）發揮大灣區重要載體作用

利用廣州、香港、深圳等特大城市載體商貿發達、資源富集等優

勢，把大灣區建設成為國際綜合性貿易中心。高標準建設廣東自由貿易試驗區，構建與國際接軌的投資、貿易、管理高標準規則體系，營造市場化、國際化、法制化營商環境，率先實現粵港澳服務貿易自由化，成為「21世紀海上絲綢之路」的重要樞紐和粵港澳全面合作示範區。建設一批經貿合作示範園區，發揮汕頭華僑經濟文化合作試驗區、梅州海峽兩岸交流基地、原中央蘇區振興發展示範區、廣東（湛江）奮勇東盟產業園、廣東（茂名）新加坡（裕廊）石化產業合作示範區等重要載體作用，鼓勵海外華商參與「一帶一路」建設。發揮大灣區的先行政策優勢、載體優勢和港澳服務貿易的優勢，建設南沙粵港澳現代服務業合作區、橫琴珠港澳產業合作區，加強科技創新、專業服務、金融及金融後臺服務、航運物流服務等，有序擴大服務業對外開放，為深化投資貿易合作提供高端現代服務。

## （二）擴大與東盟國家經貿合作領域

發揮大灣區世界級經濟中心作用，進一步擴大和深化大灣區與東盟國家的經貿合作，更好地輻射帶動泛珠三角區域及東南亞發展。依托廣州、深圳、港澳的國際競爭優勢，全面推進大灣區與泛珠三角區域的經貿合作，促進資源要素全面對接，形成有效分工合作網絡，提升輻射帶動效益。與東盟各國建立更緊密的經貿一體化運作機制，推動中國—東盟自貿區升級版相關政策先行先試，充分利用貿易協定中的優惠政策和中國—東盟博覽會的平臺，擴大雙邊多邊進出口貿易規模，實現更加開放深入的貿易市場。以廣州、深圳和港澳為軸心，建設以大宗商品交易平臺為核心的國際採購中心，著力推動高新技術產品和機電產品出口。加快境外營銷基地、境外營運總部、境外批發市

場和零售網點等建設。不斷拓展貿易領域，優化貿易結構，挖掘貿易新的增長點，促進貿易平衡。創新大灣區與東盟國家貿易方式，發展跨境電子商務等新的商業業態，推進廣州、深圳、東莞等跨境電子商務基地規劃建設，拓展向東盟國家的直銷市場，降低跨境貿易成本。探索推進大灣區與南太平洋島國和印度在經貿領域的合作，使大灣區成為我國與南太平洋島國和印度經貿合作示範區。

## （三）深化與「一帶一路」沿線國家合作交流

立足大灣區區位優勢，發揮粵港澳獨特作用，引領「一帶一路」沿線國家和地區經貿合作新水平。粵港澳聯手，在廣交會、高交會設立「21 世紀海上絲綢之路」專館，面向「一帶一路」沿線國家打造綜合性貿易促進平臺。加強大灣區與「一帶一路」沿線國家開展農林牧漁業、農機及農產品生產加工等領域深度合作，積極推進海水養殖、遠洋漁業、水產品加工、海水淡化、海洋生物製藥、海洋工程技術、環保產業和海上旅遊等領域的合作。加大與沿線國家在煤炭、油氣、金屬礦產等方面的貿易合作，為沿線國家能源開發利用提供資金、技術、設備、管理和人才培訓等支持。鼓勵企業參與沿線國家電力市場建設，開展水電、核電、風電、太陽能等清潔、可再生能源合作。加強低碳技術合作創新，推動節能技術廣泛應用。培育壯大供應鏈管理、市場採購貿易等新業態，支持外貿綜合服務企業發展，為中小企業提供出口集成服務。建立健全大灣區服務貿易促進體系，鞏固和擴大傳統貿易，大力發展現代服務貿易。把對外投資和貿易有機結合起來，以投資帶動貿易發展。

## （四）加大投資合作力度

堅持錯位發展、優勢互補、互利共贏的原則，綜合考慮大灣區與各個國家的發展需求，推動優勢產業與各國各地區開展投資合作。建立創業投資合作機制，推動新興產業合作，促進各國各地區在新一代信息技術、生物、新能源、新材料等新興產業的深入合作。優化產業鏈分工布局，推動上下游產業鏈和關聯產業協同發展，建立研發、生產和營銷體系，提高區域產業配套能力和國際競爭力。探索投資合作新模式，鼓勵合作建設更高水平的科技研發中心和各類產業園區、境外經貿合作區、跨境經濟合作區，促進產業集群發展。鼓勵企業到有條件的國家和地區資本市場上市。加強與東盟投資基金、中國—東盟海上合作基金等合作，推動亞洲基礎設施投資銀行等跨區域金融機構在大灣區落戶。加快投資便利化進程，消除投資壁壘，加強雙邊投資保護協定，避免雙重徵稅協定磋商，保護投資者的合法權益。建立有利於大灣區建設的投融資機制，通過基金、信託、金融租賃、國際投行等為合作項目提供資金支持。加強同國際金融機構合作，參與亞洲基礎設施投資銀行、金磚國家新開發銀行建設，發揮絲路基金作用，吸引國際資金共建開放、多元、共贏的投資合作平臺。

## （五）推進統一市場建設

以深化市場配置要素改革、提高資源配置效率和公平性為導向，加快形成大灣區及輻射帶動地區統一開放、競爭有序的現代市場體系。實施統一的市場准入制度和標準，推動各類生產要素跨區域有序自由流動和優化配置，規範發展綜合性產權交易市場。率先試行市場准入負面清單制度，為全國實行統一的市場准入負面清單制度探索經

驗。全面深化商事制度改革，完善統一的企業信用信息公示系統，形成科學公正的商事運行新機制。健全企業市場化退出機制和註銷流程，完善企業破產制度。全面推行外商投資普遍備案、有限核准的管理制度。建立統一的市場執法標準和監管機制，依法規範生產、經營、交易等市場行為，健全價格監管制度和反壟斷執法體系，為企業跨區域發展營造公平的市場環境。加快建設區域社會信用合作體系，建立統一的企業信用分類標準，實現跨地區信用聯合懲戒。

第五節 ·
# 優化粵港澳產業布局

世界著名灣區的發展歷程證明，建設世界一流的粵港澳大灣區，必須打造世界級的現代化高端產業群，形成內外有效銜接、結構科學合理的產業布局。粵港澳大灣區是全球重要的經濟發達區域，初步形成了以戰略性新興產業為先導、先進製造業和現代服務業為主體的產業結構；是全球重要的金融中心之一，集聚了全球七十多家世界排名前一百位的金融機構；是全球重要的交通樞紐，港口年集裝箱吞吐量、機場年旅客吞吐量均居世界前列。粵港澳大灣區不斷優化的產業結構和發展前景，使大灣區在全球經濟鏈中的地位與日俱增。廣東省各城市有很多相似的行業，容易形成競爭，更容易促成合作，從另一個角度講，這也為區域的融合發展奠定了很好的基礎。

# 一、各地區優勢產業

## （一）廣東省產（行）業結構

為了進一步深入地辨識城市的產業（行業）空間結構，對煤炭開採和洗選業、石油和天然氣開採業、各類製造業等四十一個細分行業進行分析。香港、澳門的產（行）業結構以第三產業為主，相關的行業數據也不容易獲得。因此，主要分析廣東省的行業。其目的是為了清晰地認識在「一帶一路」倡議下，廣東省各城市哪些行業發展相似度較高，存在著區域競爭與合作，為指定發展戰略提供科學決策。

## （二）各地區優勢產業

廣州市優勢產業為汽車製造業、計算機—通信和其他電子設備制造業、化學原料和化學製品製造業、電力—熱力生產和供應業、電氣機械和器材製造業。

深圳市優勢產業為計算機—通信和其他電子設備製造業、電氣機械和器材製造業、文教—工美—體育和娛樂用品製造業、電力—熱力生產和製造業、橡膠和塑料製品業。

珠海市優勢產業為計算機—通信和其他電子設備製造業、電氣機械和器材製造業、電力—熱力生產和供應業、化學原料和化學製品製造業、通用設備製造業。

東莞市優勢產業為計算機—通信和其他電子設備製造業、電氣機械和器材製造業、電力—熱力生產和供應業、通用設備製造業、橡膠

和塑料製品業。

汕頭市優勢產業為紡織服裝—服飾業、文教—工美—體育和娛樂用品製造業、橡膠和塑料製品業、電力—熱力生產和供應業、紡織業。

佛山市優勢產業為電氣機械和器材製造業、金屬製品業、有色金屬冶煉和壓延加工業、非金屬礦物製品業、計算機—通信和其他電子設備製造業。

韶關市優勢產業為黑色金屬冶煉和壓延加工業、電力—熱力生產和供應業、化學原料和化學製品製造業、有色金屬冶煉和壓延加工業、非金屬礦物製品業。

梅州市優勢產業為計算機—通信和其他電子設備製造業、電力—熱力生產和供應業、菸草製品業、非金屬礦業製品業、電氣機械和器材製造業。

惠州市優勢產業為計算機—通信和其他電子設備製造業、石油加工—煉焦和核燃料加工業、文教—工美—體育和娛樂用品製造業、電力—熱力生產和供應業、電氣機械和器材製造業。

汕尾市優勢產業為計算機—通信和其他電子設備製造業、文教—工美—體育和娛樂用品製造業、紡織服裝—服飾業、橡膠和塑料製品業、電力—熱力生產和供應業。

中山市優勢產業為計算機—通信和其他電子設備製造業、電氣機械和器材製造業、電力—熱力生產和供應業、通用設備製造業、橡膠

和塑料製品業、紡織服裝―服飾業。

江門市優勢產業為化學原料和化學製品製造業、金屬製品業、電氣機械和器材製造業、船舶―航空航天和其他運輸設備製造業、電力―熱力生產和供應業。

陽江市優勢產業為金屬製品業、有色金屬冶煉和壓延加工業、農副食品加工業、計算機―通信和其他電子設備製造業、黑色金屬冶煉和壓延加工業、電力―熱力生產和供應業。

湛江市優勢產業為農副食品加工業、石油加工―煉焦和核燃料加工業、電氣機械和器材製造業、電力―熱力生產和供應業、石油―天然氣開採業。

茂名市優勢產業為石油加工―冶煉和核燃料加工業、農副產品加工業、化學原料和化學製品製造業、非金屬礦物製品業、電力―熱力生產和供應業。

肇慶市優勢產業為有色金屬冶煉和壓延加工業、金屬製品業、非金屬礦物製品業、化學原料和化學製品製造業、計算機―通信和其他電子設備製造業。

清遠市優勢產業為非金屬礦物製品業、有色金屬冶煉和壓延加工業、廢棄資源綜合利用業、電力―熱力生產和供應業、皮革―毛皮和木―竹與羽毛及其製品和製造業。

潮州市優勢產業為非金屬礦物製品業、電力―熱力生產和供應業、燃氣生產和供應業、金屬製品業、食品製造業。

揭陽市優勢產業為紡織服裝—服飾業、紡織業、金屬製品業、黑色金屬冶煉和壓延加工業、橡膠和塑料製品業。

雲浮市優勢產業為非金屬礦業製品業、金屬製品業、化學原料和化學製品製造業、電力—熱力生產和供應業、農副產品加工業。

## 二、優化粵港澳產業布局

粵港澳大灣區要按照國家「十三五」規劃總體要求，堅持「五大發展理念」，建設具有全球重要影響力的先進製造業和現代服務業基地，引領中國經濟向全球經濟制高點攀升。同時，大灣區目前的產業分工協作體系尚未健全，城市間無序競爭制約了產業競爭力提升，區域創新網絡尚未形成，空間利用粗放和規劃未銜接的問題仍然突出，跨區域協調機制有待進一步完善。

### （一）加強供給側結構性改革

著眼在大灣區建立具有國際競爭力的產業新體系，著力優化產能結構，強化品牌和質量建設，加大去產能、去庫存、去槓桿、降成本、補短板等力度，提升全要素生產力，推動大灣區產業邁向國際高端。按照高端化、智能化、綠色化、服務化的方向培育發展新產業，擴大高端技術和產品在總供給中的比重。優化投資結構，創新投融資模式，提高投資有效性和精準性。積極推動由技術創新、新需求拉動、產業鏈細化和融合形成的新業態。支持節能環保、新一代信息技術、高端裝備製造業等產業成長，大力發展健康、教育、養老、旅遊等服務業，培育新的產業增長點。實施大灣區品牌培育工程，提升企

業商標品牌運營能力和維權能力，推動大灣區內特色產業和農業資源申請集體商標、證明商標等，打造大灣區國際著名品牌。在打造具有全球重要影響力的大灣區產業新體繫上取得實質性突破。全面促進粵港澳大灣區產業轉型和增長方式轉變，推動「中國製造」升級為「中國智造」，從「世界工廠」轉型為「創新型國家」，提升國家產業核心競爭力，引領全球產業調整升級。

## （二）建設國際製造業高地

粵港澳大灣區具有一定規模的製造業發展基礎。圍繞廣州、香港、澳門三座城市形成了較明顯的製造業集聚圈層，可以此作為發展基礎，發展先進製造業。然而，目前粵港澳大灣區承擔了大量「分廠經濟」為主導的生產製造、中轉貿易、離岸外包等分支業務，並未形成真正具有全球影響力的以知識技術、資本市場、創新思想等為依託的核心首腦。按照「中國製造 2025」戰略部署，圍繞增強製造業核心競爭力，推進信息化與工業化深度融合，大力推動製造業轉型升級和優化發展。實施智能製造工程，建設一批具有國際先進水平的智能製造協同創新平臺，打造一批在全國乃至國際具有較大影響力的智能製造示範基地，培育一批具有系統集成能力、智能裝備開發能力和關鍵部件研發生產能力的智能製造骨幹企業。加快製造業結構調整，大力培育優勢產業，圍繞裝備製造、汽車、石化、電子信息等重點領域和項目，打造龍頭企業，推動產業做大做強。實施綠色製造工程，重點推進有色、化工、建材、輕工、印染等傳統製造業實行綠色改造，建立以資源節約、環境友好為導向的採購、生產、營銷、回收及物流體系，打造綠色供應鏈。優化製造業布局，推進大灣區製造業錯位協

調發展，加快建設珠江西岸先進裝備製造產業帶和配套產業區，重點打造智能製造、新能源汽車、高性能船舶與海洋工程裝備、通用航空裝備等先進裝備製造產業集群和特鋼產業集群。以廣州、深圳為核心，開發電子信息技術、生物技術等重要領域，進一步拓展芯片設計、裝備、模組製造及下游終端和應用開發產業鏈，在珠江東岸形成電子信息產業集群，引領周邊城市電子信息產業發展。加快建設沿海重化產業帶，發展石化中下游產業和高附加值精品鋼材，建設惠州、茂名、揭陽、湛江四大石化基地和產能超千萬噸級的湛江鋼鐵基地。建成世界一流的先進製造業灣區，占領國際製造業制高點。

## （三）提升現代服務業水平

粵港澳大灣區已經具有了相當的現代服務業發展基礎。香港作為擁有一流水平的國際現代服務業中心，第三產業產值占了 GDP 的80%以上，加上較完善的法律體系和素質較高的服務業專業人才，可以擔當服務業特區的龍頭和輻射源角色；澳門作為一個較為獨特的地區，可以作為服務業特區的重要一翼；以珠三角為核心的廣東地區，則作為整個特區的支撐腹地，將發揮重要的資源整合及要素重組效應，從而產生出核子裂變式的巨大經濟效能。研究發揮大灣區高端產業鏈協同創新優勢，探索以大灣區高端產業形態促進腹地與沿線國家經濟增長，研究用產業投資扶持培育大灣區的本土企業發展壯大，積極引進「一帶一路」沿線國家的龍頭企業，形成高端產業集群，將大灣區打造成「一帶一路」建設的重要高端產業服務基地。瞄準國際先進水平，打造「大灣區服務」品牌。大力培育新業態和新商業模式，實現服務業優質高效發展。推動生產性服務業向專業化和價值鏈高端

延伸，打造總部經濟發展載體，加快推進廣州國際金融城、前海深港現代服務業合作區、中德（佛山）工業服務區、珠海十字門中央商務區等開發建設。加快現代物流業發展，大力發展第三方、第四方物流和冷鏈物流、快遞物流、供應鏈管理，加快建設現代物流公共信息平臺和物流標準體系。鼓勵企業加強電子商務應用，建設大灣區國家移動電子商務試點示範工程。充分發揮廣交會、高交會和中國（湛江）海洋經濟博覽會、中國國際中小企業博覽會等國際著名品牌效應，做大做優會展業。大力發展知識產權服務業，全面提升法律服務、會計審計等商務性專業服務水平。發展高技術、高附加值領域服務外包業務，建設大灣區服務外包示範園區。積極運用「互聯網＋」、新模式新技術、時尚文化元素等改造提升生活性服務業，增強生活性服務業的便捷性和智能化。加快發展商貿服務業，支持傳統專業市場升級打造「專業市場＋電商＋物流」的商業模式。大力發展健康服務業，形成以醫藥產品、醫療及康復器械、健康管理服務領域為重點的健康服務產業集群。大力發展體育產業，打造具有國際競爭力的知名企業和自主品牌。加快發展文化產業，滿足城鄉居民文化消費需求。加快發展旅遊業，大力推動生態休閒旅遊、文化旅遊、商務旅游、紅色旅遊、鄉村旅遊等旅遊業態，建設大灣區國際休閒旅遊目的地。全面提升大灣區現代服務業發展水平。

## （四）壯大戰略性新興產業

將戰略性新興產業擺在大灣區經濟社會發展更加突出的位置，發揮產業政策導向作用，打造一批產業鏈條完善、輻射帶動功能強、國際競爭力大的戰略新興產業集群。壯大新支柱產業，重點推動新一代

信息技術、生物技術、高端裝備製造、新材料等產業成為新支柱產業。培育建設一批新一代顯示、新一代通信技術、高端醫學診療設備、北斗衛星應用等領域重點項目，實施一批信息消費、海洋工程裝備、高技術服務業等重點領域和關鍵環節的重大工程。加快建設廣州、深圳國家生物產業基地，推動形成珠海、佛山、中山等生物產業優勢集聚區。以廣州新材料國家高技術產業基地為核心，在珠三角地區和粵東西北各地因地制宜布局建設一批特色新材料產業基地。扶持新優勢產業，大力扶持新能源、節能環保、新能源汽車等成為新優勢產業。加快太陽能光伏產業發展和產品推廣應用，有序推進風電產業規模化發展。大力發展節能環保產業，積極推廣工業節能技術與裝備、高效節能電器等節能環保產品，加快推進省產業轉移工業園分布式光伏發電推廣應用，創建一批節能環保生產基地，推動珠三角地區形成以節能環保技術研發和總部基地為核心的產業集聚帶，在粵東西北地區形成以資源綜合利用為特色的產業集聚帶。實施新能源汽車推廣計劃，推進新能源汽車開發和產業化，建設珠江口岸新能源汽車關鍵零部件產業帶和環珠三角新能源汽車配套產業帶。持續形成和發揮大灣區戰略性新興產業對中國經濟乃至世界經濟的先導作用。

## （五）共同培育大灣區先進產業集群

按照協作分工、優勢互補、布局合理、錯位發展的原則，協調推進粵港澳大灣區產業發展和功能布局，共同培育具有全球競爭力的企業群體，加快形成以大企業為龍頭、大中小微企業高效分工協作的新型產業組織體系。不斷完善促進大型骨幹企業壯大規模、增強實力的體制機制，支持和引導大型骨幹企業實行強強聯合，通過公開募股、

上市、並購、重組等多種方式做大做強，在電子信息、先進裝備製造、金融等領域形成一批處於國際產業分工關鍵環節、具有國際競爭力的骨幹企業，打造一批進入世界五百強的世界級企業，加快發展中小微企業，提升專業化分工協作水平，著力培育一大批具有「專精特尖」優勢的高成長性中小企業。加強產業協作，整合延伸產業鏈條，推進產業鏈上下游之間的深度協作和優勢互補，共同培育形成大灣區優勢互補、分工合理、布局優化的先進產業集群。

## 第六節·
# 大力發展海洋經濟

從世界範圍看，發展海洋經濟是未來經濟發展的趨勢。從中國國情看，發展海洋經濟，是建設海洋強國的必由之路。

目前粵港澳大灣區發展海洋經濟的基礎還比較薄弱，海洋科技創新能力還不夠強，海洋環境保護壓力與日俱增，亟須在發展改革中加以破解。

## 一、粵港澳海洋與漁業交流合作情況

自從《粵港合作框架協議》和《粵澳合作框架協議》頒布實施以來，大灣區立足粵港澳水域相通、管理相連的特點，定期研究並制訂

計劃，認真貫徹落實相關重點工作。加強粵港澳溝通協調，持續開展了粵港澳海洋環保及生態修復、水產養殖技術培訓、海上聯合執法、漁業船舶檢驗等一系列卓有成效的交流合作，推動了區域海洋環境、漁業資源的恢復以及珍稀瀕危物種的保護，漁業可持續發展能力得到了提升，漁民生活生產條件得到了改善，進一步促進了粵港澳海洋與漁業合作的發展。具體情況如下：

## （一）每年輪流召開粵港海洋資源護理專題小組會議

為共同保護海洋環境資源，自從二〇〇〇年成立以來，粵港海洋資源護理專題小組由廣東省海洋與漁業局和香港漁農自然護理署每年在粵港兩地輪流召開專題會議，進行年度總結及部署下一步工作。二〇一五年一月二十六至二十七日，專題小組第十五次會議在廣州召開。雙方在專題會議上討論的主要議題包括：推進海洋保育文化交流和珊瑚礁普查合作，推動香港水域及南中國海漁業資源評估的合作，開展中華白海豚等珍稀水生野生動物的保育工作合作，開展香港漁民培訓及養殖技術交流，加強海上執法信息交流等。

## （二）開展粵港澳海洋生態保護及生物多樣性研究合作

近年來，廣東與港澳在海洋生態保護技術交流方面交往頻繁，與香港漁農自然護理署、澳門民政總署、澳門港務局、香港浸會大學、香港潛水總會等單位就中華白海豚保育和珊瑚礁普查等展開交流合作，共同召開粵港澳中華白海豚保育工作交流會、開展生物資源增殖放流活動以及珊瑚礁聯合普查及研究合作等。

二○一三年六月，粵港澳共同舉辦了第六屆南海增殖放流活動，香港漁農自然護理署、澳門民政總署、澳門港務局代表出席活動，增強了粵港澳社會各界人士共建漁業生態文明的意識。

二○一五年，聯合粵港高校，共同建設中華白海豚保護高校聯盟。廣東珠江口中華白海豚國家級自然保護區管理局與中山大學、北京師範大學－香港浸會大學聯合國際學院（UIC）北京師範大學珠海分校、暨南大學珠海校區的六個公益組織合作開展中華白海豚保護高校聯盟建設。白海豚保護區與中山大學和 UIC 簽訂合作協議，設立教學實習基地，並在四所高校內招募志願者二八一名，舉辦十五場宣傳活動，參與活動的人員超過三千人次。

二○一五年，廣東徐聞珊瑚礁國家級自然保護區管理局在廣東沿岸組織為期七個月的第九次廣東珊瑚礁普查工作，來自粵港澳的二十二支隊伍共一百五十多名志願者參與了珊瑚礁普查活動。

## （三）開展粵港澳海洋生物及海洋環境保護科普宣教合作

近年來，粵港澳在海洋生物及海洋環境保護科普宣教方面開展了豐富多彩的交流活動，取得了良好的社會反響。粵港澳共同舉辦的「2010 年粵港澳中華白海豚繪畫比賽」「2012 粵港澳海洋生物繪畫比賽」「我的海洋夢——2014 粵港澳海洋生物繪畫比賽」均取得了良好的成效。

二○一五年二月，香港漁農自然護理署、香港海洋公園保育基金、澳門民政總署和澳門海事及水務局等單位聯合主辦的主題為「我

的海洋夢——2014 粵港澳海洋生物繪畫比賽」的頒獎典禮在廣州市舉行，廣東省及港澳相關部門代表、賽事評委和獲獎者共一百三十人參加了頒獎典禮。粵港澳區域內共有逾萬名選手遞交參賽作品，作品數量及質量較往年大幅提升。該活動連續舉辦三屆以來，很好地宣傳了海洋環境和海洋生物保護的知識，宣傳效果不斷擴大，有效地提升了公眾對海洋生物保護的關注。

## （四）開展粵港海洋環境監測與災害預防交流合作

近年來，廣東積極開展與香港在海洋環境監測及預報減災領域的交流合作。圍繞建立海洋環境監測及海洋預報減災網絡的需求，多次與香港漁農署、香港海事處、香港天文臺、中文大學就海洋環境衛星遙感的研究、海洋預報減災資料共享等方面進行溝通交流。

## （五）開展粵港水產健康養殖培訓合作

二〇〇八年以來，廣東與香港漁農自然護理署合作，每年為香港漁民舉辦培訓班，增加漁民的水產養殖知識及提高其技術水平，推動他們從傳統捕撈業轉向養殖業。至今已成功開展培訓班九期（其中 2 次在香港舉辦），培訓人數累計達四百多人次。

二〇一五年的漁民培訓由香港漁農署與廣東海洋大學合辦，共有九十名香港漁民參加。培訓內容包括南海漁業資源開發現狀、漁產品儲藏、加工與運輸、現代捕撈技術、遠洋捕撈漁船發展現狀及海洋災害對漁船航行安全的影響等。培訓班的舉辦，為香港轉產轉業漁民的再就業奠定了扎實的專業基礎。同時，為粵港共同提高現代漁業管理

水平和生產能力，增加漁民收入，逐步實現漁業可持續發展做出了貢獻。

## （六）深化粵港澳漁船委託檢驗合作

自二〇〇七年至今，廣東省一直負責港澳漁船的委託檢驗工作，為港澳流動漁民提供便捷的漁船檢驗服務。據統計，截至二〇一五年年底，廣東省已開展港澳流動漁船的檢驗 2607 艘次。開展檢驗的地點遍布廣州、深圳、珠海、中山、東莞、江門、惠州、汕尾、陽江、佛山等地，檢驗結果得到了香港海事處和澳門海事及水務局的認可及港澳漁民的充分肯定。二〇一五年十二月，為了促進內地與香港、澳門的漁船檢驗管理工作，做好港澳流動漁船身處內地捕撈作業期間的安全監督和管理工作，確保港澳漁船安全航行與生產作業，國家漁業船舶檢驗局、香港海事處、澳門海事及水務局，連同廣東漁業船舶局共同在香港舉行內地與香港、澳門第三次漁船檢驗管理合作會議。

## （七）開展粵港海洋與漁業聯合執法行動

為加強粵港海洋與漁業職能部門的執法交流，二〇〇二年以來，廣東省每年聯合香港水警和香港漁農署在香港北面水域開展粵港海上聯合執法行動。粵港雙方海上執法部門密切合作、聯合行動，有力打擊了粵港交界水域的非法捕撈和漁船走私行為，維護了粵港交界水域的生態資源環境及正常生產秩序，取得了良好的成效。

二〇一五年九月二十二日至二十三日舉行了「護漁 2015-3」粵港聯合執法行動。廣東省漁政總隊出動執法船艇三十艘次，執法人員

175 人次，檢查漁船 188 艘，查獲違規漁船四十七艘，取得了較好的效果。香港漁護署出動船艇八艘，執法人員四十名，香港水警出動船艇十五艘，執法人員 272 人，檢查漁船六十艘，查獲違規漁船五艘。粵港雙方海上聯合執法行動達到了預期的目的，取得了圓滿成功。

二○一五年九月二十四日，廣東省漁政總隊與香港警務處水警總區、香港漁農自然護理署在深圳召開了二○一五年粵港執法工作座談會，就進一步加強執法合作進行了深入交流。

## 二、大力發展海洋經濟

### （一）優化粵港澳大灣區海洋產業布局

從大灣區區位、資源、歷史、文化、科學技術、人才優勢等出發，優化空間布局，推進海洋經濟協調發展。根據海洋功能區劃、自然資源條件和海洋資源環境承載能力，統籌規劃大灣區海洋產業布局及未來發展。加快建設珠三角海洋經濟優化發展區和粵東、粵西海洋經濟重點發展區，加速構建粵港澳、粵閩、粵桂瓊三大海洋經濟合作圈，重點規劃環珠江口灣區、環大亞灣灣區、大廣海灣區、大汕頭灣區、大紅海灣區、大海陵灣區和雷州半島，形成「六灣區一半島」的大灣區海洋開發空間布局。統籌建設海岸帶（含海島地區）、近海海域、深海海域三大海洋保護開發區，重點建設一批集中集約用海區、海洋產業集聚區和濱海經濟新區，推動海陸空間統籌利用工程，構建大灣區海洋經濟發展新格局。

## （二）加快粵港澳海洋產業合作

廣東可以與香港進行海洋研究與開發合作，利用廣東豐富的海洋資源，重點發展水產品精深加工業、海洋化工業、海洋生物醫藥業、海洋新能源利用、船舶及工程裝備製造業。加快海洋化工資源的綜合開發利用，逐步形成較大規模的海洋化工資源開發產業。建立海洋藥物科研開發生產基地，努力開發一批技術含量高、市場容量大、經濟效益好的海洋中成藥、海洋生物製品和海洋保健品。加強粵港澳海洋科研的合作。香港具有較高水平的海洋研究機構和院校，香港的海洋研究吸收了海外發達國家的先進經驗，並且與海外有著密切的連繫。鼓勵發展和引進香港海洋高新技術。引進國內外先進的海洋高新技術和設備，廣泛開展區域間和國際海洋科學技術合作和聯合攻關，提高海洋開發的科技水平和整體效益，促進海洋開發產業化和海洋產業升級。利用國際機構在香港設立地區總部辦事處和駐港辦事處的信息平臺作用，發展海洋產業。研究加強粵港澳海域旅遊的合作，依託粵港澳沿海城市，合理利用、開發和保護濱海旅遊資源。在突出海洋特色旅遊、生態旅遊，提高文化品位，加強與其他產業結合的基礎上，形成若幹個在國際國內有知名度的濱海旅遊勝地，爭創世界旅遊品牌項目。

## （三）優化提升傳統優勢海洋產業

大灣區傳統海洋優勢產業具有區位、自然資源稟賦、規模經濟等優勢，市場認可度高，是大灣區發展海洋經濟的基石。但是傳統海洋優勢產業也面臨著粗放發展、技術轉換不暢、產業結構不合理、生態

環境破壞等問題。把大灣區建成全球海洋強區，必須改革升級傳統海洋產業。大力發展遠洋漁業，加強遠洋漁業裝備和技術研發，在汕頭、湛江建成一批具有國際競爭力的遠洋漁業企業和船隊，推進遠洋漁業基地建設，延長海洋漁業產業鏈，打造大灣區漁港經濟圈。科學規劃近海養殖容量，優化養殖品種結構和區域布局。因地制宜發展海洋灘塗農牧林業等新業態。積極發展水產品精深加工業，在茂名、汕頭等地建成一批水產品精深加工園區，打造市場占有率較高的國際知名品牌。做強海上航運物流，以廣州、深圳等主要港口為依託，建設世界經脈港口群，打通港口與腹地運輸通道，密切粵港澳合作，建設國際航運中心。優化升級海洋船舶工業，建立現代造船模式，推進產品結構調整，以中船集團等大型國有船舶企業為依託，加快建設廣州、中山、珠海三大船舶製造業基地，推進大型散貨船、油船、集裝箱船等的優化升級，建設中船大崗船用柴油機製造與船舶配套產業基地，打造珠海遊艇產業研發和製造基地。引導中小企業積極參與大船廠的分段製造生產體系，提高配套服務能力，形成適應現代造船模式的船舶工業產業集群。加快海洋油氣業發展，推進近海油氣資源開發，提高珠江口等海域現有油氣田採收率，加大油氣資源綜合利用度，建設輻射珠三角區域的南海天然氣田。全面優化提升傳統優勢海洋產業水平。

## （四）大力發展海洋工程裝備產業

當前世界海洋工程裝備技術呈現向深水、大型化和自動化方向發展的趨勢，國內外與之配套的海洋工程裝備需求已經呈現出快速增長態勢。海洋工程裝備產業已成為大灣區建設的重要組成部分，發展潛

力巨大。針對國際海洋工程裝備產業發展現狀和趨勢，在大灣區建設海洋工程與裝備研究院，全面提升大灣區海洋工程裝備前端工程設計和基本設計能力。以廣州、中山和珠海為重點，打造珠江口西岸世界級海洋工程裝備製造產業帶，研究開發海底能源開採技術裝備及無人潛航器、深水機器人等先進裝備。推進廣州龍穴、珠海中船等船舶與海洋工程裝備製造基地建設，在廣州、深圳建設海洋油氣資源勘探開發的加工儲備基地，在深圳、江門建設深海海洋裝備試驗和裝配基地，加快大型深水海洋工程裝備建設，提升產業規模和技術水平。鼓勵引導骨幹企業和研發機構等建立海洋工程裝備產業聯盟，形成利益共同體，在科研開發、市場開拓、業務分包等方面深入合作，實現重大技術突破和科技成果產業化。廣泛開展對外合作，鼓勵境外企業和研發機構在大灣區獨立或合資建立裝備研發創新機構。加快培養海洋工程裝備領域的國內國際一流專家，壯大海洋工程裝備高端人才隊伍，把大灣區打造成具有國際競爭力的綜合性海洋裝備製造業基地。

## （五）加快發展海洋化工業

把海洋化工業作為建設大灣區的支柱產業，予以重點發展、優先發展。以國家海洋經濟發展總體戰略為指導，發揮大灣區區位好、基礎強、條件優越、前景廣闊的比較優勢，編制大灣區海洋化工業發展規劃，加快大灣區海洋化工產業集聚發展。加快建設中海油惠州煉化二期、中科合資廣東煉化一體化等項目，推進珠海高欄港、茂名濱海新區等高端臨海產業集聚區建設，打造上下游產品配套發展、精深開發和系列化生產接續成線、關聯產品複合成龍、資源循環利用、具有鮮明特色的海洋化工生態產業集群，實現資源高效利用、能量梯級利

用、廢物資源化利用。引進國內外先進海洋化工技術、設備和人才，加強海洋化工系列產品的開發和精深加工技術的研究，推進產品的綜合利用和技術革新，拓寬應用領域。以科技創新為先導，有序開發、科學利用鹵、海水資源，加快苦鹵化工技術改造，發展提取鉀、鎂及其深加工的高附加值海水化學資源利用技術，提高海水化學資源的開發和利用水平。加強鹽場保護區建設，積極培育海鹽及鹽化工業，堅持以鹽為主、鹽化結合、多種經營，提高工藝技術和裝備水平，大力開發高附加值產品。深入開展海洋化學資源的綜合利用和技術革新，重點發展化肥、精細化工、海藻化工等，不斷開發新產品，擴大原料品種和產品品種，提高質量，形成規模大、影響大、國內國際市場占有量大的海水化學資源開發產業群。按照優勢互補、合理分工的原則，圍繞大力培育產業集群、產業基地，鼓勵企業聯合重組，推動區域產業結構調整和高度化互動，引導生產要素向優勢企業聚集，推動海洋化工企業向大型化、上下游一體化、集團化、國際化方向發展，把大灣區打造成具有世界先進水平的海洋化工產業區。

## （六）著力發展海洋生物製品與醫藥產業

建設廣州、深圳國家生物產業基地，大力發展生物醫藥、藍色生物醫藥、生命健康科技等生物產業。建設中山國家健康科技產業基地、華南現代中醫藥城以及珠海生物醫藥科技產業園，重點開發心血管、糖尿病、痛風藥品和多糖類、多肽類、殼聚糖、海藻纖維醫用敷料等產品。依托廣州蘿崗、深圳坪山等地的生物醫藥加速器項目，搭建海洋生物醫藥技術支撐平臺，積極探索海洋生物資源新物質和海洋生物製品新功能，推進海洋生物新技術、新產品產業化。建立海洋生

物和藥物資源樣品庫，推進海洋生物產業公共服務及創新平臺建設。加強用於生產海洋藥物與生物製品的動植物養殖栽育，積極推進海洋生物酶製劑、海洋生物功能材料和海洋綠色農用生物製劑等的研發與產業化。建立健全海洋生物製品研發、生產、檢測的標準體系，提升海洋藥物和生物製品生產裝備的研發製造能力。積極發展海洋生物活性物質篩選技術，推進海洋微生物資源的研究開發。重點研究開發一批具有自主知識產權的海洋藥物，大力開發一批技術含量高、市場占有量大、經濟效益好的海洋中成藥和海洋保健品。把大灣區打造成國際一流的海洋生物研發和科技產業中心。

### （七）積極發展海水綜合利用產業

把發展大灣區海水綜合利用作為戰略性接續產業加以培植。積極發展海水直接利用和海水淡化技術，提高海水淡化技術自主化水平，降低成本，擴大海水利用產業規模，促進海水成為工業和生活設施用水的重要水源。加快建設南澳島、萬山群島等海島海水淡化工廠，在深圳、江、汕頭等濱海城市建設海水淡化示範工程，建設一批大規模海水利用示範城市。推進電力、化工、石化等重點行業海水綜合利用，大力推廣海水直接作為工業用水和海水循環冷卻。藉助海洋生物種苗培育技術與海水淡化技術，培育開發可用海水灌溉的農作物，探索發展具有前沿性的「海水農業」。大力發展海洋可再生能源業，加快發展海上風電，優化大灣區開發布局，扶持與農漁業兼容發展的潮間帶風電建設，積極發展離岸風電項目，提高產業集中度，有序推進大灣區海上風電基地建設。把大灣區打造成國家海洋綜合利用示範基地。加快發展海洋能，利用大灣區豐富的海洋能資源，科學規劃海洋

能利用空間，重點建設一批國際領先水平的潮汐能電站、潮流能電站，建設海島地區多能互補獨立電力系統等示範工程，積極推進產業化進程。

## （八）加強海洋生態環境與資源保護

科學劃定大灣區海洋生態紅線，合理開發保護海洋資源，防止海洋污染和生態破壞，促進大灣區海洋經濟可持續發展。構建粵港澳大灣區西太平洋—印度洋藍色生態屏障。針對大灣區沿海城市各自實際和特點，建立和完善一批海洋自然保護區，實施海洋生態保護及開發利用示範工程。嚴格實行休漁制度，建設珍稀瀕危物種保護區。嚴格實行陸源污染物排海總量控制，嚴禁沿海城市、江河沿岸城市生活污水和垃圾直接排入海域。開展大灣區藍色海灣綜合整治工程，強化海洋污染防治和海洋生態保護，嚴格實行海水養殖環境准入制度，加強船舶、港口、航運、海洋工程等海上污染源管理。嚴格控制灘圍墾和圍填海，確保粵港澳大灣區大陸自然岸線保有率不低於 35%。完善大灣區海洋生態環境監測系統與評價體系，提高防災減災和突發事故應對能力，加強大灣區與海洋環境保護的國際合作，參與維護國家海洋權益行動。

# 大力推進農業現代化

　　農業是全面建成小康社會、實現現代化的基礎，也是建設粵港澳大灣區的基石。由於大灣區人多地少，自然資源相對短缺，隨著日益增長的人口和需求，許多問題需要解決，農作物播種面積有待擴大，糧食麵積尚需穩定，主要農產品缺口量較大，農產品質量安全任重道遠，農產品流通體系建設有待完善。

## 一、基本思路

　　強化三農基礎地位，建設幸福美麗新農村，是大灣區建設的重要內容。大灣區的農業發展，應立足於基本農情，實施旨在推進農業現代化建設的一系列舉措，按照穩糧增收、提質增效、創新驅動、保障安全的總體要求，全面深化農村改革，加快轉變農業發展方式，構建現代農業產業體系、生產體系、經營體系，提高農業效益和競爭力，促進農民收入持續較快增長，建設幸福美麗新農村。

## 二、大力推進農業現代化

### （一）確保糧食生產安全

　　在大灣區實行嚴格的農田保護制度，堅守耕地紅線，穩定糧食麵積，增加糧食產量，確保大灣區糧食總產能持續穩定，並能逐年增

加。科學劃定大灣區永久基本農田，完善基本農田保護經濟補償制度，實施土地整治工程，大力推進農田水利建設、土地整治和中低產田改造，完成國家下達的高標準農田建設任務。深入實施大灣區大中小型灌區改造、機電排灌、田間水利、規模化高效節水灌溉等骨幹工程。建立健全農田水利工程長效管護機制，加強農業生態治理，推廣化肥、農藥使用零增長的生產技術。推進農業標準化和信息化建設。全面提高糧食生產保障能力。增加糧食生產投入，改善糧食生產條件，扶持和發展糧食

生產，保護和提高糧食綜合生產能力。依靠科技進步，優化糧食結構，在大灣區建設一批優質商品糧基地和糧食優質產區，推進糧食產業化。加強糧食儲備體系建設，落實糧食儲備，建立糧食安全預警機制協調機制，保障糧食安全。

## （二）積極發展農村經濟

拓展大灣區農業綜合開發空間，優化大灣區農村經濟發展布局，實施五大精緻農林牧漁業重點領域工程，發展嶺南特色果蔬茶產業、特色畜牧產業、嶺南園藝花卉產業、特色傳統林產品、無公害水產品，建造粵西北運蔬菜優勢產區、茂名特色水果產區等一批大灣區特色現代農業示範區，創建農產品特色品牌，打造粵港澳大灣區農產食品交易中心，推動消費結構升級，提升食品安全供給保障水平。大力發展特色林業經濟、畜牧業和畜禽規模化健康養殖、水產健康養殖和遠洋漁業。發展科技農業和生物農業，加強農業科技攻關，構建一批農業科技創新平臺和示範基地。大力發展現代種業，打造現代種業良

種育繁推一體化及產業化體系。加快發展農業機械化和設施農業，推進水稻生產全程機械化，促進嶺南特色經濟作物生產機械化，研發推廣適應大灣區丘陵山地分散小規模生產的特色農機設施裝備，大幅度提高大灣區農機總動力和耕種收綜合機械化水平。重點建設大灣區現代農業產業體系建設工程、種業科技創新平臺建設工程、平原農田林網建設工程、木材戰備儲備林建設工程、林下經濟建設工程、油茶產業基地建設工程、遠洋漁業發展工程、海洋漁船更新改造工程、高標準現代化漁港建設工程、平安海洋氣象保障工程等十大農林漁業基礎設施建設工程，為發展農村經濟夯實基礎。大力發展「互聯網＋農企基地＋產業電商＋服務綜合體＋供應鏈金融」食品流通新模式，完善農村電商 O2O 展銷模式，促進訂單農業與各地供銷社、農業生產組織和大型農業龍頭企業建立深度合作關係，培育一批綜合競爭力強的農產品龍頭企業群。大力發展冷鏈倉儲、物流配送、物聯網、食品安全溯源檢測、第三方電子支付、大宗商品交易、跨境貿易及產業綜合服務體供應鏈全鏈條，打造以雲圖電商為龍頭的廣東農產食品安全保障示範基地和農村產品電商產業園。構建新型多樣化農村經濟經營體系，培育發展家庭農場、專業大戶、農民合作社、產業化龍頭企業等新型經營主體。穩定農村土地承包關係，完善土地所有權、承包權、經營權分置辦法，依法推進土地經營權有序流轉，發展多種形式適度規模經營。

## （三）促進農民持續增收

落實國家和各級支農惠農政策，加強財政、金融、科技支農力度，帶動金融和社會資本更多地投入農業農村發展新領域。著力發展

新型農村金融組織和小額貸款公司，解決農村融資難問題。健全政策性農業保險體系，增加農業保險品種，擴大農業保險覆蓋面。完善耕地保護補償、生態補償和農業補貼政策，保障農民公平分享土地增值效益。大力培育一批涉農經營性服務組織，健全大灣區現代農業科技創新推廣體系，發揮農村專業技術協會在農技推廣中的重要作用，鼓勵社會力量參與公益性服務，完善農村股份合作制，提高農民財產性收入。加強農業多種功能開發，提高農業綜合效益，推動農村一、二、三產業融合發展，帶動農民就業致富。積極引導農民成立以土地、資金或產品為紐帶的農民專業合作組織，拓寬農民增收渠道。建設一批具有歷史、文化、地域或民族特點的特色景觀旅游村鎮，大力發展休閒觀光農業、農家樂、鄉村旅遊等新業態。加強農產品流通設施和市場建設，構建安全有效、便捷暢通的農產品流通渠道。加大農村扶貧開發力度，深入實施精準扶貧、脫貧，健全精準扶貧、脫貧工作機制，完善對口幫扶責任制措施，通過發展生產、易地搬遷、生態補償、發展教育和社會保障等途徑方法分類扶持貧困家庭和人口，引導和鼓勵企業、社會組織和個人積極自願參與扶貧工作。

## （四）建設宜居宜業美麗鄉村

科學規劃農村布局，探索編制村級土地利用規劃，發展中心村，保護特色村，整治空心村，保護鄉村文化、歷史文化名村、傳統村落、少數民族特色村寨和民居，大力推進大灣區新農村連片示範建設工程，科學引導農村住宅和居民點建設，打造一批大灣區名鎮名村和幸福村居。進一步完善農村基礎設施和公共服務設施，實施自然村硬化路建設、農村公路安保、農村飲水鞏固提升、農村電網升級改造、

沼氣建設管理、郵政設施和寬帶網絡建設等新農村建設工程，實現村村有路、路路暢通、自來水普及率和安全性向城市看齊、電網配套、能源清潔、網絡流通。加強大灣區農村信息合作社建設。推進農村義務教育學校標準化建設，提高農村義務教育質量和均衡發展水平。深入開展新型職業化農民教育和培訓，提高農民職業技能和自主創業能力。加強農村醫療衛生建設、文化建設和體育建設，提高農民綜合素質。大力實施鄉村美化綠化工程，改造農村危房，開展環境連片整治，不斷提高衛生鎮、衛生村普及率。全面提升大灣區農民幸福指數。

## （五）推進農村綜合改革

以推進大灣區雲浮、清遠、南海等農村改革試驗區為突破口，推動農村綜合改革取得突破性進展。深化農村土地制度改革，進一步落實土地承包經營權、農村集體建設用地使用權、宅基地使用權、集體林權等確權登記頒證。探索完善農村股份合作制體制機制和運行形式，健全資產收益分配製度，有序推動集體經濟股份內部流轉。加強對農村集體「三資」監管，建立健全覆蓋縣鎮村三級農村產權流轉管理服務平臺體系。推進農墾改革，深化供銷合作社綜合改革。深化農村金融改革，加快推進農村信用合作社改制，實施普惠金融村村通工程，完善農業保險制度，加快農村信用體系建設。完善農村基層自治的民主協商、參與和決策機制，強化村民監督委員會的監督作用，引導村民理事會等群眾組織規範運作。打造一批鄉務鎮務村務公開民主管理示範鄉村，推動鎮—村型農村社會管理向街道—居型城鎮管理轉變。

## 第八節・
# 協同推進生態文明建設

## 一、推進生態文明建設的必要性

生態文明建設是粵港澳大灣區建設的重要內容，關係人民福祉，關系國家未來。推進大灣區生態文明建設不僅有助於促進空間集約、協調發展，提升區域協調性和可持續發展能力，還有助於通過污染治理、資源能源節約與生態保護，構築安全的自然生態格局，以形成綠色的生產生活方式，建立宜居空間。

## 二、基本思路

堅持走生態文明發展道路，把綠色發展理念融入建設粵港澳大灣區的各個領域、各個環節、各個方面，以建設綠色灣區、生態灣區為引領，建立健全粵港澳大灣區生態文明建設長效機制，強化主體功能區分區管控，構建生態系統網絡體系，提高全民低碳環保行為意識，強化資源節約、集約、循環利用，加強生態環境保護和治理，積極主動應對氣候變化，推動形成綠色大灣區生產方式和生活方式，建設天藍、地綠、海清、水潔的美好灣區。目前，資源浪費和生態環境破壞還沒有得到有效遏制，空氣、酸雨污染問題仍然突出，水資源浪費大、污染嚴重，局部地區水土流失嚴重、生物多樣性受到威脅。

# 三、具體路徑

## （一）加強主體功能區建設和分區管控

發揮主體功能區生態文明建設基礎制度的統籌作用，應落實主體功能區規劃，完善政策，推動大灣區各地區按照主體功能定位發展。粵港澳大都市核心區為粵港澳大都市連綿區域，含中心城區以及跨界增長區域，是最具備發展條件的區域，也是核心和重構「粵港澳三角」的支點。通過優化開發、功能提升和制度創新，加快發展現代服務業和先進製造業，培育區域金融、貿易、航運服務中心功能，率先建設成為粵港澳大都市區經濟實力最發達、綜合競爭力最強、聚集和輻射功能最強的綠色生態發展核心區，從而帶動區域整體優勢的發揮和國際競爭力的提升。核心區主要生態環境問題為城市無限制擴張，污染嚴重，人居環境質量下降。核心區生態保護環境主要方向是嚴格控制河口圍墾和山體開發，保護河口和海岸濕地；加強城市發展規劃，合理布局城市功能組團；加強生態城市建設，大力調整產業結構，提高資源利用效率，加強大氣污染防治、水生態綜合治理和生態修復，推進循環經濟和循環社會的建設。強化主體功能區分區管控，實行差別化的財政、投資、產業、土地、農業、環境、氣候應對等政策措施，推動大灣區產業結構向高端高效發展，推動重點開發區域提高產業和人口集聚度，嚴格實行重點生態功能區產業准入負面清單制度，建立有針對性的考核評價方法，加大對農產品主產區和重點生態功能區的轉移支付力度，完善對重點生態功能區和禁止開發區域的補償機制，強化激勵性補償。建設一批國家主體功能區試點示範縣（市）。圍繞優化生態環境、提高生態產品供給能力、構建生態廊道

和生物多樣性保護網絡、提升自然生態系統穩定性和生態服務功能，加快建設粵北南嶺山區、粵東鳳凰蓮花山區、粵西雲霧山區等北部環形生態屏障，確保大灣區生態安全和質量，建設珠三角東北部、北部、西北部連綿山地森林在內的珠三角外圍生態屏障，維護森林生態系統的完整性和聯貫性；加快建設東南沿海藍色海岸帶，打造應對氣候變化、營造優美海洋景觀的重要生態區域；建設生態廊道網絡體系，保護東江、西江、北江、鑒江、韓江及珠三角網河、粵西、粵東沿海諸河等主要水系，營建區域城鄉綠道網、森林公園、濕地公園和自然保護區；加快建設生態綠核，強化城市內部綠地空間，以生態綠核促進城市空間結構優化；劃定農業空間和生態空間保護紅線，整體打造科學合理的大灣區城市化格局、農業發展格局、生態安全格局和自然岸線格局。

## （二）強化生態保護與修復

大力實施大灣區山水林田湖生態保護和修復工程，維護自然生態的完整性、聯貫性和多樣性。從粵港澳大灣區自然環境和經濟發展整體布局出發，以全國主體功能區規劃、粵港澳生態功能區規劃、粵港澳建設「十三五」規劃為重要依據，進行區域生態建設，引導產業結構調整，優化經濟發展方式，從根本上預防和控制各種不合理的開發建設活動導致生態功能的退化，構建兩帶（綠色山地生態保育帶、藍色海洋保護與開發帶）屏護、林海相通、斑塊鑲嵌、廊道串聯的區域生態安全格局。加強森林生態系統的培育和保護，深入實施綠色大灣區建設工程，推進森林碳匯工程、生態景觀林帶工程、森林進城圍城工程、鄉村綠化美化工程，建設珠三角國家森林城市群，重點建設北

部連綿山體森林生態屏障體系，保護珠江水系等主要水源地森林和沿海防護林。加強造林撫育，大興植樹造林、封山育林和中幼齡林撫育改造，修復區域地帶性森林植被，重建雷州半島熱帶森林體系。探索建立具有大灣區特色的國家公園。加強濕地與河湖生態系統的保護和修復。建立大灣區統一的水域生態保護和管理體制，嚴防侵擾天然河流和濕地，實行退耕還濕、退養還灘。加強濕地自然保護區、濕地公園建設，實現濕地可持續利用。加強江河湖海管理，強化生態修復，促進飲用水源質量持續改善。實施生物多樣性保護和瀕危野生動植物搶救性保護重大工程，建設大灣區救護繁育中心和基因庫。優化完善自然區結構空間布局和建設管理職能。加強生物物種和遺傳資源保護，加快建設南嶺山地森林及生物多樣性生態功能區，對重要生態系統和物種資源實行強制性保護。建立大灣區生物多樣性監測評估與預警體系，強化野生動植物進出口管理，有效防範物種資源流失，嚴防外來有害物種侵入。

## （三）加強環境保護與環境治理

嚴格實行大灣區環境保護制度與措施，深入實施大灣區水、大氣、土壤污染防治行動計劃。大力實施珠江流域水污染防治工程、綜合治水工程、水源保護工程、全民愛水工程等，開展水污染防治和南粵水更清行動計劃，加強流域水生態環境功能分區管控，強化飲用水源保護和污染控制，依法整治威脅飲用水源和供水河道水質安全的污染源。實行跨界河流污染聯防聯治，重點推進練江、廣佛跨界河流、茅洲河、石馬河、小東江等跨界重污染河流和城市黑臭水體綜合整治，大幅度提升大灣區優良水質斷面比例。充分銜接全國生態功能區

劃、主體功能區劃以及水（環境）功能區劃等相關成果，建立珠江流域—控制區—控制單元三級水生態環境功能分區體系。將「水十條」中各項水質目標分解到各控制單元，將控制單元作為落實環境管理政策措施的主要層級。強化跨界斷面和重點斷面水質監測考核，建立跨地水資源生態補償機制，建立以地方投入為主，省及中央財政適當獎勵的資金投入機制，支持開展珠江流域補償試點。流域生態補償應以水質和水量控製為核心，明確水權初始分配和交易機制，協商建立粵港澳「珠江流域環境責任協議」，明確流域不同河段水質和水量要求，通過財政轉移支付、項目發展扶持、流域綜合治理和環境服務付費等進行生態補償。全面實施大灣區大氣污染防治行動計劃，重點推進珠三角地區大氣污染防治、工業源污染治理、電力行業污染減排等，推動大灣區的產業園區、產業集聚區全部實現集中供熱。大力削減揮發性有機物，重點開展石化行業、工業噴塗等領域的綜合整治，加強機動車污染防治，強化公路、城市道路、建築工地、堆場碼頭等揚塵治理。大力實施大灣區土壤污染防治行動計劃，制定大灣區防治土壤污染條例，加強土壤污染源頭防治，開展土地環境基礎調查、歷史遺留工礦污染整治、土壤污染治理與修復試點示範、重金屬污染綜合整治等工程，加強土壤修復與綜合治理，建設韶關土壤污染綜合防治示範區，加強珠三角典型區域土壤污染綜合治理。建立覆蓋城鄉的環保基礎設施體系，實施粵東西北垃圾污水處理設施、城鎮污水集中處理設施及配套管網、污泥處理等工程，加強危險廢物、醫療廢物、電子廢物等固體廢物安全處理，對供水、供電、道路、通信等公共基礎設施實施綠色化改造。建設變廢為寶、山清水秀大灣區。

## （四）大力建設生態宜居城市

依據資源環境承載力、應對氣候變化能力和自然山水地貌調節城市規模，優化城市形態和功能，大力推進生態宜居城市建設，加快建設深圳龍崗國際低碳城和珠海橫琴中歐低碳生態城，推進韶關、梅州、東莞、深圳東部灣區國家生態文明先行示範區（市）建設和河源、信宜、揭西等國家級生態保護與建設示範區建設，結合碳普惠制試點建設一批國家級低碳示範社區，提升城市環境質量，優化城市生態宜居度。大力倡導綠色生活方式，開展全民節能減碳行動，加強資源環境國情和生態價值觀教育，推動全社會形成綠色消費自覺，實現居民消費結構的低碳、節能、可再回收化。積極推動低碳出行、綠色居住，加強軌道交通建設，加快發展共乘交通，鼓勵自行車等綠色出行。深入挖掘大灣區文化的生態文化內涵，培育具有時代氣息、大灣區特色的生態文明理念，營造崇尚生態文明、踐行低碳理念、生活方式綠色、生態環境宜居的社會人文新風尚。加強對接粵港澳環境保護、資源管理等領域的政策法規，確立粵港澳一體化循環發展評價和管理制度體系，依照國際標準，建立統一的循環經濟統計指標體系、評價制度，並納入地方經濟社會發展考核體系。重點實施三項循環發展評價、考核制度完善工程：一是逐步落實強制性能效標識制度。開展能效標識和節能指標的跨區域聯合監督檢查機制，逐步推進統一的建築實行能效標識、清潔生產標識。二是落實投資項目資源利用效率審查制度。建立粵港澳共同認可的投資項目資源利用率評價標準，建立跨區域聯合審查制度，對未通過節能評估和資源利用率審查的投資項目，一律不得開工建設。三是建立科學的循環經濟評價指標體系、統計和核算制度。把發展循環經濟納入經濟社會發展的評價考核體

系。根據國家公布的循環經濟評價指標體系，制訂和完善粵港澳大灣區統一的循環經濟評價指標體系。強化發展循環經濟的基礎統計和核算工作，建立基礎數據庫。完善綠色增長相關統計核算制度和評價指標體系。建立和完善循環經濟發展指標統計制度，建立各類資源利用的基礎數據庫，及時編寫和公布大灣區資源利用與循環經濟發展狀況。

## （五）全面促進資源節約高效利用

把節約高效優先、集約循環利用的資源觀貫穿大灣區建設始終，強化約束性指標管理，促進各類資源節約循環高效利用，實施能源和水資源消耗、建設用地總量和強度雙控行動。實行最嚴格的水資源管理制度，開發利用再生水、海水等，推進水資源循環利用。加強節水技術、工藝、設備和器具的推廣應用，推動節水型社會建設，加快建設海綿城市。全力建設大灣區節約集約用地示範區，嚴格控制土地開發強度與規模，嚴格土地用途管制，建立低效土地市場化退出機制。嚴格控制農村集體建設用地規模，積極開展耕地輪作休耕。加強礦山資源節約與綜合利用，建設綠色礦山。加快推進節能降耗，嚴格實施固定資產投資項目評估和審查制度，全面推進大灣區工業、建築、交通、公共機構、農業農村等重點領域節能降耗，加快淘汰落後產能，積極化解產能過剩，完善企業退出機制。深入實施重點節能工程，推動能源管理體系建設，加快節能環保技術應用和推廣。制定大灣區循環經濟發展引領計劃，大力構建大灣區循環型產業體系。促進企業循環式生產、資源循環式利用、產業循環式組合，推進園區循環式改造，建設一批循環經濟工業園區。加快「三廢」資源化利用。提高全

社會資源產出率和循環利用率。完善再生資源回收體系，支持再製造產業化發展。推動企業實行清潔化生產，推進傳統製造業綠色改造，建立大灣區綠色循環發展產業體系。把大灣區打造成為具有國際先進水平的循環發展示範灣區。

## 第九節 ·
# 深化社會事業領域合作研究

## 一、深化社會事業領域合作的必要性

社會事業發展水平與質量，直接關係粵港澳大灣區經濟社會發展的健康與穩定。長期以來，粵港澳社會事業領域合作一直存在文化服務業比重不高、教育機會不公正、醫療費用過高、城鄉社會保障發展不平衡、人力資源配置和人才流動還存在體制機制障礙、旅遊資源科學融合不夠等問題，制約了大灣區的整體發展，為此，深化社會事業領域合作十分必要。

## 二、粵港澳社會事業領域合作的現實基礎

粵港澳區域內教育交流與合作具有深厚的歷史淵源。從廣東早期科舉制對粵港澳區域內教育的影響，到十六世紀澳門開埠時開展的各

種教育活動，再到鴉片戰爭後香港開埠移植英國學校對粵港澳區域內教育的推動，該區域的教育呈現出互動發展的趨勢。經過多年的教育改革及發展，尤其是港、澳相繼於一九九七年、一九九九年回歸祖國以後，該區域內已逐步形成具有鮮明特色的教育體系。廣東已建成基礎教育及職業教育並重、公立教育與私立教育互動的多元辦學體系。香港堅持全人發展的教育理念，以教育與市場需求緊密聯動的運行機製為依託，創建了開放性的國際化教育體系。澳門也逐步形成了多樣化的開放性國際教育體系。

發揚粵港澳地區以嶺南優秀歷史文化傳統為底蘊、以現代文明素質為特徵的新時期粵港澳人文精神。各種民間交流頻繁，各種國際性的會展、論壇，建設交易平臺促進了文化交流。特別是秉持嶺南文化傳承創新體系，以地域特色鮮明的建築、方言、飲食、民俗、音樂、畫派、節事、演藝等為重點，挖掘傳統文化的當代價值，充分展現嶺南獨特的生活方式、民俗風情以及價值觀念和審美情趣。

在全面深化醫療衛生體制改革的要求下，近年來廣東統籌推進基本醫療、公共衛生、基本醫保、藥品供應和監管體制改革，醫療保障水平不斷提高，醫療保障體系不斷完善。香港醫療保障制度自二十世紀八〇年代建立以來，為市民提供了高質量、全方位的醫療保障服務，現已形成區域醫療資源有效整合的醫療一體化管理架構，即七大區域聯網組建管理架構，各區域醫療機構均設立了可提供基礎醫療服務的基層醫院、緊急治療的急診醫院以及針對疑難雜症治療的專科醫院。醫療服務體系實行縱向管理，即醫管局董事局—行政總裁—聯網總監—院內行政總監，保證了醫療資源縱向管理有序高效。澳門現代

醫療保健體系始發於二十世紀八〇年代，現在已形成兩大類三層次的網絡結構。一類是由私人或社會組織提供的醫療服務，包括非營利性和營利性兩種，另一類是由澳門政府承辦的醫療機構提供的服務。三層次分別是：第一層次是由衛生局屬下的衛生中心提供全民免費初級醫療保健和護理服務；第二層次是由仁伯爵公立醫院及私人醫療機構提供的門診服務；第三層次是由仁伯爵醫院和鏡湖醫院共同承擔的專科及住院治療。在醫療保健服務的供應上，澳門私營機構起到重要作用，其規模遠超公營體系，提供服務的數量也超過公營機構。而這些私營機構有部分是不以盈利為原則進行運作的，屬於慈善性質的醫療機構。在整體醫療保障體系中，政府資助了部分私營機構以及所有的公立機構，政府承擔了絕大部分的醫療保障成本，其醫療保障費用採用以政府稅收為主導的融資模式，公營部門及慈善／非牟利機構負責了相當比例的醫療保健服務。

人類資源配置方面，廣東人力資源較為豐富，但是勞動力受教育水平偏低，產業間勞動力配置存在失衡，社會保障管理體制中政府的作用較大。香港人力資源供求矛盾日益突出，社會保障管理體系中政府的作用有限。澳門人力資源並不能完全滿足經濟適度多元化的需求，社會保障體系已經基本建立。

近年來，港澳遊客基本占廣東省入境遊客的 50% 左右，而粵港遊客約占澳門入境遊客的 50% 左右（其中廣東遊客約占 30%），內地遊客約占香港入境遊客的 75%。以建設「21 世紀海上絲綢之路」為契機，拓展粵港澳區域內旅遊資源整合和區域間合作的廣度和深度，實現區域旅游空間結構演變和區域旅遊經濟的協調發展，將粵港澳打

造成具有全球影響力的世界一流旅遊目的地。

## 三、全面深化社會事業領域合作

深化粵港澳社會事業領域合作，需要把發展社會事業放在大灣區建設的突出位置，科學規劃，統籌安排，深化合作，協調發展。持續提升文化軟實力，建設文明高尚的大灣區精神家園；率先基本實現教育現代化，打造國際一流的大灣區教育高地；不斷提高人民健康水平，建設高效完善的醫療衛生服務體系；全面優化人力資源和社會保障，打造為事業發展提供內生動力的強力引擎；大力發展粵港澳特色旅遊業，建設粵港澳世界級旅遊目的地。

### （一）加強教育交流合作

把加強教育交流合作作為實現粵港澳大灣區融合發展的重要橋梁，根據粵港澳教育事業各自特點，發揮港澳教育與國際接軌的優勢和粵地教育土地、生源資源的優勢，以及粵港澳具有教育交流合作良好傳統的優勢，促進優勢教育資源相互交流合作，著力建立合作長效機制，打造科學高效的教育交流合作新平臺，吸引港澳優質教育資源在粵聯合辦學，重點開展工商管理、現代物流、國際房地產、中醫中藥、普通話教學等合作辦學項目。加快推進中山大學、香港中文大學、澳門大學及粵港澳其他高校共建「粵港澳高校聯盟」，加強粵港澳高校在教育和學生交流等方面的合作。擴大港澳內地升學資助計劃，積極吸引港澳青年學生到粵高等院校求學及粵港澳大學互招本科生、研究生。組織開展粵港澳教育交流聯歡活動，安排港澳大學生到

廣州、深圳等地進行畢業實習，為港澳中小學校長、幼兒園園長、教師開辦各類教育改革、發展研修班。擴大粵港澳中小學生相互交流，增加粵港姊妹學校數量，提高教學質量。充分利用港澳愛國人士及基金會教育捐款，扶持對大灣區建設有重要應用前景或產生重大經濟和社會效益的研究課題，為優秀青年教師提供資金和科研經費。深入推進粵港澳 UIC 合作辦學模式，推動粵港澳教育合作上新水平，為國家教育改革提供有益經驗。以產業需求為導向，擴大提升粵港澳職業教育範圍和水平，促進香港、澳門有關機構利用資金和專業技術優勢，在粵地合作開展各類職業培訓和技術培訓，推動粵港澳職業技術教育合作邁向更高層次。積極探索在深圳、珠海等地建立粵港澳教育合作特區，創新制度政策，破除制約粵港澳教育合作的體制制度因素，允許港澳乃至外國高校在遵守中國國家憲法法律的前提下，按照「校本教育」模式在教育合作特區內獨立辦學，實行特區管理，給予辦學自主權，鼓勵引進國際先進教育理念和科研成果，打造粵港澳大灣區世界一流教育體系。

（二）深化文化交流合作

以深化粵港澳文化交流合作機制為紐帶，整合粵港澳文化資源，創建大灣區文化品牌，建設具有國際競爭力的文化市場。培育形成以社會主義核心價值觀為靈魂、嶺南優秀文化傳統為底蘊、現代文明素質為特徵的大灣區人文精神，強化文化薰陶，培育愛國情操。加快建設嶺南特色文化強市，充分運用族譜文化、非物質文化遺產、春節和中秋節等中華傳統節日文化等，挖掘時代價值，增進文化認同，強化港澳人心回歸、祖國認同。利用粵地文化資源和文化場館，在港澳聯

合舉辦文化展覽、文化論壇、文化博覽會等，提升港澳青少年對中華民族歷史文化的凝聚力和向心力。深化文化交流合作，提升粵港澳文化品牌影響力。發揮粵語是在東南亞乃至更多國家和地區的獨特魅力，創建「粵港澳南音粵樂薪傳音樂會」、「粵港澳青年文化之旅」、粵港澳音樂夏令營、粵劇傳承與保護、粵港澳博物館專業論壇等文化品牌，鼓勵支持粵港澳開展影視交流合作，共同打造具有世界水平和影響的大灣區影視城。大力推進粵港澳青少年文化交流，突出傳承中國傳統文化、國學研究、國畫學術等，強化基因傳遞，繼承愛國精神。依託「嶺南文化」，進一步加強粵港澳文化產業合作，促進公共文化服務深度融合，在演藝節目和人才、文化資訊、文物博物、公共圖書館、非遺傳承與保護、文化創意等方面搭建服務平臺，深化產業合作，共同培養文化藝術創作、經營、管理人才，共同推動優秀文藝作品、文博藏品巡演巡展，共同提升公共文化服務水平，共同拓展網絡及無線移動終端文化服務功能，共同組織多元化社區文化交流活動，共同推進粵劇和其他文化遺產的傳承與發展。依托港澳平臺，共同開拓國際市場，推動文化產業的縱深發展，推動粵港澳傳媒出版、影視節目、工藝美術和金融機構的業務合作，聯合打造「走出去」文化精品。積極扶持港澳通過舉辦國際性的會展、論壇，建設交易平臺，承擔起帶領內地文化產業走向國際的角色，推動粵港澳區域文化從過去強調交流和產業合作，發展到關注文化資源共享、共同品牌打造和提供便捷的跨境服務。加快建設廣州、深圳、珠海等地的文化產業園區，培育一批成長性好、競爭力強的骨幹文化企業，增強大灣區文化產業的整體實力和國際競爭力，打造具有粵港澳特色的民族文化產業世界品牌，不斷擴大國際市場的中國文化份額。

## （三）拓展醫療衛生交流合作

以實現粵港澳醫療衛生資源優勢互補為推手，協調粵港澳不同資源，促進粵港澳資源合作共享，推動粵港澳醫療衛生交流和產學研合作向更廣領域和更高水平發展。發揮香港醫療救護服務優勢和澳門基礎護理服務優勢，在大灣區建設跨區域醫療中心和衛生服務區，支持港澳服務提供商開辦獨資醫院，引導港澳資金向高端醫療市場投入，鼓勵有資質的港澳人員依法設立私人診所，全方位實現粵港澳公共衛生服務資源合作共享。針對粵港澳各自技術特色，推動實現大灣區醫療供需精準對接，形成技術雙向流動、服務互補互助的合作交流模式，實行醫療記錄跨地域查詢，促使城鄉居民方便快捷地獲得醫療服務。大力推動粵港澳醫療衛生人才交流協作，共同培養和建立高素質高水平的醫療衛生專業人才隊伍。實施跨境聯合會診和互派醫護專家扶弱扶困制度，改善滯後地區醫療衛生條件，帶動提升大灣區整體醫療衛生服務水平。發揮粵地中醫資源豐富、國家級中醫專家眾多的優勢，聯合發展粵港澳中醫藥產業，加快建設珠海橫琴粵港澳合作中醫藥產業園區，共建國際中醫藥產業基地及國際中醫藥交易平臺，打造康復醫療、養生養老、休閒保健、數字遠程醫療一體化的中醫藥服務基地。建立健全大灣區疾病預防控制和突發公共衛生事件應急處理協調機制和聯防聯控網絡，及時監測重大傳染病疫情和重大公共衛生事件發生，相互通報衛生檢驗檢疫情況，聯合進行突發公共衛生事件防控應急演練，促進粵港澳疾病預防相關數據實現共享，持續提升應急處置能力、信息交流能力和聯防聯控能力。推動大灣區成為健康灣區、衛生灣區。

## （四）擴大人力資源和社會保障合作

把擴大人力資源和社會保障合作作為深化粵港澳融合的基礎性工程，構建政府主導、民間參與、協調推進的大灣區人力資源和社會保障管理體系，共同推動粵港澳人力資源合理流動和有效配置，加快粵港澳人力資源和社會保障一體化進程。進一步加強廣州南沙、深圳前海及珠海橫琴等人才合作示範區建設，推動人才評價使用、交流配置、薪酬激勵、和諧就業、人才管理服務等取得新突破。加快引進港澳會計、法律、醫療衛生、教育培訓、管理諮詢等專業服務機構，在工商登記改革、仲裁制度、社會組織培養等方面加強粵港澳銜接，共同建立大灣區專家庫，形成具有國際吸引力和競爭力的人才集聚區。發揮廣州「留交會」、深圳「高交會」和「國際人才交流大會」等載體平臺的作用，吸引國際高端人才到大灣區幹事創業，深化世界高端機構與人才和大灣區高新區、產業園區、企業合作交流，優化科技產業對接。加快粵港澳勞動就業及社會保障管理體制的銜接，建立粵港澳執業資格互認機制，健全職業資格審核和互認機制和機構設置，推進粵港澳服務人員執業資格互認或單邊認可，推動在粵工作、居住的港澳人士的社會保障與港澳有效銜接，促進粵港澳區域的人員、信息、資源要素等便捷流動，實現大灣區人力資源互通和共享。強化粵港澳技術技能培訓合作，引導各類技工院校與企業開展對接合作，培訓急需緊缺專業技術人才和技工，強化粵港澳就業服務平臺建設，面向人人，統一標準，促進粵港澳人員就業創業。大力促進社會組織及社會團體健康發展。在健全法律、完善制度、加強監管的原則前提下，逐步將社會福利服務項目交予民間組織和企業，促使粵港澳民間組織形成對等合作關係，統一社會福利管理機構職能職責。加快破除

影響粵港澳勞動力自由流動的制度障礙，依法保護流動勞動力的權益。探索實行彈性工時制度和僱主舉證證明競業禁止時間、範圍沒有超過商業祕密保護的實際需要的制度，維護勞動者權益。健全粵港澳人力資源和社會保障合作協調機構，加強組織、規劃、溝通、協調，探索建立跨境民生和公共服務合作機制，為港澳居民創造社會保障可攜環境，鼓勵港澳專業社會服務機構參與公共服務合作，打造粵港澳人力資源和社會保障合作發展升級版。

## （五）強化旅遊開發合作

以建設「21 世紀海上絲綢之路」為契機，拓展粵港澳旅遊資源整合與合作，促進旅遊經濟協調發展，推動大灣區旅遊一體化建設。發揮嶺南文化、香港國際大都會、澳門博彩和葡語文化等旅遊資源優勢，開發精品旅遊項目和旅遊產品。依託珠海橫琴長隆國際海洋度假區、深圳大小梅沙國際休閒度假區、國家 5A 級景區順德長鹿農莊、陽江海陵島等，推動粵港澳在海洋旅遊、商務會展、休閒度假、養生旅遊、郵輪旅遊等方面的深度合作。突出海洋特色生態旅遊，建設一批具有國際知名度的濱海旅遊勝地、海洋文化體驗旅遊基地和海洋文化旅遊項目。聯合開發粵港澳休閒美食遊、尋根探祖遊、地質公園—世界遺產遊、文化歷史遊、濱海風光遊「一程多站」旅遊線路，積極培育「澳門歷史城區——開平碉樓——韶關丹霞山」世界遺產旅遊專線，豐富粵港澳都市休閒遊線路，推動海上絲綢之路沿線國家共同打造「21 世紀海上絲綢之路」旅遊線路，加快形成粵港澳黃金旅遊帶。加快建設粵港澳無障礙旅游區，支持粵港澳在外國遊客入境、過境旅遊便利化及中西醫融合醫療養生體驗游等方面開展先行先試，實行部

分國家旅遊團入境免簽政策或落地簽證，簡化郵輪、遊艇出入境手續，優化調整赴港澳個人遊政策措施，有序開展粵港澳遊艇自由行。推動建設廣州南沙、珠海橫琴兩大免稅購物中心，打造粵港澳旅遊購物天堂。推進粵港澳郵輪旅遊合作，依託廣州、深圳、珠海、香港、澳門等，開發連接新加坡、馬來西亞、文萊、越南等的東南亞郵輪航線，建設中國頂級遊艇會和國際郵輪碼頭等項目，打造粵港澳國際著名郵輪旅遊中心。加快發展「智慧旅遊」，充分利用雲計算、大數據、物聯網等技術，開發線上線下融合的旅遊產品，優化旅遊經營模式，建設粵港澳旅遊信息公共服務平臺，共享信息資源。推動大灣區成為有全球影響力的世界旅遊目的地。

<br>

第十節‧
# 增強粵港澳大灣區環境支撐功能研究

建設世界一流的粵港澳大灣區，需要強有力的優質環境支撐。粵港澳大灣區目前還存在法治理念有待進一步確立、法律的權威性有待進一步樹立、依法行政有待進一步加強等問題，環境支撐功能亟待強化。

## 一、粵港澳大灣區當前的環境支撐

粵港澳大灣區地處兩種制度交會的最前沿，在體制機制創新方面

扮演引領帶動作用的角色。港澳在體制資源和社會管理模式上具備優勢，具有與國際接軌的法律體系和市場規則。珠三角是改革開放的先行地，市場化程度較高、市場體系較完備，有一套較完備的法治化國際化營商環境和機制。加快粵港澳大灣區區域合作，有利於創新粵港澳合作機制，突出「兩制」的互補性，更有效地促進珠三角區域合作共贏，使粵港澳大灣區成為引領泛珠三角區域制度創新和科技創新的試驗平臺和配套改革試驗區。

## 二、增強粵港澳大灣區的環境支撐功能

### （一）發揮「一國兩制」「港人治港」「澳人治澳」的政治優勢

充分發揮「一國兩制」「港人治港」「澳人治澳」的政治優勢，以建設法治政府為核心，以完善市場、政府、社會三大領域法律制度體係為重點，促進大灣區治理體系和治理能力現代化，全面構建符合國際慣例、具有國際競爭優勢的法治環境和商業規則，全面提升政府公共服務能力和水平，全面推進社會信用體系建設合作，建設法治灣區、信用灣區、文明灣區、陽光灣區。

### （二）大力推進法治城市建設

充分利用經濟特區立法優勢和香港、澳門特別行政區立法權優勢，加強和改進大灣區立法，借鑑國際社會法治建設成功經驗，弘揚社會主義法制精神，在國家基本法律框架下，在立法、司法、執法、

仲裁、知識產權保護、法律服務等方面先行先試，在大灣區法治建設上率先取得突破，率先建立符合大灣區戰略定位、與國際高標準貿易投資規則接軌的法律框架和制度體系，全面打造國際化、市場化、法治化一流的營商環境，打造與國際規則相銜接的優良營商環境，形成可複製推廣的經驗，引導廣東及其他區域形成國際化、市場化、法治化的營商環境，提升對高標準國際規則、標準的適應力。深入開展法治宣傳教育，增強全社會特別是公職人員學法守法理念，推動領導幹部帶頭學法、模範用法，把法治教育納入國民教育體系和精神文明創建內容，健全媒體公益普法制度，深化基層組織、部門、行業、企業依法治理，增強全社會法治意識、規則意識和契約精神。健全覆蓋城鄉居民的公共法律服務體系，大力發展律師、公證、人民調解、司法鑑定等法律服務業，完善法律援助制度，加快實施一村（社區）一法律顧問等一批法治建設工程。依法妥善處置信訪、行政訴訟、勞資糾紛、民族宗教等社會問題，強化土地徵收、環境保護、公共安全等矛盾頻發領域的源頭治理，健全排查、預警、處置機制，營造全社會良好的法治環境。創新社會治理體制，推進依法治理精細化，完善城鄉服務治理體系，健全基層群眾自治制度，全面落實鄉鎮（街道）領導幹部駐點連繫群眾制度，支持群團組織參與創新社會治理，培育發展一批行業協會商會類、科技類、公益慈善類、城鄉社區服務類等社會組織，激發社會治理活力。大力發展志願服務事業，健全志願服務事業國際化、宿舍化發展機制。積極開展法治國際交流合作，加強對國際法、適用國際條約慣例和各國法律的研究，構建符合國際慣例和促進商業文明的運行規則和制度體系，強化對大灣區建設的法律保障服務，打造大灣區法治建設示範區。

## （三）全面提升政府公共服務能力

大力加強政府公共服務建設，是建設粵港澳大灣區的內在要求，也是滿足人民需求和建設服務型政府的重要途徑。堅持運用法治思維和法治方式建設服務型政府，推動政府提供高質量的公共服務，營造國際一流公共服務環境。健全依法行政和決策機制，促進政府秩序規範，實現政府機構職能、權限程序法定化，切實維護公民、法人和其他組織合法權益。強化行政機關依法決策主體責任，嚴格落實公眾參與、專家論證、風險評估、合法性審查、集體討論決定的法定程序。建立重大決策合法性審查、責任追究機制，強化依法行政考核。全面規範涉企檢查項目、查檢備案等工作機制，維護企業正常生產秩序，嚴厲打擊各種經濟犯罪行為。積極推進行政審批制度改革，公布實施權力清單、責任清單和公共服務清單，不斷深化自貿試驗區、一照一碼、「多規合一」等重點領域改革，服務大灣區建設。強化公正文明執法，在食品藥品安全、安全生產、環境保護、勞動保障、社區矯正、海域海島保護、河道及水資源管理等重點領域加強基層執法力量，理順城管執法體制，全面實行行政執法人員持證上崗和資格管理制度，制定執法標準化流程並向全社會公開，促進公正執法、陽光執法。加強對行政權力的制約和監督，構建人大監督、民主監督、行政監督、司法監督、審計監督、社會監督、輿論監督協調聯動、緊密銜接的工作機制。把公平公正公開原則和科學民主要求貫穿政府法規規章，加強立法和改革決策銜接，推動重大改革依法有序進行。深入推進政務公開，提高大灣區政務公開信息化水平，打造廉潔透明、便捷高效的大灣區政務環境。

## （四）推進社會信用體系建設合作

在全球信用經濟社會發展的背景下，合作推進社會信用體系建設，成為粵港澳大灣區建設的關鍵。支持推進內地九省區與港澳之間的信用體系的逐步對接，建立區域信用聯動機制，開展區域信用體系建設合作與交流，促進信用建設經驗成果及信用市場服務的互通、互認和互用。推進社會信用體系建設合作，按照社會信用信息共享交換平臺建設總體要求，建立健全各行業各領域信用記录，並與全國統一的信用信息共享交換平臺實現對接，以統一社會信用代碼為標識，實現企業登記、產品質量監管等信用信息的共享交換。依託粵港澳區域合作機制，建設粵港澳社會信用合作體系，打造具有國際信譽的「信用大灣區」。推進政務誠信建設合作，提升政府公信力，以政務誠信帶動社會誠信。推進社會誠信建設合作，加強全民職業道德與社會公德建設。推進司法公信建設合作，健全司法公信工作機制。創建大灣區信用聯動機制，加強粵港澳信用制度頂層設計、共享機制、獎懲機制等方面合作，深化粵港澳信用信息互聯共享，建立大灣區統一信用評價標準，完善信息資源採集與提供、申請與交換、共享與安全、評估與監督等制度，搭建大灣區公共信用信息共享服務平臺。健全大灣區知識產權保護機制，完善專利代理信用信息聯合查詢系統。建立完善統一的企業信用分類標准，實現大灣區跨境信用聯合懲戒，完善「一處失信、處處受限」的失信懲戒機制。聯動開展誠信教育和誠信文化建設，共同營造「守信者榮、失信者恥、無信者憂」的良好氛圍。深化大灣區信用體系建設合作，加快建設大灣區信用網、公共信用信息基礎數據庫、政府內部聯合徵信數據交換平臺和公共信用信息統一發布平臺，建立健全大灣區各行業各領域信用記录，並與國家和

國際信用信息共享交換平臺實現對接，以統一社會信用代碼為標識，實現企業登記、產品質量監管等信用信息的共享交換。合作推進中小企業信用體系試驗區建設。圍繞信用信息共享、產品應用、聯動獎懲、制度保障、信用服務市場發展等領域，加快大灣區社會信用建設一體化進程，促進信用信息互查、誠信企業互認、信用服務機構備案互認，實現大灣區信用建設經驗成果及信用市場服務的互通互認互用。

第七章

---

促進粵港澳
深度融合發展

香港、澳門回歸以來，「一國兩制」實踐日益豐富，政治穩定，經濟繁榮，人民生活水平不斷提高。「一國兩制」的實踐創立了人類歷史上的一個全新範式，也為人類文明化付出了自己的貢獻。但是，粵港澳在融合發展中仍缺乏高效的、權威性的協調機制；粵港澳體制政策差異明顯，行政區體制與跨區域經濟合作之間存在矛盾；粵港澳間的觀念和利益存在著差異，在合作理念上存在分歧；香港的圍城心態與經濟民粹主義的抬頭，其國家認同感的變化受到關注等。

## 第一節 ·
# 粵港澳大灣區融合發展重要性

## 一、粵港澳融合發展問題與挑戰

香港回歸祖國二十多年以來，「一國兩制」理論得到成功的實踐，但也面臨一些社會領域的挑戰。在「一國兩制」下，如何在價值觀念、制度安排、發展程度的差異下求同存異，形成思想共識，凝聚兩地力量，推動香港人心回歸，加快兩地社會發展目標的融合，一直是內地與香港各界廣泛關注的焦點，亟須在體制機制和政策創新方面取得突破。

## （一）從政治方面看

改革開放後，珠三角憑藉毗鄰港澳的優勢，依託港澳的商業投資迅速發展起來，共同創造了舉世矚目的經濟奇蹟。香港回歸後，香港人的社會地位有了一個根本性的變革，香港人才擁有管理香港的民主權利。香港的基本法規定港人有選舉權和被選舉權。港人有言論、新聞、出版的自由，有結社、集會、遊行、示威、罷工的自由，有組織和參加工會的權利和自由，有權對行政部門和行政人員的行為向法院提起訴訟。按基本法的規定，特區行政長官是由港人選舉產生的，港人有管理國家事務的權利。這些自由都是香港在受到英國當局殖民統治時期的百姓所沒有的。香港經濟繁榮是與內地緊密相連的，是與中央政府、十三多億人民的支持分不開的。但近年來，香港社會高度分化，在包括政治改革和經濟發展等方面和內地所希望的相去甚遠，仍然有極少數人敵視祖國統一，利用各種形式挑撥離間兩地人民關係，污衊香港沒有民主，咒罵中國人民，為英國殖民統治塗脂抹粉，他們的目的就是分裂中國。鄧小平指出，「港人治港有個界線和標準，就是必須由以愛國者為主體的港人來治理香港……愛國者的標準是尊重自己的民族……擁護祖國恢復行使對香港的主權」（《鄧小平文選》第三卷第 61 頁）。鄧小平為什麼提出愛國者這個問題呢？這是因為他知道當時或將來都會有人反對祖國統一，都會有不愛國的人。如今香港暴露出的問題證明，香港確實有一部分人反對香港跟內地的融合，他們甘願做「西方國家的奴才」，一有風吹草動就興風作浪。他們講的「一國兩制」只要香港這一部分，不想要內地這一部分，骨子裡就不想融合。粵港澳大灣區融合發展規劃的提出，也同樣會遭到少數反對派的異議，甚至成為其政治作秀的工具。

## （二）從體制機制壁壘看

「一國兩制」形成港澳與內地的體制差異明顯，粵港澳大灣區是「一國兩制」自貿區、CEPA 等多重體制疊加。大灣區包括三個不同的關稅地區、三個省級的行政單位，如何統一規劃協調存在諸多困難。廣東省推進融合發展以行政手段為主，但港澳方面必須遵循市場化、自由化原則，主要依賴於民間正式或非正式的集團；觀念和利益之間存在差別，使得粵港澳在合作時存在難以協調的問題；港澳對內地法規政策了解得還不透徹，而廣東企業對港澳的開放市場還不能完全適應。要充分挖掘各自體制優勢和政策優勢，縮小體制差異性。

## （三）從政策差異性上看

總體上港澳實行低稅率政策，內地稅率相對較高，尤其是關稅方面差異巨大。在法律法規方面，香港屬於英美法系，是一個成熟的法治社會，內地屬於大陸法系，距法制社會有一定差距。在標準方面，港澳行業通用的是國際標準，在與廣東合作時還面臨著行業標準統一的問題。例如，目前粵港澳之間的職業資格認證還未出台互認政策，影響了區域人才的流動。

# 二、粵港澳的戰略定位

由於特殊的制度創新優勢、區位優勢和資源稟賦條件的比較優勢，粵港澳區域的經濟合作不但在國際產業分工和經濟全球化過程中占有重要地位，而且在國內區域經濟格局中也具有排頭兵和增長極的獨特作用。粵港澳合作已遠遠超越區域性、地緣性經濟合作的範疇。

要用世界眼光來謀劃和深化粵港澳合作，把粵港澳看作一個整體來謀劃合作。高標準建設好粵港澳合作區，不但是推動粵港澳和整個中國經濟持續、穩定、快速發展的重要動力，而且對解決臺灣問題具有巨大的示範效應。因此，我們應從國家層面的戰略高度，重新定位和審視粵港澳合作，將傳統的以地方為主的粵港、粵澳雙邊協商機制轉變和提升到中央主導的三邊或多邊協商機制，建立國家級區域協調機構，加強中央在粵港澳合作中的主導性作用，建立中央政府主導下的粵港澳三邊合作機制和制度協商平臺。

## （一）廣東

廣東作為港澳的經濟腹地和保持港澳繁榮穩定的可靠保障，成為內地與港澳經濟合作的「先行區」和繼長三角後的中國經濟發展的重要引擎。廣東是世界性製造業基地和全球性產品生產、集散和銷售中心。從廣東的經濟發展角度看，廣東經濟在總量規模上先後超越了「四小龍」，但在經濟質量、產業結構和人均產值上卻仍與「四小龍」存在巨大差距。而廣東要真正在經濟規模和經濟質量上都全面趕超「四小龍」，就必須以深化粵港澳大灣區融合發展為契機，構建粵港澳大灣區合作新平臺，引進香港的高端服務業和「一帶一路」沿線國家的高端製造業，實現廣東產業結構在全球價值鏈上的鏈節提升和結構轉型升級。

## （二）香港

香港是世界金融、航運、貿易中心。香港是繼紐約、倫敦後的世界第三大金融中心，在世界享有極高聲譽。香港股票市場是亞洲第二

大市場。目前，全球排名前一百位的銀行中，有七十多家在香港營運。香港現有三百一十多家銀行機構和一百八十多家保險公司，另有大約七百家證券經紀行和一千九百家單位信託基金或互惠基金公司。以對外銀行交易量計算，香港是世界第十五大銀行中心。以成交額計算，香港是世界第六大外匯交易市場。香港沒有外匯管制，各種外幣可以隨時兌換調動，而且資金進出沒有限制。中央先後推出 CEPA、內地居民赴港「個人遊」泛珠三角區域合作、開放人民幣業務、推動國企赴港上市等一系列重要措施，不僅創造了內地與香港互利互惠的雙贏局面，更鞏固了香港的「三大中心」地位。香港是世界第七大航運中心，是重要的國際商港。從香港到世界各地有二十多條航線。香港也是進入內地經商和旅遊的大門。目前在港的約八十家國際航運公司每星期提供超過五百個航班，目的地遍及全球五百個港口。香港也是國際和亞太地區重要的航運樞紐和極具競爭力的城市之一，連續二十一年經濟自由度指數位居世界首位。香港是全世界最自由和繁榮的商貿港口，香港和一百多個國家有免簽證協議，和珠江三角洲也即將推出免簽證來往旅遊計劃；貨物進出不征關稅，海陸空物流處理速度極快。香港是世界第八大貿易體，從香港出口或轉口的貨物遍及五大洲，而世界各地的貨物也在源源不斷地進入香港或經過香港進入內地。優越的地理位置、良好的港口條件和有限的自然資源及狹小的都市空間，使得香港在開埠之初就確定了以轉口貿易為都市發展的道路。香港傳統的最大貿易市場是歐洲和美國，香港的貿易進口來源地主要是中國內地（37.6%）、日本（15.6%）以及美國、新加坡、韓國等。近年來，台灣與香港貿易發展很快，已占香港進口貿易的第三位，出口的第七位，轉口的第六位。

## （三）澳門

澳門是世界性博彩旅遊中心，歷史上，澳門曾經是海上絲綢之路旅程中的節點之一，也是明代海上絲綢之路的重要港口，中西文化的交會地。十六至十七世紀中葉，澳門以廣州為中心、中國為腹地，成為遠東貿易中心，經營四條國際路線：澳門—果阿—歐洲貿易航線；澳門—日本貿易航線；澳門—馬尼拉—美洲貿易航線；澳門—東南亞貿易航線。而當時的香港還沒開埠。現今，澳門是中國與葡語國家商貿合作服務平臺的主辦方和常設秘書處。澳葡關係密切，澳門是我國打開歐洲葡語國家市場的重要渠道。

## （四）粵港澳發展優勢

香港具有國際性金融、貿易、航運中心和現代生產性服務業的優勢。香港的現代服務業與廣東的製造業如何加強合作、優勢互補，是粵港澳合作一個極為重要的方面，應加大開展銀行、證券、保險、評估、會計、法律、教育、醫療等領域的合作。借鑑香港物流業管理模式、經驗和技術，發展廣東的物流業；利用港澳資本和管理經驗，完善廣東的酒店、旅遊點等基礎設施；利用港澳旅遊網絡，開拓國際旅遊市場；實現廣東、香港、澳門旅遊資源的優化組合，建立滿足不同市場需求的跨區域的旅游路線，做大粵港澳的旅遊產業。粵港澳要找準自己的發展戰略定位，重點在融合發展上下功夫，粵港澳合作發展潛力巨大。粵港澳地區也是世界性都會區和城市群，粵港澳合作的成敗和影響已遠遠超出中國範圍而具有世界意義。通過粵港澳優勢的優化融合，形成新的優勢、新的競爭力、整體的競爭力，進一步提升粵

港澳在亞洲地區經濟格局的地位、影響力，更好地服務粵港澳經濟發展的戰略目標，在新的起點上推進粵港澳合作。要全力支持香港鞏固國際金融、貿易、航運中心的地位，全力支持澳門鞏固世界旅遊休閒中心的地位。推動共同發展、創新發展、分工發展，同時，要進一步加強經濟、文化、教育、金融、信息環境等方面的融合，為整個合作奠定一些基礎性的東西。只有將粵港澳作為整體來考慮，才能產生和創新有足夠拉動力的戰略平臺。

## 三、以世界標準謀劃和構建

在實行「一國兩制」的前提下，依照國際標準，要考慮如何消除、解決彼此之間的利益矛盾，努力解決彼此對立和積怨問題，積極化解彼此矛盾，加深合作，實現共贏。以世界眼光謀劃粵港澳關係，以全球視野審視粵港澳的未來，以開放、包容和務實的心態拓展合作空間，以加強和創新社會管理作為新起點和新契機，大膽設計，超前謀劃，把粵港澳更緊密合作進一步引向深入，以更好地實現粵港澳的優勢互補、互利互惠、繁榮穩定和共同發展。我們應跳出粵港澳來看粵港澳，用世界眼光和全球視野來謀劃粵港澳合作，我們應高起點、高標準來建設世界水平和全球價值的粵港澳特別合作區，使粵港澳成為國際性金融、商貿、物流、旅遊中心和世界性製造業基地，使粵港澳成為世界經濟發展的重要一極。

從粵港澳金融合作和香港金融中心發展的角度看，香港作為區域性金融中心，具有建立粵港澳金融創新圈和構建「亞洲紐約」的雄厚實力和優勢條件。近年來雖然亞洲的經濟實力在不斷攀升，但亞洲地

區仍然缺乏一個能與英國倫敦和美國紐約相抗衡的金融中心。一直以來，亞洲各金融中心之間沒有明顯領先者。但據英國倫敦金融城二〇〇七年公布的調查數據顯示，由於香港擁有中國內地龐大的發展平臺，享用中國內地企業來港上市的「盛宴」，並在熱切期待「港股直通車」的到來，因而香港的金融競爭力不但超越新加坡，而且還遙遙領先於包括東京在內的其他亞洲金融中心。報告對全球四十六個金融城市加以比較和排名，結果倫敦排名第一，紐約其次，亞洲的香港與新加坡分列第三和第四名，東京排第九，上海排第二十四位。報告認為，香港因擁有廣闊的發展腹地、最嚴格的監管機制和大量經驗豐富的國際性金融人才而成為另一個全球金融中心的最有力競爭者。因此，香港如果能充分利用中國內地龐大市場與廣闊腹地的優越條件，進一步深化粵港澳金融合作，延伸和擴展香港金融中心功能區範圍，構建粵港澳金融創新圈，就完全有可能成為亞洲的紐約、中國的華爾街，成為繼美國紐約、英國倫敦之後的另一個全球金融中心。

廣東是世界性製造業基地和全球性產品生產、集散和銷售中心，澳門是世界性博彩旅遊中心，粵港澳地區也是世界性都會區和城市群。因此，我們應該用世界眼光和全球視野來謀劃粵港澳合作，打造世界經濟發展的重要一極。特別是從粵港澳金融合作和香港金融中心發展角度看，香港具有建立粵港澳金融創新圈和構建亞洲金融中心的雄厚實力和優勢條件。如果深圳在與香港的金融合作中，對把香港建成亞洲金融中心的系統工程和「前臺業務」給予強力支撐，大力發展「後臺業務」，「前臺」與「後臺」全面配合，延伸和擴展香港金融中心功能區範圍，就完全有可能把香港打造成為繼美國紐約、英國倫敦之後的另一個全球金融中心。

由於粵港澳特殊的制度創新優勢、區位優勢和資源稟賦條件的比較優勢，粵港澳大灣區的經濟合作不但在國際產業分工和經濟全球化過程中占有重要地位，而且在國內區域經濟格局中也具有排頭兵和增長極的獨特作用。廣東、深圳作為港澳的經濟腹地和保持港澳繁榮穩定的可靠保障，成為內地與港澳經濟合作的「先行區」和繼長三角後的中國經濟發展的重要引擎。粵港澳合作已遠遠超越區域性、地緣性經濟合作的範疇。高標準建設好粵港澳大灣區，不但是推動粵港澳和整個中國經濟持續、穩定、快速發展的重要動力，而且對解決台灣問題具有巨大的示範效應。應從國家層面的戰略高度，重新定位和審視粵港澳融合發展合作，將傳統的以地方為主的粵港、粵澳雙邊協商機制轉變和提升到中央主導的三邊或多邊協商機制，建立國家級區域協調機構，加強中央在粵港澳合作中的主導性作用，建立中央政府主導下的粵港澳三邊合作機制和制度協商平臺。

　　在「一帶一路」的大背景下，以體制機制創新為動力，以經濟一體化為目標，以貨物貿易自由化、服務貿易自由化和投資貿易便利化為主要內容，全方位推進粵港澳經濟和社會的融合，充分發揮粵港澳大灣區具有開放創新的環境、高效的資源配置能力及發達的互聯互通網絡等優勢，提升港澳在國家經濟發展和對外開放中的地位和功能，支持港澳發展經濟、改善民生、推進民主、促進和諧。全力支持香港鞏固國際金融、貿易、航運中心的地位，全力支持澳門鞏固世界旅遊休閒中心的地位，推動金融、商貿、物流、專業服務等向高端高增值方向發展，提升粵港澳區域發展的國際競爭力。

## 四、深化「一國兩制」的科學內涵

### （一）「一國兩制」是粵港澳融合發展的重要理論基礎

「一國兩制」開創了在不同社會制度條件下，用和平談判方式，並在最大限度地維持現狀條件下實現國家統一的先河。「一國兩制」不但是一種新的統一觀，而且是一種全新的發展模式。它把國家統一、改革開放和現代化建設作為一個整體進行考慮，既實現中華民族統一的願望，也在統一過程中有效地維護港澳經濟的繁榮發展和促進內地特別是廣東的現代化建設。在新形勢下，要深化拓展「一國兩制」的科學內涵，全面準確把握「一國兩制」的含義，為構建粵港澳融合發展提供理論支撐和實踐指導，進一步凸顯「一國」的共同利益，增強「一國」的凝聚力，減少「兩制」的差異和摩擦力，加快粵港澳大灣區融合發展和一體化進程。

### （二）「一國兩制」是實現祖國和平統一的政治前提和基本保證

「一國」即世界上只有一個中國，香港、澳門都是中華人民共和國不可分割的組成部分；在國際上代表中國的，只能是中華人民共和國。「兩制」是實現祖國和平統一的基本途徑，是中國國家體制的重要特色。在「一國兩制」框架下，國家的主體部分即內地地區堅持社會主義制度，而非主體的港、澳地區則保留原有的資本主義制度和生活方式長期不變。港、澳地區將依法設立特別行政區，除外交、國防外，享有高度的自治權，它包括：行政管理權、立法權、獨立的司法

權和終審權；財政獨立；現行的法律基本不變；私人財產受法律保護；自行確定地區內的貨幣、金融、關稅等政策；可使用區旗和區徽；官方正式語言除中文外可包括其他語言。要堅決維護憲法和香港基本法的權威，堅持以愛國者為主體的「港人治港」，堅定支持行政長官和特別行政區政府依法施政，深入推動內地與香港交流合作。這是關係到繼續保持香港繁榮穩定，關係到國家主權、安全和發展利益的艱巨而複雜的戰略任務。當下香港社會圍繞政改議題爭論不休，少數別有用心之人藉機發難，假借民意向中央和特區政府施加壓力，實則是干擾破壞「一國兩制」的行徑，企圖顛覆中央對香港的依法管治。香港作為一個特殊的地方行政區域，香港的政制發展既不能照搬西方標準，也不能實行內地模式。通過粵港澳大灣區融合發展，各方精誠合作、務實探討，實現共同繁榮發展。

一九九七年七月一日，中國對香港恢復行使主權，香港以「一國兩制」的管理方式重新回到祖國的懷抱。香港從祖國分離了一百五十多年，香港已經有了自己的發展模式、發展軌跡，雙方難免出現一些不適應甚至排斥的情況。同時，也面臨國外敵對勢力干預香港事務，試圖把香港變成顛覆社會主義制度基地的情況。香港、澳門回歸祖國以來，「一國兩制」實踐取得了舉世公認的成功。事實證明，「一國兩制」是解決歷史遺留的香港、澳門問題的最佳方案，也是香港、澳門回歸後保持長期繁榮穩定的最佳制度。保持香港、澳門長期繁榮穩定，必須全面準確貫徹「一國兩制」、「港人治港」、「澳人治澳」、高度自治的方針，嚴格依照憲法和基本法辦事，完善與基本法實施相關的制度和機制。要支持特別行政區政府和行政長官依法施政、積極作為，團結帶領香港、澳門各界人士齊心協力謀發展、促和諧，保障

和改善民生，有序推進民主，維護社會穩定，履行維護國家主權、安全、發展利益的憲制責任。香港、澳門發展同內地發展緊密相連。要支持香港、澳門融入國家發展大局，以粵港澳大灣區建設、粵港澳合作、泛珠三角區域合作等為重點，全面推進內地同香港、澳門互利合作，制定完善便利香港、澳門居民在內地發展的政策措施。我們堅持愛國者為主體的「港人治港」「澳人治澳」，發展壯大愛國、愛港、愛澳力量，增強香港、澳門同胞的國家意識和愛國精神，讓香港、澳門同胞同內地人民共擔民族復興的歷史責任，共享祖國繁榮富強的偉大榮光。

第二節 ·
# 粵港澳大灣區高度融合發展路徑

英國殖民統治導致香港與內地在經濟發展、政治制度、文化形態與價值取向等方面的差異。儘管香港同胞面臨殖民文化、西方現代文化、商業文化的衝擊，但是，無論在歷史上還是現實中，兩地共同的歷史淵源、民族血脈、傳統價值與宗教信仰注定了香港和內地是不可分離的命運共同體，並沒有因為英國殖民者的介入而發生根本性中斷。粵港澳大灣區地理相連，語言文化相同，在歷史上本來就從屬於統一的嶺南經濟文化單元。

# 一、推進香港人心回歸

　　黨的十八大以來，習近平總書記高瞻遠矚地提出了「實現中華民族偉大復興的中國夢」這個重大命題。中國夢是國家自強、民族自信、國民自尊的意識覺醒，反映了中華民族的整體價值取向，凝聚了當代中國人奮力和平崛起與民族復興的目標指向。香港與中國內地是不可分割的整體，國家強大，民族強大，香港才可能強大。有國家和全民族作為香港發展的後盾，香港才能屹立於世界之林。香港與國家共謀發展大局，共同致力於實現中華民族偉大復興的中國夢，這是不可逆轉的歷史潮流與最強烈的時代呼聲。黨的十九大報告明確指出，保持香港、澳門長期繁榮穩定，實現祖國完全統一，是實現中華民族偉大復興的必然要求。必須把維護中央對香港、澳門特別行政區全面管治權和保障特別行政區高度自治權有機結合起來，確保「一國兩制」方針不會變、不動搖，確保「一國兩制」實踐不變形、不走樣。

　　在當前的時代背景下，以中華民族偉大復興為價值導向，尋求香港和內地共同發展的契合點，推進「愛國愛港」統一戰線理論創新，形成兩地人民共同的價值基礎和精神動力；通過中國夢的價值引導，探索香港與內地致力於推進國家繁榮富強、香港繁榮穩定的新路徑。這既是積極回應新時期「一國兩制」理論創新的內在要求，也是解決「一國兩制」在香港實踐中出現的矛盾與衝突的必然選擇，更是切實推進香港人心回歸工作的重要舉措。具體而言，通過對香港核心價值觀與社會思潮的分析和引導，有效地構建香港和內地意識形態的溝通平臺。要有效推進這些工作，就必須堅持彼此包容、求同存異的方針，尊重香港社會的歷史與現狀，尊重香港現有的經濟模式、政治制

度、文化形態和生活方式。在理性對話、務實討論、充分溝通的基礎上，找出香港與內地利益博弈的平衡點、相似的價值取向、相同的發展目標，逐漸形成一致的社會共識。在這種基礎上推進香港與內地進一步融合的具體工作。加強和提升國家話語權對香港社會價值觀的滲透力、感召力，宣介中國夢的共同理想，凝聚內地居民與香港同胞共同的民族情感、心理訴求和精神紐帶，逐步實現香港核心價值和國家主流價值的接軌，提高香港同胞對祖國的身分認同、文化認同、價值認同和國家認同。文化認同是基礎，突出社會融合，突出粵港澳民眾在頻繁往來中的認同感、歸化感，隨著社會融合過程的深化，最終達到國家、區域的認同和歸屬。社會融合度越高，經濟合作則越順暢。

## 二、體制創新融合發展關鍵

推動粵港澳大灣區建設需要直面的問題是，粵港澳實行不同社會制度、採用不同法律體系、分屬不同的關稅區，且城市間、地區間發展不平衡，訴求、利益也不盡相同。在這一現實情況面前，如何進一步推動粵港澳大灣區建設，關鍵在於體制創新，粵港澳制度實現銜接。通過深化體制機制創新形成一體聯動的格局，不僅應當成為制定粵港澳大灣區規劃的核心所在，也必然成為大灣區建設發展的保障所在。要進一步探索形成連接粵港澳的體制通道，找到體制創新的方向，尋求粵港澳規則可接軌、可打通的最大公約數。建議在大灣區實現全面的單邊開放，加強中央層面的協調，加強體制整合，推動體制的現代化，形成新的制度、新的模式，推進大灣區一體化發展。

## 三、加強公共產品合作

粵港澳大灣區建設涉及很多方面，要進行體制創新也面臨千頭萬緒，要從公共產品入手率先進行體制創新。公共產品包括道路交通、供水、供電、環境保護、垃圾處理等民生工程，採取共同投資、管理，讓粵港澳大灣區居民感受到灣區合作的成果，從而進一步推動粵港澳大灣區的合作。在公共基礎設施先完善的基礎上，使要素能夠更充分地流動，形成各地區的產業集聚。

## 四、進一步擴大改革開放

在大灣區建設中，廣東的關鍵作用在於加快開放轉型，儘快形成全面開放新優勢。重點是以服務貿易推進開放轉型。服務貿易的快速發展已經成為推動全球貿易進程與拉動世界經濟增長的重要引擎。以服務貿易為重點推進開放轉型，不僅可以加快形成廣東對外開放新優勢，還可以進一步突出廣東在我國開放全局中的戰略作用。廣東要從優化自身營商環境入手，按照國際通行的規則，提升營商環境的法治化、國際化、便利化水平，在營商環境上縮小與港澳地區的差距。未來，廣東要進一步擴大開放新優勢，利用現有基礎發展智能化製造業，引領世界經濟新的潮流，開創新的外向發展空間，著力發展產能合作、構建內外經濟連接。

## 五、堅持一體規劃、整體推進

在「一國兩制」推進的過程中，各界主要關注如何真正落實「港人治港」「高度自治」，如何確保香港的資本主義制度和生活方式保

持不變等問題，對實施不同制度的兩地間具體領域的制度對接、民眾交往等社會層面的問題考慮不多。他們認為回歸後，兩地民眾同文同種，血脈相連，隨著交往和互動的頻密，情感上也必然更為親近。因此，回歸十幾年來，在兩地關係上，一直缺乏統一的規劃與安排，往往就事論事，重政策效果甚於戰略考量，相關研究也沒有系統展開，造成一些被動情況。如有些事情出現了才進行研究，預警性與前瞻性不足；有些政策可能未經深思熟慮、反覆論證就匆忙出台，帶來立竿見影效果的同時，也埋下無窮後患等。要加大灣區一體化規劃研究，推進一體聯動需要進行深層體制創新探索，通過探索形成連接粵港澳的體制通道，找到體制創新切入點和方向。

總之，在實行「一國兩制」的前提下創造條件，逐步實現貨物、資本、信息要素的自由流通和人員的充分流動。依照國際標準逐步統一商品規格、加強專利商標及發明權等方面的司法與行政合作。要從全國改革開放和經濟發展的大局來謀劃合作，考慮如何再造粵港澳在全國的區位優勢，考慮如何消除、解決彼此內部的利益矛盾，形成「利益共同體」，實現共贏。粵港澳的法律框架、制度設計和運作機制有較大差異，只有努力做到經濟行為主體獨立化、經濟行為契約化、法制化，強化市場運行機制，消除區域市場壁壘和不正當競爭，粵港澳區域才能真正融合。要重視建立和完善粵港澳市場監管合作機制，當前比較重要的就是如何通過政府之間的互動，進一步在制度的協調上加以深化。這需要探討更多的政策化、措施化的思路。由中央政府成立一個領導協調機構，統一籌劃，統一部署，及時協調解決粵港澳市場監管合作中遇到的深層次矛盾和問題。只有這樣，粵港澳合作才能最大限度形成合力，實現共贏。

# 加強重點領域融合合作

## 一、經貿領域

以相互投資貿易便利化，建立更加自由的貿易安排為重點，實現區域內人員、商品、資金和信息的自由流動和資源的優化配置。港澳與內地的更緊密經貿關係安排包括貨物貿易自由化、服務貿易自由化和投資貿易便利化等方面內容，投資貿易便利化相關的政策措施在不同的地區則可能做出具有差異性的制度安排。允許港澳人士在大灣區開辦個體戶，大灣區一些城市的居民可以更加自由地來往於港澳。在投資貿易便利化方面給予廣東更加特殊的政策，在粵港澳之間建立特殊的經貿關係安排措施。

## 二、服務業領域

實現港澳的服務業特別是生產性服務業與大灣區先進製造業的結合是新時期粵港澳融合發展必須解決的重大問題。香港是國際性金融、貿易和航運中心，現代生產性服務業是香港的優勢產業。目前廣東服務業相對滯後，最有效的方法就是向香港開放服務業，鼓勵共同發展國際物流產業、會展產業、文化產業和旅遊業。香港的現代服務業與廣東的先進製造業加強合作、優勢互補，是粵港澳融合發展一個極為重要的方面，加大開展銀行、證券、保險、評估、會計、法律、

教育、醫療等領域從業資格互認工作力度，為服務業的發展創造條件。借鑑香港物流業管理模式、經驗和技術，發展廣東的物流業、旅遊業。充分利用港澳的資本和管理經驗完善廣東的酒店、旅遊點等基礎設施；利用港澳國際的旅遊網絡，開拓國際旅遊市場；實現大灣區旅遊資源的優化組合，建立滿足不同市場需求的跨區域的旅遊路線，擴大大灣區的旅遊產業和會展、管理諮詢等方面合作。

## 三、金融業領域

發揮香港作為國際金融中心的角色和作用，要引進香港的金融資本、金融產品和金融管理經驗，促進廣州、深圳區域性金融中心的建立和發展，推進廣東製造業的升級，使大灣區資金流動更加暢通和透明。進一步開展金融市場合作，重點是推進貨幣市場、資本市場、保險市場、期貨市場合作；廣東方面可以積極吸引港澳金融機構來粵深設立法人機構和分支機構，支持港澳資本參與廣東地方金融機構的改革重組，推動金融機構赴港澳開設分支機構、拓展境外業務，進一步為粵港澳大灣區裝備製造企業轉型升級和發展服務業提供金融支持。推動香港、深圳證券交易所加強合作，對於鞏固、提升香港國際金融中心地位，提高人民幣在香港的結算作用，強化香港作為國際金融中心的地位都有重要的作用。

## 四、生態環境領域

治理大氣污染和水污染等方面要通力合作，進一步加大聯手治理污染的力度，促進粵港澳通過立法確定污染治理的目標、任務和時間

進度。隨著城際污染的疊加日益加劇，嚴重的治污情勢要求，必須打破以往畫地為牢的界線，粵港澳要融為一體。要完善珠三角污染防治的協調機制，由粵港澳共同建立一種協調機制，共同研究區域問題，如目前影響粵港澳的最主要的空氣污染物、水污染等問題。大灣區要發揮一體化的優勢，開展聯合治污和修復生態，為人民創造健康的生活環境。

## 五、文化領域

大力推動文化融合，強化國民教育，培育愛國情操，實現「文化認同，人心回歸」。廣東應該學習借鑑港澳的文化市場意識，打造具有文化影響力的內外交流平臺。深入挖掘傳統文化的當代價值，加強文化產業合作，打造民族文化產業的世界品牌，搭建「嶺南文化」合作平臺，打造粵港澳文化創意產業帶，推動大灣區文化產業升級和經濟轉型。

## 六、重大合作平臺建設領域

推進深圳前海、廣州南沙、珠海橫琴、汕頭華僑經濟文化合作試驗區等重大平臺開發建設，建設沙頭角經貿合作區，充分發揮其在進一步深化改革、擴大開放、促進合作中的試驗示範和引領帶動作用。積極推進港澳青年創業基地建設。支持大灣區各地市發揮各自優勢與港澳共建各類合作園區，支持香港與澳門共建江門大廣海灣國家級新區、中山粵澳全面合作示範區。

第四節 ·
# 創新融合發展機制

## 一、創新高效協商體制機制

　　全面準確貫徹「一國兩制」、「港人治港」、「澳人治澳」、高度自治方針，發揮港、澳獨特優勢，在 CEPA 框架下，構建中央政府主導下的協商機制，加強重大合做事項的決策、推動和協調，及時協調解決粵港澳市場監管合作中遇到的深層次矛盾和問題。

## 二、加強「去殖民化」的工作

　　香港關鍵要做好「去殖民化」工作。香港仍然存在的「殖民化」與「祖國認同」這一問題上的深層次矛盾，如果長期得不到解決，會影響到「一國兩制」在香港的真正落實，去「殖民化」，強化「祖國意識」，這是香港今後必須要做而且是必須要做好的工作。「去殖民化」和「一國兩制」完全是兩回事。世界上任何一個曾經被別國進行過殖民統治，重獲獨立、民族解放的國家和地區，都在進行大量、細緻的「去殖民化」的工作。

## 三、尋求共同利益契合點

　　目前粵港澳合作中，必須充分反映各方的經濟訴求，以及市場的

導向，關注利益的協調，力求使合作達致共同利益的最大化。同時，注重不同的制度、文化的差距，並且通過各種努力不斷地縮小其差距。

## 四、開展多層次合作交流

加強政府、企業、社會多層次協調溝通，研究解決粵港澳融合發展過程中出現的問題。支持行業協會、智庫間合作交流。加強青少年交流，強化廣州、深圳青少年交流基地功能，支持開展多種形式的交流活動，打造粵港澳青少年交流特色品牌項目，支持港澳青年在大灣區開展志願服務。

第八章

---

促進區域
創新驅動發展

近年來，泛珠三角區域合作領域逐步拓展，合作機制日益健全，合作水平不斷提高，粵港澳合作更加緊密。粵東西北地區經濟社會發展取得顯著成就，綜合經濟實力明顯增強，主要經濟指標增幅均高於全省平均水平和珠三角地區。但是，由於粵東西北地區發展基礎薄弱、工業化和城鎮化程度偏低、財政支出壓力大，目前經濟社會發展水平與珠三角地區仍存在較大差距，特別是各市的人均 GDP 均未達到全國平均水平。

要落實深化泛珠三角區域合作指導意見，共同推動泛珠三角區域合作與「一帶一路」建設、京津冀協同發展、長江經濟帶發展，形成「3＋1」的區域發展戰略格局。加強與「一帶一路」沿線國家合作，在陸海內外聯動、東西雙向開放的全面開放新格局中發揮重要引擎作用。這就要求灣區主動拓展泛珠三角區域合作空間，推動區域協調發展。

## 第一節 ·
# 加快粵東西北振興發展

## 一、加快經濟發展振興趕超

大力發展特色經濟和發展民營經濟，推動民營經濟和專業鎮發展上規模、上水平，發展園區經濟和專業鎮，打造特色園區和特色品

牌。大力發展現代工業，調整產業結構，優化發展臨港工業、鋼鐵、石化、能源、裝備製造等重化產業，因地制宜發展壯大礦產冶金、石材木材、硫化工、林產化工、食品飲料、菸草加工等資源型產業；加快發展現代物流、金融、科技服務、商貿會展等生產性服務業和新能源、新材料、生物醫藥、電子信息等戰略性新興產業。加快建設各具特色的現代產業體系。優化農產業結構，大力發展特色農業、品牌農業、效益農業、現代林業、優勢養殖業，加快建設綠色農產品生產基地，建設現代農業流通體系。發展壯大海洋經濟，建設海洋經濟重點發展區和示範區。培育發展海洋生物製品與製藥業、海洋新能源、海洋環保、海水綜合利用等海洋新興產業，集約發展高端臨海臨港服務業和先進製造業，加快提升遠洋捕撈、海產品深加工等傳統優勢海洋產業，努力打造海洋經濟強區。大力發展文化旅遊產業。

## 二、著力主導產業做大做強

　　深入推進經濟結構戰略性調整，大力推進新型工業化和農業現代化，推動信息化與工業化深度融合，加快發展培育一批特色資源型項目，創出一批知名品牌，打造一批創新能力強、行業領先的大型龍頭企業，形成一批帶動力強、集約化水平高、關聯度大的主導產業和產業集群，構建布局合理、特色突出、結構優化的產業發展新格局。積極承接引入珠三角產業轉移，實現產業集聚發展，重點建設承接國內外產業園區，建設梅興華豐產業集聚帶，支持各地以縣城為依託集中建設一批工業園區，促進產業向園區集中、園區向城市集中，實現產城融合。

## 三、加快基礎設施提速升級

　　加快以交通項目為重點的基礎設施建設，實現縣縣通高速，儘快貫通跨省界高速公路，形成以高速公路為骨架，公路、鐵路、機場、港口、航道銜接順暢的綜合運輸網絡。推進鐵路項目建設，建設贛深客專、廣梅汕客專，加快形成珠三角連接粵東西北的軌道交通網。建設湛江機場、梅縣機場，加快粵東西北地區通用航空機場布點與改擴建，構建具有競爭性的通航與服務網絡。推進沿海港口、跨海大橋建設和江河航道整治，提高貨物吞吐能力，改善通航條件。能源、水利、環保、信息化等基礎設施支撐保障能力明顯提升。加快建設梅州（五華）抽水蓄能電站。加強中小城市、工業集中區、重點城鎮供排水、供電、供氣、道路等公用設施建設，加大城鎮污水處理、城鄉垃圾無害化處理設施建設力度。加快推進民生水利工程建設。

## 四、加速中心城區擴容提質

　　推進「廣佛肇＋清遠、雲浮」「深莞惠＋汕尾、河源」「珠中江＋陽江」新型城鎮群建設，統籌推動粵東西北地區地級市中心城區擴容提質，大力提升城鎮化水平，各市中心城區人口和產業集聚度大幅提高，綜合競爭力明顯增強，輻射帶動周邊縣區發展，促進大中城市、中小城鎮協調發展。打造粵東城市群、粵西沿海城市帶、粵北生態城。粵東加快建設汕潮揭城市群，建設國家海洋產業集聚區。汕頭市建設成為創新型經濟特區；潮州市建設成為特色經濟示範區和特色旅遊目的地；揭陽市建設成為重要石化能源基地；汕尾市建設成為濱海旅遊集聚區、宜居宜業宜遊的現代化濱海城市。粵西加快建設湛茂

陽臨港經濟帶，拓展大西南港口腹地，打造國家級重化工業基地、海洋經濟發展的重要增長極。建設湛江「21 世紀海上絲綢之路」試驗區，將湛江市建設成為海洋經濟示範市、現代港口城市；茂名市建設成為石化基地、特色現代農業基地；陽江市建設成為國家新能源基地、休閒旅遊度假勝地。粵北加快建設可持續發展生態型經濟區，國家級文化旅遊產業集聚區。韶關市建設成為國家旅遊產業集聚區、老工業基地振興示範市；河源市建設成為全國低碳示範城市、嶺南健康休閒旅遊名城、現代生態園林城市；梅州市建設成為全國生態文明建設試驗區和廣東綠色產業發展基地；清遠市建設成為區域協調發展示範區、生態宜居名城；雲浮市建設成為全國農村改革試驗區、生態文明建設示範區。

## 五、加快民生福祉明顯改善

推動社會事業發展進步，促進城鄉區域教育均衡發展。提升醫療衛生服務水平，健全城鄉醫療衛生服務體系。加快發展公共文化事業，大力弘揚潮汕文化、客家文化、雷州文化，提升文化對經濟振興的推動力。完善促進就業機制，推動產業園區增加就業，發展服務業促進就業，鼓勵創業帶動就業。健全全民社保體系，保障底線民生，實現城鄉居民基礎服務和基本保障目標，建立覆蓋全社會、惠及全體公民的基本公共服務體系，提升人民生活水平和質量，實現區域城鄉基本公共服務均等化。支持廣東原中央蘇區列人精準扶貧 IPO 綠色通道範圍，支持更多企業進入主板市場。

## 六、強化生態環境持續優化

建設粵北山區和環珠三角外圍生態屏障、東西兩翼藍色海岸帶生態安全屏障，建設以西江、北江、東江、韓江、鑒江流域生態廊道為骨幹的綠色生態網絡，享受國家生態補償政策，構建以「兩屏、一帶、一網」為主體的生態安全戰略格局。加快建設林業重點生態工程和綠道網。加快推進生態示範、生態文明村鎮創建活動，實施粵東西北地區美麗村鄉建設工程。加強重點區域流域江河整治、大氣污染治理和機動車污染防治，搞好跨省界水質斷面的污染監控和農業面源污染治理，積極開展受污染土壤的生態修復。推進節地、節能、節水、節材和資源綜合利用。

第二節 ·
# 帶動泛珠三角地區加快發展

## 一、發揮粵港澳大灣區的輻射引領作用

帶動中南、西南地區加快發展，加強與長江經濟帶發展的有機銜接和統籌協調，在全國創新發展方面發揮重要的示範作用，構建有全球影響力的先進製造業和現代服務業基地，成為促進全國經濟平穩健康發展的重要引擎。深化泛珠三角區域合作，拓展區域發展空間，促

進區域協同發展，進一步提升泛珠三角區域在全國改革發展大局中的地位和作用，促進泛珠三角區域合作向更高層次、更深領域、更廣範圍發展。

## 二、共同培育先進產業集群

加強泛珠三角地區產業協作，整合延伸產業鏈條，推進產業鏈上下游深度合作，培育形成優勢互補、分工合理、布局優化的先進產業集群。大力發展「互聯網＋」先進產業，積極發揮國家超級計算廣州中心、貴陽國家大數據中心的作用，推進製造業數字化、網絡化和智能化。完善區域製造業創新體系和產業協作體系，改造提升現有製造業集聚區，推進新型工業化產業示範基地建設，將泛珠三角區域打造成為「中國製造 2025」轉型升級示範區和世界先進製造業基地。改革服務業發展體制，創新發展模式和業態，擴大服務業對內對外開放，逐步放寬外資准入限制，加快推進與港澳服務貿易自由化。

## 三、共同培育對外開放新優勢

發揮大灣區區位優勢，完善聯通內外的綜合交通運輸網絡，加強與「一帶一路」沿線國家經貿往來和文化交流。推動深化瀾滄江—湄公河合作、大湄公河次區域經濟合作和泛北部灣經濟合作，積極參與中國—東盟自貿區升級建設，打造中國—中南半島、孟中印緬經濟走廊。鼓勵區域內有條件的企業共同參與境外經濟貿易合作區和農業合作區開發建設，推進國際產能和裝備製造合作。加強協同配合，支持加快建設福建「21 世紀海上絲綢之路」核心區，完善廣東「21 世紀

海上絲綢之路」建設的重要引擎功能和深圳的橋頭堡作用，把雲南建成我國面向南亞、東南亞輻射中心，增強廣西有機銜接「一帶一路」的重要門戶作用，進一步提升海南以及內陸省分在「一帶一路」建設中的支撐作用。

## 第三節 ·
# 帶動「一帶一路」沿線國家發展

## 一、輻射帶動沿線國家發展

發揮大灣區連接南亞、東南亞和溝通太平洋、印度洋的區位優勢，充分發揮建設福建「21 世紀海上絲綢之路」核心區以及相關省區作為「一帶一路」門戶、樞紐、輻射中心和海上合作戰略支點的功能，發揮港澳獨特作用，共同推動「一帶一路」建設，打造我國高水平參與國際合作的重要區域。

## 二、推動「一帶一路」建設

深化瀾滄江—湄公河合作、大湄公河次區域經濟合作和泛北部灣經濟合作，積極參與中國—東盟自貿區升級建設，打造中國—中南半島、孟中印緬經濟走廊。鼓勵區域內有條件的企業共同參與境外經濟

貿易合作區和農業合作區開發建設，推進國際產能和裝備製造合作。加強協同配合，支持加快建設福建「21世紀海上絲綢之路」核心區，完善廣東「21世紀海上絲綢之路」建設重要引擎功能，把雲南建成我國面向南亞東南亞輻射中心，增強廣西有機銜接「一帶一路」的重要門戶作用，進一步提升海南以及內陸省分在「一帶一路」建設中的支撐作用。充分發揮香港、澳門的獨特優勢，積極參與和助力「一帶一路」建設。

## 三、發揮華僑華人的作用

「一帶一路」沿線各國特別是東南亞國家是廣東華僑華人的聚集地區，也是華商力量最強的區域，具有雄厚的經濟金融實力、成熟的生產營銷網絡、廣泛的政商人脈關係、牢固的中華語言文化傳播平臺，具有融通中外的獨特優勢，是助力「一帶一路」建設的重要力量。在照顧華僑華人所在國舒適度的前提下，要高度重視和充分發掘華僑華人的巨大潛力，發揮華僑華人作為「一帶一路」的參與者、建設者和見證者的重要作用。要鼓勵華商與國內企業在交通運輸、港口、產業園區建設等領域強強合作，藉助華商力量實現產業轉移和轉型升級。發揮華商在船舶、運輸、倉儲、貨運代理以及能源資源開發等領域的優勢，藉助並支持華商參與海上戰略支點、重要港口、能源資源開發等重要項目建設。支持廣東汕頭經濟特區建設華僑經濟文化合作試驗區，建設廣東華僑華人高層論壇永久會址。積極發揮中國僑商投資企業協會的作用，加強與僑團、商會的連繫交往，深入挖掘僑資、僑智資源，做好沿線國家重要僑商、新華僑華人和華裔新生代工作。

# 第九章

# 政策和重大項目
# 建議

# 建設大廣海灣國家級新區

　　建設大廣海灣國家級新區充分體現了黨的十九大大精神和習近平總書記對廣東提出的「三個定位、兩個率先」和「四個堅持、三個支撐、兩個走在前列」的總體目標要求。改革開放以來，江門經濟社會發展取得重要成就，形成了較開放的經濟體系、高效的資源配置能力、較強的積聚外溢功能和遍布世界的華僑華人全球貿易網絡，為進入新時代、開啟新征程、創造新優勢奠定了堅實基礎，正處於大有可為的戰略機遇期、經濟轉型關鍵上升期。改革開放站在一個新的起點上，進入一個升級發展新階段。肩負開創新時代的歷史使命，再造一個「深圳」「香港」，讓習近平總書記新時代中國特色社會主義思想在南粵大地落地生根，開花結果，開啟新徵程歷史性飛躍，使大廣灣國家級新區成為實現第二個一百年戰略目標和中華民族偉大復興中國夢的領航人。

　　建設大廣海灣國家級新區充分體現了「一帶一路」建設規劃和粵港澳大灣區城市群規劃要求，積極融入「一帶一路」建設和積極融入粵港澳大灣區城市群，加強創新合作，構建開放型經濟體系，形成陸海內外聯動，東西雙向互濟的開放格局，向歐亞大市場的高標準自由貿易網絡，區域經濟一體化更高層次、更寬領域發展，在「一帶一路」建設中率先實現重點突破，建設海上絲綢之路戰略支點和海上絲綢之路試驗區，當好排頭兵，築好橋頭堡，打造「一帶一路」建設先行先試試驗區。

建設大廣海灣國家級新區充分體現了粵港澳深入融合發展的要求。雖然粵港澳合作工作取得了新的進展，全面準確貫徹了「一國兩制」方針，牢牢掌握了憲法和基本法賦予的中央對香港、澳門的全面管制權，深化了與港澳交流合作，保持了香港、澳門繁榮穩定，但是粵港澳間的體制差異明顯，觀念和利益存在差異，在合作理念上存在分歧，香港的圍城心態與經濟民粹主義抬頭，國家認同感有了新的變化，香港居民的住房、就業存在較大壓力和困難。探索粵港澳深度融合發展新路徑，尋找融合發展模式的創新途徑和突破口，探索實施「飛地模式」，將擴大港澳發展空間，凸顯「一國」共同利益，增強「一國」的凝聚力，減少「兩制」的差異和摩擦力，加快深度融合發展的進程。

　　建設大廣海灣國家級新區充分體現了促進區域協調發展的戰略要求。建立更加有效的區域協調發展新機制，創新引領率先實現珠三角地區優化發展。通過調整珠三角地區生產力空間布局，尋找新的空間承載區，疏解廣州、深圳城市功能，破解區域發展不平衡不充分問題，從而帶動粵西和西南地區乃至全國經濟社會發展，有利於東中西部互動合作，深入推進國際產能合作，加快珠三角地區轉型升級，培育區域經濟增長新引擎，把中國經濟持續向前推進。

　　建設大廣海灣國家級新區有利於發揮華僑華人在「一帶一路」建設中的作用，構建海外華僑華人參與國內經濟建設新的高地需要。江門號稱中國「僑都」，五邑籍旅居海外華僑華人多達四百萬人，與江門現有人口差不多，海內外兩個江門聚集華僑華人資源，助力「一帶一路」建設，參與「一帶一路」沿線國家和地區合作，營造一個更大的發展平臺，承接一些大項目、大工程，打造新的對外開放高地。

# 一、建設粵港澳深度融合發展試驗區

　　江門大廣海灣位於江門東南部，東鄰中山、珠海，西連陽江，東接港珠澳大橋，南臨南海，北接台山、開平廣闊的內陸腹地，是臨近港澳，珠江西岸新一輪開發建設的重點區域。區域優勢明顯，基礎設施完備，工業基礎較好，文化底蘊深厚，在引領中國特色社會主義新時代、新徵程、促進粵港澳融合發展上具有十分重要的地位。做好謀劃大廣海灣區這篇大文章，再造一個「深圳」「香港」，打造區域新的增長極。

　　建議按照「共同規劃、聯合開發」的原則，在大廣海灣劃出二百平方千米土地，作為「飛地模式」，實現香港江門資源整合、利益共享，建設粵港澳深度融合發展試驗區。其一是要通過資源的有效配置，推動城市間資源的共享，達到互利互通，來實現灣區內部資源的有效整合。其二是加強經濟、社會、體制層面上的融合，尤其是促進珠三角與港澳在社會、體制上的融合問題，需要我們改變思路，建立更緊密的貿易合作伙伴關係，而不單單只是傳統意義上的「互利互通」。其三是與港澳之間建立一個共同的勞務市場、房地產市場，享受同樣的社保政策，這樣港澳居民可以到大廣海灣區找工作，購買社保、購買房子，可以解決香港、澳門青年的就業問題。

　　五邑地區毗鄰港澳，有「五個香港人中，一個是江門五邑人」之稱。香港繁華的銅鑼灣附近，以江門區市和人物命名的街道隨處可見，猶如一個「小江門」，人文基礎好。江門土地資源比較充足，同時也宜居宜業，電力充足，有豐富的水資源，有好的海岸線，人口密度比較低，未來發展空間比較大。江門有條件在粵港澳大灣區融合發

展中實現創新和突破，在「一帶一路」的大背景下，以「飛地經濟」作為突破點，形成與國際慣例相匹配的營商環境，以體制機制創新為動力，以經濟一體化為目標，以貨物貿易自由化、服務貿易自由化和投資貿易便利化為主要內容，探索有利於港澳居民在江門就業、生活的制度安排。支持港澳知名大學到江門開展合作辦學校、辦醫院，全方位推進與港澳經濟和社會的融合。在粵港澳融合發展中爭當「試驗田」，創造新經驗，提升江門在國家經濟發展和對外開放中的地位和功能，推動港澳發展經濟、改善民生、推進民主、促進和諧，全力支持香港鞏固國際金融、貿易、航運中心的地位，全力支持澳門鞏固世界旅遊休閒中心的地位，推動金融、商貿、物流、專業服務等向高端高增值方向發展，提升粵港澳區域發展的國際競爭力。

## 二、建設大廣海灣自由貿易港

香港是中國的南大門，是世界著名的自由港市。改革開放以來，內地學習香港，先後設立了經濟特區、保稅區、出口加工區、保稅物流園區、保稅港區。黨的十九大報告提出：「賦予自由貿易試驗區更大改革自主權，探索建設自由貿易港。」自由港是獨立的國民經濟體，是以特殊經濟政策和體制開展國際經濟活動的開放度最高的特殊經濟型貿易港，是全部或絕大多數外國商品可以免稅進出的國際港口城市。自由貿易港有全自由港和有限自由港之分，前者對外國商品一律免徵關稅，後者對絕大多數外國商品不徵收關稅，只對個別商品徵收少量進口稅或禁止進口。目前世界上有六百多個自由港，自由港已成為主導國際貿易的樞紐、集散地和交易中心。世界著名的自由港有香港、新加坡、亞丁、鹿特丹、漢堡、巴拿馬等二十多個，建設大廣

海灣自由貿易港是落實我國進一步擴大開放和提升開放層次的需要，是推進粵港澳融合發展的需要，是建成國際航運物流中心的需要，也是推進東盟自由貿易區的需要。大廣海灣具有獨特的區位優勢、優越的交通條件、良好的開放基礎，具備了打造自由貿易港的條件和基礎。

自由港的具體模式，根據設立的目的、功能結構的不同，可分為貿易型自由港、工業與貿易結合型自由港、科技型自由港，以及綜合自由港。建議大廣海灣的遠期建設目標可定位為科技與貿易型自由港，即江門科技、貿易和其他第三產業等功能的自由港，並允許和鼓勵金融業、旅遊業、交通電訊業和科教文衛體事業的發展。這樣能夠適應粵港澳融合發展需求，適應經濟結構調整和國際經濟形勢變化，可以在各類自由港彼此激烈競爭的情況下，不斷創新發展，對毗鄰地區乃至全國和世界經濟社會發展產生影響。把廣海灣建成自由港，建議採取以下措施：一是中央要批准廣海灣建立自由貿易港方案；二是從法律上給予保證，由相關立法機構參照國際慣例和不同國家、地區自由港的法律法規，特別是借鑑香港管理經驗，制定自由港管理條例；三是在管理體制上進行創新，避免把現有保稅區搬入自由港的做法；四是在自由港的規劃上，不僅需要建成一個貿易、運輸、加工等港口區，而且還要建成國際科技、文化、人才交流理想之地。

探索爭創廣海灣自由貿易港，要創新國際船舶登記制度、航運業務運作模式、航運金融開放、航運稅收政策，以港口為核心爭取國家港航服務改革試點，加快複製上海、天津等地國際船舶登記、中資「方便旗」船舶稅收優惠、沿海捎帶、啟運港退稅等政策。創新投資管理制度和投資貿易稅收政策，擴大服務業和先進製造業對外開放。

研究實施個人境外直接投資、開設自由貿易賬戶等政策，爭取國際貿易結算中心試點。完善口岸監管政策，實施「一線放開、二線安全高效管住」的口岸監管方式，創新外商投資和金融等領域風險管理體系。探索高端人才政策創新，實施有利於人才集聚的住房、社保、戶籍、個稅減免獎勵等政策，完善人員出入境政策。

## 三、建設全國華僑華人產業創新發展示範區

「一帶一路」沿線各國特別是東南亞國家是華僑華人的聚集地區，也是華商力量最強的區域，具有比較雄厚的經濟金融實力、比較成熟的生產營銷網絡、比較廣泛的政商人脈關係、比較牢固的中華語言文化傳播平臺，具有融通中外的獨特優勢，是助力「一帶一路」建設的重要力量。在照顧華僑華人所在國舒適度的前提下，要高度重視和充分發掘華僑華人的巨大潛力，發揮華僑華人作為「一帶一路」的參與者、建設者和見證者的重要作用。江門是「中國第一僑鄉」，祖籍江門的華僑華人和港澳臺同胞近四百萬人。要充分發揮僑鄉優勢，建設全國華僑華人產業創新發展示範區。

鼓勵華商與國內企業在交通運輸、港口、產業園區建設等領域強強合作，藉助華商力量實現產業轉移和轉型升級。發揮華商在船舶、運輸、倉儲、貨運代理以及能源資源開發等領域的優勢，藉助並支持華商參與一些海上戰略支點、重要港口、能源資源開發等重要項目建設。積極支持華文教育體系建設，系統推廣中華語言文化，加大支持海外華文媒體力度，充分整合利用其資源和渠道傳播中國聲音。積極發揮中國僑商投資企業協會的作用，加強與僑團、商會的連繫交往，深入挖掘僑資、僑智資源，做好沿線國家重要僑商、新華僑華人和華

裔新生代工作。

　　支持華僑華人產業創新示範區著力轉型升級，推動海外華僑華人與祖國經濟深度融合發展。研究建立符合廣大海外華僑華人意願和國際通行規則的跨境投資、貿易機制，打造更加國際化、市場化、法治化的公平、統一、高效的營商環境，形成可複製、可推廣的經驗。大力發展跨境金融、商務會展、資源能源交易、文化創意、旅遊休閒、教育培訓、醫療服務、信息、海洋等產業，培育富有活力的都市產業體系。依法保障海外華僑華人投資權益，創新僑務工作模式，推動引資、引技、引智有機結合，依法給予海外華人更多出入境便利。創新人才引進機制，對符合來華工作條件的外籍華人，優先辦理有關手續。積極推動試驗區教育醫療事業發展，為海外華僑華人在教育醫療方面提供便利，確保海外華僑華人依法享受相應的社會保障待遇。

　　支持華僑華人產業創新示範區搭建海外華僑華人文化交流平臺，深化與有關國家（地區）的人文合作。拓展文化傳播渠道，不斷擴大中華文化的影響力。要以合作、創新和服務為主題，構建面向海外華僑華人的聚集發展創新平臺，建設跨境金融服務、國際採購商貿物流、旅遊休閒中心和華僑文化交流、對外傳播基地。

　　支持華僑華人產業創新示範區，支持華僑華人產業創新示範區全面深化改革，構建開放型經濟新體制。要以全面深化改革為動力，推進體制機制創新，在華僑經濟文化合作、營商環境、通關制度、社會管理、土地管理、海域使用和投融資等方面創新體制機制。推進國際貿易與投資便利化，進一步研究放寬外商投資市場准入，推進金融、教育、文化、醫療等服務業領域有序開放，積極創新利用外資管理體制。

# 建設國際金融創新中心

　　以深圳福田中心區及益田路兩側金融富集資源為基礎，高標準打造深圳金融街和金融核心商務區，在深圳金融街建設國際金融創新中心，不斷滿足金融發展的多種功能需求。發揮區域金融優勢，設立深圳保險資產交易所，打造前海國家保險創新中心和南沙國家金融後台服務中心。規劃建設國家數字金庫。建立大灣區融合發展資金保障機制，設立粵港澳大灣區融合發展投資基金。

## 一、建議組建深圳保險租賃資產交易所

　　過去三十年，深圳憑藉全國經濟特區和計劃單列市的地位，獲得了飛速發展，成為能與京、津、滬、穗等比肩的全國第一方陣城市。下一個三十年，深圳必須加快建設自主創新試驗區，促進產業結構向高端化發展，形成與國際產業互動、與國家戰略新興產業緊密關聯、引領大灣區產業發展的城市產業體系，發展現代金融業是重要支撐，抓住有利時機，打造世界性區域金融中心。

　　改革開放三十多年來，中國保險業發展迅猛，目前保險公司近二百家，保險經紀公司四百多家，再保險公司七家。但保險資產交易業務基本沒有形成市場，中國保險業發展這一短板，應該是中國保險市場未來巨大的發展潛力所在。保險資產要素的活躍流動將極大地推動中國保險業資產結構的調整優化；提升保險資產的運用效率，為保險

公司及廣大的被保險人提供了可靠的保險資產交易平臺；同時將極大地提高保險公司發展業務與被保險人的投保積極性，降低保險公司的經營風險。二〇一六年全行業共實現原保費收入 3.1 萬億元人民幣，保險總資產 15.1 萬億元人民幣。按 20%的保費收入年均交易四次計算，年交易額為 2.4 萬億元人民幣。如果按 20%的保險總資產年均公開四次交易計算，交易額將達到十二萬億人民幣。按 0.5%的比例交易雙方雙向收取交易手續費，將收入二百四十億元至一千二百億元人民幣。公司淨利潤將在一百二十億元至六百億元人民幣。超過深圳GDP，有可能很快超過全國目前年保費收入增量。

中國的租賃業（金融租賃、融資租賃）起步遲，發展快。二〇一七年一季度融資租賃合同餘額 5.54 萬億元人民幣，但中國租賃業面臨融資難的瓶頸與挑戰，目前全國註冊的 7626 家租賃企業空置率近七成。根本問題是租賃資產要素市場不發達，租賃業務基本上一次性投資，沒有市場交易，沒有大額資本進入，只有賣家，沒有買家。為此，組建有強大融資功能，能提供巨額資本，活躍租賃要素交易市場的租賃資產交易所是拯救大批租賃企業，再創中國租賃行業輝煌的緊迫之舉。就租賃資產交易所而言，在活躍租賃市場，促進經濟發展的同時也能獲得穩定豐厚的交易手續費收入。

建議由政府牽頭先行組建深圳創新金融控股集團，並以此為契機，在前海自貿區分步設立深圳保險資產交易所股份有限公司、深圳前海租賃資產交易所股份有限公司、深圳科技成果交易所股份有限公司等金融機構，發揮現代金融在促進創新科技發展，促進科技成果轉換、保險、租賃資產等重要生產要素流動，推動粵港澳在融合發展方

面發揮積極推動作用，加快落實粵港澳大灣區融合發展規劃確定的戰略任務。

設立深圳租賃資產交易所。由創新金融控股集團投資一百五十億元資本金，按資本槓桿率原理最少可完成一千二百億至一千五百億元的年租賃資產交易額。這樣將極大地活躍深圳乃至全國的租賃市場，促進租賃業務的快速增長進而推動創新科技產業、先進製造業、現代航空、物流等產業的發展，儘快縮短中國租賃業與發達國家租賃業在社會總投資占比方面的差距。

在保險資產、租賃資產交易所股份有限公司、粵港澳大灣區創新科技成果交易所股份有限公司成功運行、穩健發展的基礎上，再選擇其他好的投資領域投資，逐步形成具有橫跨粵港澳功能的大型創新金融控股集團。

保險資產交易所、租賃資產交易所的股東結構中，將考慮選擇大、中型保險公司、大型租賃公司再保險公司入股，並選擇一家大型互聯網企業加入，利用「互聯網＋保險資產交易＋租賃資產交易」，形成獨特的產業競爭優勢。

## 二、建設國家數字金庫

進一步鞏固好、發揮好、發展好香港國際金融中心地位，發揮粵港澳各自金融優勢，應明確各自定位，探索經濟新常態下粵港澳金融業的良性互動發展，全方位深化粵港澳在金融業務、機構、人才等領域的合作，加強粵港澳在跨境金融業務創新、金融產品互認買賣和金

融從業資格互認，以及「深港通」、保險市場互聯互通等領域的合作，在本外幣、境內外、在岸、離岸市場之間加強對接合作，支持粵港澳金融業融合發展。研究建設深圳在岸人民幣數據中心與香港離岸人民幣中心緊密結合、後台業務與前台業務有效銜接，研究建立國家數字金庫，實現香港與深圳金融業創新發展、錯位發展、綠色發展。發揮區域金融優勢，打造國家金融後臺服務中心。

## 第三節 ·
# 推進粵港澳教育互動發展

　　加強粵港澳政府間合作，應建立健全教育合作交流的協調實施機制，消除合作過程中的法律政策障礙，提升協調實施機構的規劃引導和監督仲裁功能。實行強化國民教育，培育愛國情操工程，加強「去殖民化」的工作，實現「文化認同，人心回歸」。

## 一、設立粵港澳教育合作特區

　　粵港澳屬於不同的經濟體和行政轄區，其教育體制及政策均存在較大差異。該區域整體教育合作仍處於初期階段，可以在一定範圍內設立教育合作特區，在政策層面上對粵港澳教育合作進行創新性的、突破性的制度安排，以消除該區域教育合作的制度約束。作為教育合作制度創新的先導區，教育合作特區可設立在廣東省境內比較開放、

發達的地區，如江門、珠海等城市。教育特區內允許港澳乃至外國高校在遵守中國國家憲法的前提下，按「校本教育」模式獨立辦學，實行特區管理，給予辦學自主權，鼓勵引進國際先進的教育理念和科研成果，力爭創辦亞洲乃至世界一流的學校。

## 二、設立科學研究合作機構

創建粵港澳高校聯合創新平臺。粵港澳均有建立科技創新平臺的需求，香港空心經濟缺乏戰略性縱深，需要廣東在第一產業和第二產業進行支持配合；而廣東三次產業存在技術層次偏低、科技含量有待提升的弱點；澳門雖具全開放的優勢，但整體教育水平有待於提高，缺乏高科技主導產業引領。設立科學研究合作機構，開展包括聯合創建國際性高水平實驗室、聯合成立高端工程技術研發中心、聯合創建科技產業創新園區等高科技研發項目，促進粵港澳相互合作，達到資源共享、優勢互補，推動國際名校以及高端科技創新的建設。

## 三、擴大職業教育合作範圍

香港與澳門教育國際化水平高，教育與產業需求的互動連繫緊密。鼓勵香港與澳門有關機構利用其資金和專業技術，在廣東全境開展各類職業培訓和技術培訓合作，推動區域高層次職業技術教育的合作與發展，提高在能源、海洋、熱帶農業、汽車製造、工程、電子信息方面的合作力度，不斷開拓新工種和新職業。

## 四、成立教育領導協調機構

協調粵港澳教育發展和合作中的重大問題，制定《粵港澳教育發展與合作中長期規劃》，明確未來教育合作的發展方向，增強合作的可操作性。儘快實現教師「資歷互認」，制定跨境受聘政策，推動教師雙向「跨境受聘」。加快解決中小學生跨境就學問題，可在廣東江門、珠海建設港人子弟學校，為港人子弟提供部分學位，開辦「港人子弟班」，提供全港式教育。港區政府對可享受香港教育福利的學生採取學券方式提供援助，廣東利用收取港區政府提供的學券建立獎學基金，資助學生去香港交流學習。

第四節 ·
# 打造嶺南文化合作平臺

粵港澳人緣相親、習俗相同、語言相通、文化相融，這是灣區固有的先天優勢，在海外華僑華人中具有廣泛而深刻的影響。廣府文化、潮汕文化、客家文化都以其獨特的魅力，凝聚、維繫著華僑華人的鄉情親情。挖掘傳統文化的當代價值，搭建「嶺南文化」這個合作平臺對於灣區發展、「一帶一路」建設將會產生很大的「軟實力」作用，值得深入研究探討。

# 一、挖掘創新「嶺南文化」傳承體系

　　開展粵港澳「嶺南文化」發掘、研究的交流與合作，豐富「嶺南文化」內涵，增強「嶺南文化」在海外的輻射影響力。深化嶺南文化傳承創新體系，以地域特色鮮明的建築、方言、飲食、民俗、音樂、畫派、節事、演藝等為重點，挖掘傳統文化的當代價值，充分展現嶺南獨特的生活方式、民俗風情以及價值觀念和審美情趣。推動「嶺南文化」與旅遊、商業、傳統產業等融合發展，實現「嶺南文化＋資本」的核變效應，增強嶺南文化的價值轉化效應。利用港澳國際化平臺，通過輸出作品和引進人才，提升「嶺南文化」的競爭力和國際影響力，開創粵港澳文化合作與建設的新局面。大力推進「嶺南文化」數字化平臺建設，依託數字技術進行文化遺產的轉換和整合，真實完整地傳承嶺南文化。

# 二、加快構建「嶺南文化」人才體系

　　堅持人才工作理念創新、手段創新、體制機制創新，優化人才培養模式，加大人才扶持推介力度，構築人才發展新優勢，努力打造嶺南文化人才高地，著力培育「嶺南文化」當代名家大師。充分發揮嶺南建築、嶺南畫派、戲曲音樂、工藝美術等文化資源優勢，重點培育嶺南戲曲名家、工藝美術大師、音樂名家和民間文化技藝大師等廣東特色文化名家。注重對「德藝雙馨」嶺南文藝人才的培養，共同培養文化藝術創作、經營和管理人才。面向國內和國外兩個人才市場，將個體引進和團隊引進相結合，全職引進和柔性引進相結合，通過崗位聘用、項目簽約、人才租賃和項目合作等多種方式引進人才，特別是引進一批影視、舞台藝術創作生產急需的編劇、導演、市場營銷、新

媒體運營等人才,提升文藝人才隊伍整體水平。以「嶺南文化」為主題,實施「文藝名家造就計劃」,建設「文藝粵軍」「理論粵軍」,建設「嶺南文化」新高地。推薦申報國家人才工程和承擔重大項目,扶持舉辦研討會、設立名家工作室;製作名家系列專題片,發揮領軍人才的示範作用。努力營造有利於優秀人才健康成長、脫穎而出的良好環境,讓各類文化人才競相湧現、創造活力充分發揮,形成以文化繁榮吸引凝聚人才,以人才輩出推動嶺南特色文化強市建設。

### 三、創新粵港澳文化交流合作體制機制

建立文化理論合作研究平臺,為推動粵港澳文化共同繁榮提供支撐。研究、解讀粵港澳現有文化政策,結合文化產業現狀及發展尋求政策支持;積極開展粵港澳文化產業合作的諮詢服務。對嶺南文化的發掘、研究、弘揚等重大問題進行調研、論證。加強在粵的港澳企業作品申報體系建設,完善知識產權保護制度,營造健康有序的市場環境,推動共贏和可持續發展。

第五節·
# 打造多港聯動的國際航運中心

建立大灣區港口聯盟,充分發揮多港聯動效應,攜手共建輻射全球的航運中心,建設國際物流大通道。

## 一、著力對接海上絲綢之路戰略

《推動共建絲綢之路經濟帶和 21 世紀海上絲綢之路的願景與行動》（以下簡稱為《願景與行動》）明確界定了「21 世紀海上絲綢之路」的重點方向是從中國沿海港口過南海到印度洋，延伸至歐洲；從中國沿海港口過南海到南太平洋。這些通道都離不開現代化港口的支持，建設一條通暢、安全和高效的運輸大通道，關鍵在於能否建立起高效便捷的港口網絡。因此，與海上絲綢之路沿線港口逐漸形成合作聯盟，是我國推進「21 世紀海上絲綢之路」建設的有力抓手。《願景與行動》也突出強調要重點加強廣州、深圳、湛江、汕頭等沿海城市港口建設，加強與海上絲綢之路沿線國家的港口對接與合作，優化配置航運資源，共同提升海上絲綢之路航運線路的整體競爭力。

## 二、建立內外互動的港口聯盟

重點是以粵港澳大灣區現有的港口為依託，構建珠江西江—沿海港口省內聯盟和粵港澳—海上絲綢之路沿線港口國際聯盟兩個層次的港口聯盟。珠江西江—沿海港口聯盟的重點是推進西江流域港口合作和一體化進程，優化配置廣東沿海港口資源，以湛江港、汕頭港作為東西兩翼的戰略支點，合理調度，專業化分工，與珠江口港口群形成整體，打造航線密布，優勢互補，港口碼頭、岸線資源合理利用的沿海港口帶。粵港澳—海上絲綢之路沿線港口國際聯盟是以港口為紐帶，把廣東沿江沿海港口與海上絲綢之路沿線三十多個重要港口串聯起來，以投資合作、業務拓展、互相參股、園區共建等多種方式，共同推進建立統一的全程運輸協調機制，促進國際通關、換裝、多式聯

運有機銜接，逐步形成兼容規範的運輸規則，實現國際運輸便利化，推動口岸基礎設施建設，暢通陸水聯運通道，增加海上航線和班次覆蓋，加強海上物流信息化合作等，形成相對統一的港口建設和運營規制，信息共享、利益共沾的聯盟合作體，打造形成多港聯動的國際航運中心，共同提升國際貿易的航運競爭力，以及粵港澳大灣區在「一帶一路」特別是「21 世紀海上絲綢之路」沿線國家中的影響力。

## 三、拓展多種合作模式

通過共同出資建設，推動粵港澳大灣區與海上絲綢之路沿線港口的合作。從加快運輸目的出發，共同籌資，設立船舶供求信息系統和調度指揮中心，收集和發布供求預期信息，調渡船舶完成定期運輸等。從海洋公共安全運輸出發，共同籌資，設立海事安全監控信息系統和救援機構，預報海洋天氣、自然災害信息，設置航空、航海救援工具，搶救遇險船舶和人員等。開展業務聯盟合作，推動沿線港口之間的合作，加強雙方在倉儲、裝卸、通關、航線建設等方面的業務合作，從均衡運力、高效裝卸的要求出發，統一未來運輸規模、入港船型預測，統一升級改造碼頭、航道，統一設置中心調度控制指揮系統、碼頭作業自動化控制系統以及船運、貨運信息系統，統一港口運輸分工。從配合港口按時、保質、保鮮運輸要求出發，共同建立集裝箱、散貨、旅遊公共運輸船隊，保證服務定期直航航線航班。拓展企業參股合作，推動與沿線的港口企業之間進行資本化合作，互相參股，共同形成利益共同體。鼓勵支持各國企業間以經濟為紐帶進行多種方式的合作，如相互參股融資、聯合建設碼頭、聯合開闢班輪航線、相互設置服務代理機構、碼頭租賃經營等。採取切實措施，降低

港口與物流企業在海上絲綢之路國家投資與發展的門檻，共同培育與產業需求配套的物流服務形態，建設具備國際化、規模化、專業化、社會化、信息化特色的現代港口與物流企業群體。共同打造園區共建合作，推動與沿線港口之間拓展產業合作內容，共同建設臨港工業園區、物流園區等產業園區。既可在我國沿海港口城市規劃建設雙邊、多邊合作的產業園區，也可支持有條件的企業在海上絲綢之路沿線國家（地區）投資建立境外經貿合作區、創辦開發區。

## 第六節 ·
# 打造區域性國際航空樞紐

完善改造廣州白雲機場，新建深圳第二機場和湛江（茂名）機場，建設雲浮、汕尾、陽江、河源、韶關、懷集、連州等一批支線機場。規劃建設大灣區國際貨運物流機場。

## 一、加快推進粵港航空合作

目前，香港因為土地資源稀缺和人力成本高企，轉口貿易、過境物流等業務有「離港」，廣州、深圳等可積極承接香港相關產業的戰略性轉移，將香港機場的航空貨運商擴大或現有業務遷移，利用自貿區政策、口岸便捷和跨海大橋等綜合優勢彌補其在距離增加、時間損失方面的劣勢。同時，利用廣州、深圳等機場的國內航線和日漸改善

的陸路交通，拓展香港機場對內地二三線城市航空貨源地的輻射能力，同時也配合日漸興起的跨境電商，利用航空貨運便捷通道轉運境外貨物到消費地。

## 二、建設國際性公務機運營中心

作為重要的國際金融和商業中心的香港，提供完備的公務機保障服務是香港機場必備的功能，但這勢必會占用本已捉襟見肘的空域和時刻資源，制約了機場商業運輸能力的提升。跨海大橋的通車使香港機場公務機業務的轉移成為可行，共同打造旨在服務粵港澳、輻射東南亞、直連歐美澳的國際性公務機運營中心。充分利用珠三角機場的空域、時刻、機坪、維保等優勢，再通過接駁直升機為高端商務旅客提供「門到門」的私人定製式粵港澳往返全球各地的奢華、私密、快捷的出行解決方案。另外，廣州及珠三角現有的公務機製造、銷售、維護、租賃等業務也可借此實現產業鏈打通，最終達成粵港澳互惠、合作共贏。

第七節 ·
# 建設國際物流大通道

加強國際航運服務功能建設，增加廣州、深圳至「一帶一路」沿線國家的國際航線和航班，開通與沿線國家主要城市的航班，打造

「空中絲綢之路」。

## 一、建立粵港澳海空港聯動機制

　　加快建設「21 世紀海上絲綢之路」物流樞紐，探索具有國際競爭力的航運發展制度和協同運作模式。探索與港澳在貨運代理和貨物運輸等方面的規範和標準對接，推動港澳國際航運高端產業向內地延伸和拓展。積極發展國際船舶運輸、國際船舶管理、國際船員服務、國際航運經紀等產業，支持港澳投資國際遠洋、國際航空運輸服務。建設航運交易信息平臺，發展航運電子商務、支付結算等業務，推進組建專業化地方法人航運保險機構，允許境內外保險公司和保險經紀公司等服務中介設立營業機構並開展航運保險業務，探索航運運價指數場外衍生品開發與交易業務。

## 二、構建大通關模式

　　深化港口、機場、高速公路、高速鐵路和信息國際合作，打造國際航運樞紐和國際航空門戶，面向沿線國家，構築聯通內外、便捷高效的海陸空綜合運輸大通道。加快海港、空港、城際軌道建設，以「空鐵聯運」「空港＋海港」聯動為牽引，依託白雲機場、深圳機場、廣州北站、黃埔港、南沙港等交通樞紐，採取有效的手段，使口岸物流、單證流、資金流、信息流等高效、順暢地運轉，減少審批程序和辦事環節，口岸各方建立快捷有效的協調機制，實現資源共享，通過實施科學、高效地監管，推行國際貿易「單一窗口」、推動口岸管理「三個互」（信息互換、監管互認、執法互助），以達到口岸通關效率

的大幅度提高，真正實現「快進快出」，有效推進大通關模式運作。

## 三、加快發展多式聯運

緊緊抓住珠三角區域高鐵快速發展的歷史機遇，構建以高速鐵路為基礎的綜合交通網、特色產業帶、生態旅遊帶、新型城鎮帶。推進跨省鐵路、公路和港口等重大基礎設施統籌規劃布局與協同建設，推動區域內公路、鐵路、水路、航空等基礎設施實現「無縫鏈接」，深化沿海港口與內陸省之間的物流供應鏈協作，推進內陸與沿海省區口岸通關協作，支持跨省區「陸地港」「飛地港」建設，支持內陸城市增開國際客貨運航線，發展江海聯運，以及鐵水、陸航等多式聯運，形成橫貫東中西、聯結南北方的對外經濟走廊。

第八節 ·
# 儘快解決珠江口兩岸交通瓶頸

目前，珠江口兩岸交通瓶頸是大灣區的一個交通短板，造成珠江口兩岸交通不暢的問題，直接影響粵西地區經濟社會發展。現在虎門大橋是珠江口溝通東西兩岸的唯一通道，虎門大橋承載車流量遠遠超過設計流量，造成虎門大橋出現嚴重擁堵情況並且日趨嚴重。加之粵西地區道路路網密度低、堵點眾多、道路不暢的情況十分嚴重，尤其是節假日，珠江口西岸的擁堵尤其突出。珠江口西部地區由於交通落

後局面的掣肘，其經濟發展水平與珠江口東部交通發達的深圳、東莞等地相比有明顯差距。鑒於此，必須改變珠三角西部地區的交通面貌，解決大灣區的交通瓶頸迫在眉睫。推進粵港澳大灣區建設，要把解決珠江口兩岸的交通瓶頸作為重中之重，以滿足大灣區城市群發展特別是粵西地區振興發展的需要。

加快建設珠江三角洲至西部地區的鐵路，打通南北新通道，推進瓊州海峽跨海通道、湛江鐵路擴能，建設深圳至贛州、韶關至柳州等鐵路項目開工建設，推進深茂鐵路、贛深客專、廣汕客專等珠三角經粵東西北至周邊省（區）高快速鐵路通道建設，基本形成東聯海峽西岸、溝通長三角地區，西通桂黔、輻射大西南地區，北達湘贛、連接中原地區的高快速鐵路網絡骨架。

加快高速鐵路網建設，推進珠三角地區城際軌道交通建設，推進沿海客專以及深惠、深莞、深珠城際軌道等建設，建設廣深港客專深圳福田至香港段、穗莞深城際軌道，努力建設綜合性鐵路樞紐。

## 第九節 ·
# 打造世界性開放平臺

當今，世界經濟增長格局出現新變化。國際金融危機改變了世界經濟格局，經濟呈全球化、多極化趨勢不可逆轉；新興經濟體保持快

速增長趨勢，在全球經濟治理中發揮著重要的作用；以中國為代表的新興經濟體成為世界經濟增長新引擎；國際貿易投資領域出現競爭加劇新趨勢。中國必須著眼於國際規則和全球治理的最新發展趨勢，在深化國內改革的基礎上，加快完成更高標準的自由貿易區戰略布局，在世界經濟規則的重構中提出新的戰略議程，增強中國在國際經濟治理中的話語權。中國急需打造全新的，能夠引領、帶動中國國民經濟快速健康發展和在國際上起到重大引領作用的、新型的核心區域經濟發動機。粵港澳大灣區無疑要承擔這樣的歷史使命。粵港澳大灣區融合發展規劃，要實現大灣區這一歷史重任，必須搞好頂層設計，對現有的制度、體制、機制進行一系列改革，把香港自由港的政策擴展到整個大灣區，實現人員、資金、商品、信息等各種生產要素的自由流動和最優組合，發揮大灣區內部高效的資源配置。香港作為現成的國際化金融中心、貿易中心，其在大灣區內甚至國內的價值和作用遠沒有發揮到位，急需通過大灣區融合釋放香港的巨大潛力，深圳以及大灣區其他城市已經具備了與港澳實施大融合的條件，大灣區大融合將對中國經濟產生巨大的引領作用，引領經濟全球化，書寫世界投資貿易規則。

# 建立中央政府主導下協商機制

  粵港澳大灣區雖然地理上一衣帶水，但內部的經濟體制卻十分復雜，既有「一國兩制」方針下的香港和澳門兩個特別行政區和自由港；又有深圳、珠海兩個經濟特區；還有南沙、前海蛇口和橫琴三個自由貿易試驗區。由此形成了包括特別行政區和自由港、經濟特區、自由貿易試驗區等多重經濟體的體制疊加局面。加強重大合做事項的決策、推動和協調，及時協調解決粵港澳市場監管合作中遇到的深層次矛盾和問題，形成優勢互補、合力推進，最大限度地釋放大灣區經濟的集聚與輻射效應。在中央層面建立協調管理機制，統籌協調大灣區建設中各方的發展的訴求，分工合作，協同推進。

# 參考文獻 REFERENCE

[1] 廣東省人民政府.廣東省戰略性新興產業發展「十三五」規劃.(2017-08-17)[2018-04-09].htp：//zwgk.gd.gov.cn/006939748/201709/t20170906_721337.html.

[2] 廣東省人民政府.廣東省人民政府關於印發廣東省沿海經濟帶綜合發展規劃(2017－2030). (2017-10-27) [2018-04-09]，http：//zwgkgdgovcn/006939748/201712/t20171205_733883 html.

[3] 廣州市人民政府.廣州市人民政府關於印發廣州市國民經濟和社會發展第十三個五年規劃綱要(2016-2020 年)的通知.(2016-03- 28)[2018-04-09].htp：//www.gz.gov.cn/gzplanjg/fzgh/201603/ daf192f4909f41438a2a22e0c5f02cfeshtml.

[4] 勞鍼強.粵港澳大灣區發展思路探討.《開放導報》，2017 (06).

[5] 林貢欽，徐廣林.國際著名灣區發展經驗及對我國的啟示.《深圳大學學報》，2017，34(5).

[6] 李曉莉，申明浩.新一輪對外開放背景下粵港澳大灣區發展戰略和建設路徑探討.《國際經貿探索》，2017(09).

[7] 湯貞敏.創新驅動粵港澳大灣區發展的若干思考.《廣東經濟》，
    2017(11).

[8] 王旭陽，黃征學.灣區發展：全球經驗及對我國的建議.經濟研究
    參考，2017(24).

[9] 袁宏舟.淺析香港在粵港澳大灣區建設中的作用.《宏觀經濟管
    理》，2018(02).

[10] 葉繼濤.大灣區經濟時代即將來臨.《上海證券報》，2018-03-23

社科文庫・區域經濟研究叢刊 AA102001

# 粵港澳大灣區融合發展規劃研究

作　　者　秦玉才、姜曉軍 等

版權策畫　李煥芹

發 行 人　林慶彰

總 經 理　梁錦興

總 編 輯　張晏瑞

編 輯 所　萬卷樓圖書股份有限公司

臺北市羅斯福路二段 41 號 6 樓之 3

電話 (02)23216565

傳真 (02)23218698

出　　版　昌明文化有限公司

桃園市龜山區中原街 32 號

電話 (02)23216565

發　　行　萬卷樓圖書股份有限公司

臺北市羅斯福路二段 41 號 6 樓之 3

電話 (02)23216565

傳真 (02)23218698

電郵 SERVICE@WANJUAN.COM.TW

ISBN 978-986-496-442-0

2019 年 3 月初版

定價：新臺幣 460 元

如何購買本書：

1. 轉帳購書，請透過以下帳戶

合作金庫銀行 古亭分行

戶名：萬卷樓圖書股份有限公司

帳號：0877717092596

2. 網路購書，請透過萬卷樓網站

網址 WWW.WANJUAN.COM.TW

大量購書，請直接聯繫我們，將有專人為您

服務。客服：(02)23216565 分機 610

如有缺頁、破損或裝訂錯誤，請寄回更換

版權所有・翻印必究

Copyright©2019 by WanJuanLou Books CO., Ltd.

All Rights Reserved　　　　Printed in Taiwan

國家圖書館出版品預行編目資料

粵港澳大灣區融合發展規劃研究 / 秦玉才,
姜曉軍等著. -- 初版. -- 桃園市：昌明文化出
版；臺北市：萬卷樓發行, 2019.03
　　面；　公分
ISBN 978-986-496-442-0(平裝)

1.區域經濟 2.經濟發展 3.中國

552.2　　　　　　　　　　108003130

本著作物經廈門墨客知識產權代理有限公司代理，由浙江大學出版社有限責任公司授
權萬卷樓圖書股份有限公司發行中文繁體字版版權。